世界武器鉴赏系列

海战武器

鉴赏指南 （珍藏版）

（第2版）

《深度军事》编委会　编著

清华大学出版社

北 京

内 容 简 介

本书精心选取了二战以来的近300种经典海战武器，涵盖了大型水面舰艇、中型水面舰艇、小型水面舰艇、两栖舰艇、潜艇、舰载机、舰载武器等多个类别，着重介绍了每种武器的基本信息、整体结构和作战性能，并有严谨的参数表格。

本书内容翔实、结构严谨，分析讲解透彻，图片精美丰富，适合广大军事爱好者阅读和收藏，也可以作为青少年的科普读物。

图书在版编目(CIP)数据

海战武器鉴赏指南(珍藏版)/《深度军事》编委会编著. —2版. —北京：清华大学出版社，2018（2024.5重印）

(世界武器鉴赏系列)

ISBN 978-7-302-50951-6

Ⅰ.①海… Ⅱ.①深… Ⅲ.①海军—武器—世界—指南 Ⅳ.① E925-62

中国版本图书馆 CIP 数据核字 (2018) 第 190403 号

责任编辑：李玉萍
封面设计：郑国强
责任校对：张术强
责任印制：宋　林
出版发行：清华大学出版社
　　　　　网　　　址：https://www.tup.com.cn，https://www.wqxuetang.com
　　　　　地　　　址：北京清华大学学研大厦A座　　邮　　编：100084
　　　　　社 总 机：010-83470000　　　　　　　邮　　购：010-62786544
　　　　　投稿与读者服务：010-62776969，c-service@tup.tsinghua.edu.cn
　　　　　质量反馈：010-62772015，zhiliang@tup.tsinghua.edu.cn
印 装 者：小森印刷（北京）有限公司
经　　销：全国新华书店
开　　本：146mm×210mm　　　　　　　　　　印　　张：12.25
版　　次：2016年8月第1版　2018年9月第2版　　印　　次：2024年5月第6次印刷
定　　价：59.00元

产品编号：076370-01

丛书序

FOREWORD

　　国无防不立，民无防不安。一个国家、一个民族，最重要的两件大事就是发展和安全。国防是人类社会发展与安全需要的产物，是关系国家和民族生死存亡的根本大计。军事图书作为学习军事知识、了解世界各国军事实力的绝佳途径，对提高国民的国防观念、加强青少年的军事素养有着重要意义。

　　与其他军事强国相比，我国的军事图书在写作和制作水平上还存在许多不足。以全球权威军事刊物《简氏防务周刊》（英国）为例，其信息分析在西方媒体和政府中一直被视为权威，其数据库广泛被各国政府和情报机构购买。而由于种种原因，我国的军事图书在专业性、全面性、影响力等方面都还存在明显不足。

　　为了给军事爱好者提供一套全面而专业的武器参考资料，并为广大青少年提供一套有趣、易懂的军事入门级读物，我们精心推出了"世界武器鉴赏系列"图书，内容涵盖现代飞机、现代战机、早期战机、现代舰船、单兵武器、特战装备、世界名枪、世界手枪、海军武器、二战尖端武器、坦克与装甲车等。

　　本系列图书由国内资深军事研究团队编写，力求内容的全面性、专业性和趣味性。我们在吸收国外同类图书优点的同时，还加入了一些独特的表现手法，努力做到化繁为简、图文并茂，以符合国内读者的阅读习惯。

本系列图书内容丰富、结构合理，在带领读者熟悉武器历史的同时，还可以让读者提纲挈领地了解各种武器的作战性能。在武器的相关参数上，我们参考了武器制造商官方网站的公开数据，以及国外的权威军事文档，做到有理有据。每本图书都有大量的精美图片，配合别出心裁的排版，具备较高的欣赏和收藏价值。

前 言
PREFACE

　　所谓海战，也就是海军兵力在海洋进行的战役和战斗，其基本目的是消灭敌方海军兵力，夺取制海权。重要海战的胜负，对某一海洋战区战局的转变，甚至对战争的进程都会产生重要的影响。

　　海战的历史非常悠久，最早的海战记录为古代埃及人用成捆的芦苇制作战船在地中海和尼罗河上的战斗。我国最早记载的海战为公元前485年，吴国与鲁国组成联军从海道进攻齐国。早期的海战非常原始，随着科学技术特别是舰船动力及武器装备的发展，海战经历了桨船时代、帆船时代和蒸汽舰时代，由使用冷兵器的撞击战和接舷战发展到使用火炮、鱼雷、深水炸弹和导弹武器进行海战。此外，还由单兵种作战发展到诸兵种协同作战。

　　海战的核心是各类海战武器，它们是海军兵力取得战争胜利的关键。2016年，我社推出了"世界武器鉴赏系列"图书，其中《海战武器鉴赏指南（珍藏版）》一书对二战以来的近300种经典海战武器进行了全面介绍，涵盖大型水面舰艇、中型水面舰艇、小型水面舰艇、两栖舰艇、潜艇、舰载机、舰载武器等多个类别。

　　不过，由于军事武器更新较快，在近两年里出现了不少新式海战武器，而一些现役的海战武器也在不断发生变化。针对这种情况，我们决定在第1版的良好基础上，虚心接受读者朋友们提出的意见和建议，推出内容更新更全的第2版。与第1版相比，第2版不仅新增了数十种海战武器，还对第1版的过时信息进行了更新。

本书紧扣军事专业知识，不仅带领读者熟悉武器构造，而且可以使读者了解武器的作战性能，特别适合作为广大军事爱好者的参考资料和青少年朋友的入门读物。全书共分为8章，涉及内容全面合理，并配有丰富而精美的图片。

本书是真正面向军事爱好者的基础图书。全书由资深军事研究团队编写，力求内容的全面性、趣味性和观赏性。全书内容丰富、结构合理，关于武器的相关参数还参考了制造商官方网站的公开数据，以及国外的权威军事文档。

本书由《深度军事》编委会创作，参与本书编写的人员有阳晓瑜、陈利华、高丽秋、龚川、何海涛、贺强、胡姝婷、黄启华、黎安芝、黎琪、黎绍文、卢刚、罗于华等。对于广大资深军事爱好者，以及有兴趣了解并掌握国防军事知识的青少年，本书不失为很有价值的科普读物。希望读者朋友们能够通过阅读本系列图书，循序渐进地提高自己的军事素养。

本书赠送的图片及其他资源均以二维码形式提供，读者可以使用手机扫描下面的二维码下载并观看。

目 录
CONTENTS

第4章　小型水面舰艇......123

第1章
海军和海战武器

海军的历史源远流长，其发展与作战舰艇的演变密不可分。从原始简单的古代战船，发展到多系统的现代舰艇，经历了数千年的漫长过程。

海战武器发展简史

　　海战武器以军用舰艇为主，它们是海上作战的核心力量。军用舰艇具有悠久的历史，公元前1200多年，古埃及、腓尼基、古希腊等地就已经出现了以划桨为主、以风帆为辅助动力的军用舰艇。由于古代科学技术不发达，军用舰艇发展缓慢，在数千年的时间里，木质的风帆舰艇一直是海战的主角。

　　18世纪，蒸汽机的发明，冶金、机械和燃料工业的发展，让军用舰艇的材料、动力装置、武器装备和建造工艺发生了根本性的变革。军用舰艇开始使用蒸汽机作为主动力装置，以明轮推进，同时甲板上设置有可旋转的平台和滑轨，使舰炮可以转动和移动。与同级的风帆军用舰艇相比，其机动性能和舰炮威力都大为提高。

美国在18世纪建造的"宪法"号风帆战舰

　　19世纪30年代，螺旋桨推进器问世。1849年，法国建成世界上第一艘螺旋桨推进的蒸汽战列舰"拿破仑"号。此后，英国、俄国等国海军都装备了蒸汽舰。

　　19世纪70年代，许多国家的海军从帆船舰队向蒸汽舰队的过渡已基本完成，军用舰艇日益向增大排水量、提高机动性能、增强舰炮攻击力和加强装甲防护的方向发展。装甲舰，尤其是由战列舰和战列巡洋舰组成的主力舰，成为舰队的骨干力量。

　　20 世纪初，使用柴油机 – 电动机双推进系统的潜艇研制成功，使潜艇具备一定的实战能力，逐步成为海军的重要舰种。英国海军装备"无畏"级战列舰以后，海军发展进入"巨舰大炮主义"时代。英国、美国、法国、日本、意大利、德国等海军强国之间展开了以发展主力舰为中心的海军军备竞赛。

　　1914 年第一次世界大战（以下简称"一战"）爆发时，各主要参战国海军共拥有主力舰 150 余艘。20 世纪 20 ～ 30 年代，航空母舰开始崭露头角。到了第二次世界大战（以下简称"二战"）时期，由于造船焊接工艺的广泛应用、分段建造技术和机械、设备的标准化，保证了战时能快速、批量地建造舰艇。

　　二战中，战列舰和战列巡洋舰逐渐失去主力舰的地位，而航空母舰和潜艇却发展迅速。航空母舰编队或航空母舰编队群的机动作战、潜艇战和反潜艇战成为海战的重要形式，改变了传统的海战方式。

　　与此同时，随着磁控管等电子元器件、微波技术、模拟计算机等关键技术的突破，出现了舰艇雷达、机电式指挥仪等新装备，形成舰炮系统，使水面舰艇的攻防能力大为提高。

二战时期美国"巴尔的摩"级巡洋舰

　　二战后，军用舰艇再次迎来重要变革。在人类进入了核时代后，核导弹、核鱼雷、核水雷、核深水炸弹便相继出现，潜艇、航空母舰向核动力化发展。

20世纪50～60年代，喷气式超音速海军飞机搭载航空母舰之后，垂直/短距起落飞机、直升机等又相继装舰，使大、中型舰艇普遍具有海空立体作战的能力。潜射弹道导弹、中远程巡航导弹、反舰导弹、反潜导弹、舰空导弹、自导鱼雷、制导炮弹等一系列精确制导武器逐渐装备各类军用舰艇，进一步增强了现代海军的攻防作战、有限威慑和反威慑的能力。

20世纪70年代以后，军用卫星、数据链通信、相控阵雷达、水声监视系统、电子信息技术和电子计算机的广泛应用，使现代军用舰艇逐步实现自动化、系统化，并向智能化方向发展。

20世纪90年代，随着国际贸易和航运的日益扩大、海洋开发的扩展，国际海洋斗争日趋激烈，濒海国家都不断运用科学技术的新成果，发展各类新式军用舰艇，提高海军的作战能力。

美国海军现役"尼米兹"级航空母舰

法国海军现役"戴高乐"号航空母舰

英国海军现役"特拉法尔加"级潜艇

世界著名海军部队

美国海军第三舰队

美国海军第三舰队 (United States Third Fleet) 成立于 1943 年 3 月，防区范围在美国东部和北部太平洋海域 (包含白令海、阿拉斯加、阿留申群岛及部分北极地区)，这一区域是主要的石油运输和海上贸易交通线的所在，对美国及其环太平洋地区的盟国的经济发展至关重要。

美国海军第三舰队标识

美国第三舰队旗舰"科罗纳多"号

1943 年 3 月 15 日，美国海军上将威廉·哈尔西宣布成立第三舰队。1944 年 6 月 15 日，第三舰队的岸上总部在夏威夷珍珠港成立。最初，第三舰队的旗舰为"新泽西"号战列舰，1945 年 5 月改为"密苏里"号战列舰。二战期间，第三舰队参加过瓜岛之战及菲律宾莱特岛登陆战，并参与了对东京、吴港和北海道的水面攻击行动，炮击了部分日本海岸城市。1945 年 8 月 29 日，威廉·哈尔西率领第三舰队至日本东京湾，并于 9 月 2 日在"密苏里"号战列舰的甲板上接受了日本签署的投降书。1986 年 7 月，第三舰队以"科罗纳多"号两栖船坞登陆舰作为新的旗舰。

目前，美国第三舰队下辖第 1 航母战斗群、第 3 航母战斗群、第 9 航母战斗群、第 11 航母战斗群和第 3 远征分队，以及中太平洋水面大队、第 1 濒海战斗舰中队、海上攻击直升机联队、第 1 爆炸军械处理大队、第 1 沿海江河作战大队、海军航空与导弹防御司令部、水雷及反潜作战司令部、第 3 潜艇及战区反潜作战舰队等单位。

美国海军第六舰队

美国海军第六舰队 (United States Sixth Fleet) 成立于 1950 年 2 月 12 日，防区范围是环绕欧洲和非洲的北冰洋、大西洋、印度洋一带，旗舰为"惠特尼山"号两栖指挥舰 (USS Mount Whitney LCC-20)。

第六舰队的前身是活动于地中海的几个小型作战分队，其任务是执行该地区的海上监视与作战任务。1948 年，这几个小型作战分队改称第六特遣部队，1950 年改称第六舰队。自组建以来，第六舰队多次参加美军的军事行动，包括入侵黎巴嫩、"草原烈火"行动、海湾战争、伊拉克战争等。

美国海军第六舰队标识

美国第六舰队旗舰"惠特尼山"号

目前，美国第六舰队官兵约 1.4 万人，通常保持 20 ～ 30 艘舰船，编为 10 个特遣部队 (第 60 特混舰队 / 战斗部队、第 61 特混舰队 / 两栖部队、第 62 特混舰队 / 登陆部队、第 63 特混舰队 / 勤务部队、第 64 特混舰队 / 弹道导弹潜艇部队、第 65 特混舰队 / 反水雷作战部队、第 66 特混舰队 / 区域反潜部队、第 67 特混舰队 / 海上侦察监视部队、第 68 特混舰队 / 特种作战部队、第 69 特混舰队 / 攻击潜艇部队）。

美国海军第七舰队

美国海军第七舰队 (United States Seventh Fleet) 是美国海军旗下的远洋舰队之一，成立于 1943 年 3 月，防区范围东起国际日期变更线以西的太平洋，西至非洲东岸红海 (不包括波斯湾)，南达印度洋及南极，北至白令海峡。成立至今，第七舰队参加过多场战争，包括二战、越南战争、海湾战争等。

美国海军第七舰队标识

美国第七舰队在太平洋海域

目前，美国第七舰队的旗舰为 "蓝岭" 号两栖指挥舰 (LCC-19)，司令部设在日本的横须贺港，驻地包括佐世保、冲绳、釜山、浦项、镇海、新加坡等地，是目前美国最大的海外前线投送部队。整个舰队约有 50 ~ 60

艘军舰、350架战机,舰队满员编制为6万人,其中包括3.8万名海军官兵和2.2万名海军陆战队员,平时总兵力约2万人。一般由"乔治·华盛顿"号航空母舰组成的航空母舰战斗群为主要作战部队,辅以陆基航空兵和两栖部队。必要时,可以从第三舰队或其他部队抽调舰艇补充。

俄罗斯海军北方舰队

北方舰队是俄罗斯海军五大舰队之一,该舰队最早可追溯到沙皇俄国时期规模较小的北冰洋舰队,苏联时期北冰洋舰队扩编并改名为北方舰队,并逐渐扩大成为苏联五大舰队之中规模和实力最大的一支。苏德战争中,北方舰队经受了严峻的考验,完成了支援陆军侧翼、破坏敌人交通线和保障己方交通线等多种多样的作战任务。北方舰队对德国海上交通线频繁打击,大大破坏了德军的运输并阻挠其从北挪威运走镍矿和铁矿物品。

俄罗斯海军北方舰队标识

"库兹涅佐夫"号航空母舰

苏联解体后,北方舰队由俄罗斯继承,尽管俄罗斯海军在苏联解体之后实力大大降低,但北方舰队现在仍为俄罗斯最强大的舰队,俄罗斯海军唯一的航空母舰"库兹涅佐夫"号便属于北方舰队。目前,北方舰队的活动范围涵盖了整个北极圈、北大西洋以及加拿大周围水域。除了塞维尔摩

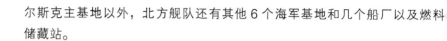

尔斯克主基地以外，北方舰队还有其他 6 个海军基地和几个船厂以及燃料储藏站。

海战武器前沿技术

"宙斯盾"作战系统

　　"宙斯盾"作战系统 (AEGIS combat system) 是美国海军现役最重要的整合式水面舰艇作战系统。20 世纪 60 年代末，美国海军认为自己在各种环境中的反应时间、火力、运作妥善率都不足以应付苏联大量反舰导弹的对水面作战系统的饱和攻击威胁。对此，美国海军提出了名为"先进水面导弹系统"(ASMS) 的提案，经过不断发展，在 1969 年 12 月改名为"空中预警与地面整合系统"，英文缩写正好是希腊神话中的宙斯之盾 (AEGIS)，所以也译为"宙斯盾"系统。

　　"宙斯盾"系统代表了当今世界最先进的海军科技水平，它能够快速搜索和跟踪来袭目标，最远搜索距离可达 400 千米；能够对海、对空进行三维搜寻，并且可以同时检测、识别、判断和跟踪多达 400 个目标；可同时对 12 枚舰载型"标准"系列防空导弹进行中段制导；可向随行的其他舰艇提供目标指示数据；可为多枚导弹使用的半主动制导雷达提供引导；可对武器杀伤效果做出及时、精确的评估。

装备"宙斯盾"系统的美国"阿利·伯克"级驱逐舰

自 1983 年至今，"宙斯盾"系统主要装备于美国"提康德罗加"级巡洋舰和"阿利·伯克"级驱逐舰，日本"金刚"级和"爱宕"级驱逐舰，韩国"世宗大王"级驱逐舰及西班牙海军 F–100 级护卫舰。

电磁弹射器

电磁弹射器是航空母舰上的一种舰载机起飞装置，已由美国最新下水的"福特"号航空母舰艏先装备。与传统的蒸汽式弹射器相比，电磁弹射器具有容积小、对舰上辅助系统要求低、效率高、重量轻、运行和维护费用低廉的优点，是未来航空母舰的核心技术装备之一。

美国海军研发的电磁弹射器由三大主要部件构成，分别是线性同步电动机、盘式交流发电机和大功率数字循环变频器。其中，线性同步电动机是电磁弹射器的主体，它是 20 世纪 80 年代末期研究的电磁线圈炮的放大版。

"福特"号航空母舰概念图

"滑跃"式甲板

"滑跃"式甲板由英国发明，多用于中小型航空母舰。使用"滑跃"式起飞的航空母舰，主要是因为没有成熟的弹射器技术，或是航空母舰较小，无法布置多个跑道和蒸汽弹射器。相对于美国大型航空母舰采用的弹射甲板而言，"滑跃"式甲板严重限制了舰载机的战斗力。不过，"滑跃"

式甲板的成本和技术限制不大，对航空母舰建造来说比较简单，故障率也低。英国"无敌"级航空母舰和俄罗斯"库兹涅佐夫"号航空母舰均采用了"滑跃"式甲板。

运用了"滑跃"式甲板的英国"无敌"级航空母舰

第 2 章
大型水面
舰艇

现代海军装备的大型水面舰艇主要包括巡洋舰、航空母舰等，它们是军舰中排水量最大的几种，在战争中发挥着巨大的作用。目前，巡洋舰日渐式微，而航空母舰则成为现代海军不可或缺的利器。

美国"长滩"号巡洋舰

"长滩"(Long Beach) 号导弹巡洋舰是美国建造的世界上第一艘核动力水面战斗舰艇，在 1961—1995 年服役。

结构解析

"长滩"号巡洋舰的动力核心为两具与美国首艘核动力潜艇"鹦鹉螺"号相同的西屋 CIW 压水式反应堆。由于导弹和高科技侦测设备的应用，"长滩"号巡洋舰舍弃了以往巡洋舰必备的重型装甲，仅在弹药库设有一层较薄的装甲。

基本参数	
标准排水量	15540 吨
全长	219.84 米
全宽	21.79 米
吃水	9.32 米
最高航速	30 节
续航距离	接近无限

作战性能

"长滩"号巡洋舰的武器原以防空为主，服役初期装有 2 座双联装 RIM-2 防空导弹发射器、1 座双联装 RIM-8 防空导弹发射器(1979 年撤除)、1 座八联装"阿斯洛克"反潜导弹发射器、2 座 127 毫米口径的单装炮和 2 座三联装 MK 32 型反潜鱼雷发射管，服役后陆续加装了 2 座 20 毫米"密集阵"近防系统、2 座四联装"鱼叉"反舰导弹发射器和 2 座四联装"战斧"巡航导弹装甲箱型发射器，使火力更加充足，应付目标更加多元。

美国"班布里奇"号巡洋舰

　　"班布里奇"(Bainbridge) 号巡洋舰是美国于 20 世纪 60 年代初建造的导弹巡洋舰，在 1962—1996 年服役。

结构解析

　　"班布里奇"号巡洋舰是继"长滩"号巡洋舰、"企业"号航空母舰之后，美国海军第三艘核动力战舰，也是迄今为止世界上最小的核动力水面舰只。该舰的舰

基本参数	
满载排水量	8592 吨
全长	172.3 米
全宽	17.6 米
吃水	7.7 米
最高航速	30 节
续航距离	接近无限

艏、舰艉部干舷较高，减小了在风浪中航行时甲板的浸湿性。舰艏尖如刀刃，舰艏水线以下装有球鼻首声呐的导流罩，球鼻首与舰体结合成一个整体。另外，该舰设有直升机起降平台，但没有机库。

作战性能

　　"班布里奇"号巡洋舰装有较强的武器装备，包括 3 座四联装"鱼叉"舰对舰导弹、2 座双联装 MK 10 型"标准"ER 中程舰对空导弹（配备导弹80 发）、1 座八联装 MK 16 型"阿斯洛克"反潜导弹、2 座三联装 324 毫米口径的 MK 32 型鱼雷发射管、2 座"密集阵"近程防御武器系统。

美国"莱希"级巡洋舰

"莱希"(Leahy) 级巡洋舰是美国于 20 世纪 50 年代末开始建造的导弹巡洋舰，一共建造了 9 艘，在 1962—1995 年服役。

结构解析

由于当时普遍认为导弹时代的来临将使火炮走向终点，因此"莱希"级巡洋舰没有配备口径较大的火炮。为了节省空间，"莱希"级的烟囱与桅杆整合为一个复合结构，为美国海军之先例。"莱希"级的蒸汽涡轮使用铬钼和镍合金钢材制造，不仅重量较轻，而且适合在高温、高压的恶劣环境下工作，可靠性较高。

基本参数	
满载排水量	8203 吨
全长	162.5 米
全宽	16.6 米
吃水	7.6 米
最高航速	32 节
续航距离	8000 海里

作战性能

"莱希"级巡洋舰上舰对空、舰对舰和反潜导弹一应俱全：2 座四联装"鱼叉"舰对舰导弹、2 座 MK 10 型 SM-2ER"标准"舰对空导弹、1 座八联装 MK 16 型"阿斯洛克"反潜导弹，同时在舰中部两侧还布置了 2 座 MK 32 型鱼雷发射装置。此外，还有 1 门 76 毫米口径的舰炮和 2 座 30 毫米"密集阵"近程防御武器系统。

美国"贝尔纳普"级巡洋舰

　　"贝尔纳普"(Belknap) 级巡洋舰是美国于 20 世纪 60 年代建造的导弹巡洋舰，一共建造了 9 艘，在 1964—1995 年服役。

结构解析

　　"贝尔纳普"级巡洋舰是在"莱希"级巡洋舰的基础上改进而来的，两者在舰体线形、结构、动力装置等方面完全相同，但艉部装设的武器差别较大："贝尔纳普"级装有 1 门 127 毫米口径的舰炮，而"莱希"级则为双联装导弹发射架。

基本参数	
满载排水量	7930 吨
全长	167 米
全宽	17 米
吃水	8.8 米
最高航速	32 节
舰员	477 人

作战性能

　　"贝尔纳普"级巡洋舰的武器精良，共有 2 座四联装"鱼叉"导弹、1 座双联 MK 10 型导弹发射架、2 座"密集阵"近程防御武器系统、1 门 127 毫米口径的舰炮，以及箔条式干扰火箭发射器。该级舰的电子设备性能十分先进，有多部对空、对海雷达及电子战系统等。此外，舰上还搭载有 1 架反潜直升机。

美国"特拉克斯顿"号巡洋舰

"特拉克斯顿"(Truxtun)号导弹巡洋舰是美国海军第四代核动力水面舰只，在1967—1995年服役。

结构解析

"特拉克斯顿"号巡洋舰属于"贝尔普纳"级常规动力巡洋舰的核动力型，总体布局基本相同。"特拉克斯顿"号的岛式建筑分为艏、艉两部分，艏部低桅位

基本参数	
满载排水量	8659 吨
全长	172 米
全宽	18 米
吃水	9.3 米
最高航速	31 节
续航距离	接近无限

于后部，网架结构，略微前倾。艉部低桅位于前部，也是网架结构，呈直立状。舰体后部干舷降低。

作战性能

"特拉克斯顿"号巡洋舰采用 MK 10 型发射装置，可发射舰空导弹和反潜导弹。该舰取消了"贝尔普纳"级的76毫米口径的舰炮，取而代之的是"鱼叉"反舰导弹，全舰主战火炮只有前甲板1门127毫米口径的单管舰炮。

美国 "加利福尼亚" 级巡洋舰

　　"加利福尼亚"（California）级导弹巡洋舰是美国为 "尼米兹" 航空母舰编队设计的一级大型护卫战舰，一共建造了 2 艘，在 1974—1999 年服役。

结构解析

　　"加利福尼亚" 级巡洋舰采用通长甲板，末端微翘，凹式方尾，高干舷。上层建筑分舯、艉两部分，彼此很近，中间由一甲板室连接。舯部层建筑为长方形，横向伸延，直至舷墙。艉部上层建筑也是长方形，上面建有若干多层甲板室。舯部上层建筑中设有甲板室、指挥室和主要控制、操纵舱室。

基本参数	
满载排水量	10800 吨
全长	179 米
全宽	19 米
吃水	9.6 米
最高航速	30 节
舰员	584 人

作战性能

　　"加利福尼亚" 级巡洋舰上装备众多，共有 2 座四联装 "鱼叉" 舰对舰导弹、2 座 SM-1MR "标准" 舰空导弹、1 座八联装 MK 16 型 "阿斯洛克" 反潜导弹、2 座 MK 32 型三联装反潜鱼雷发射管、2 套 20 毫米 MK 15 型 "密集阵" 近程防御武器系统，以及 MK 36 型箔条火箭发射架。该级舰装有多部对空、对海搜索雷达，多套指挥控制系统。

美国"弗吉尼亚"级巡洋舰

  "弗吉尼亚"(Virginia) 级巡洋舰是美国于 20 世纪 70 年代建造的导弹巡洋舰，共建造了 4 艘，在 1976—1998 年服役。

结构解析

  "弗吉尼亚"级巡洋舰采用高干舷、平甲板，全舰呈细长形状，艏部也较长，舰部则为凸式方尾。上层建筑分为艏、舰两部分，中间由一甲板室相连。舰艉末端为直升机飞行甲板，甲板下方舰体内建有机库。机库采用套筒式机库盖，是美国海军战后第一种采用舰体机库的巡洋舰。

基本参数	
满载排水量	11300 吨
全长	178.3 米
全宽	19.2 米
吃水	9.6 米
最高航速	30 节
舰员	500 人

作战性能

  "弗吉尼亚"级巡洋舰的反舰武器主要是反舰型"战斧"导弹，辅助反舰武器为"鱼叉"反舰导弹，此外还有 2 座 127 毫米口径的舰炮。防空方面，主要依靠 2 座双联装 MK 26 导弹发射装置，可发射"标准Ⅱ"防空导弹。近程防御方面，使用著名的"密集阵"近程防御武器系统。反潜方面，主要依靠 MK 26 型导弹发射装置发射"阿斯洛克"反潜导弹，备弹 24 枚。辅助反潜设备为 2 座三联装 MK 32 型反潜鱼雷发射器。此外，该级舰还可搭载 2 架直升机。

美国 "提康德罗加" 级巡洋舰

　　"提康德罗加" (Ticonderoga) 级巡洋舰是美国第一种配备 "宙斯盾" 系统的作战舰只，共建造了 27 艘，从 1983 年服役至今。

结构解析

　　"提康德罗加" 级巡洋舰采用双桅结构，后桅高于前桅。岛式建筑分为舰、艉两部分，舰楼正面及两侧为全封闭式，4 组 SPS-1 雷达平板天线分别位于前方及右侧、舰楼左侧和后面。舰楼左后部和艉楼右前部，各有 3 座烟囱。

基本参数	
满载排水量	9800 吨
全长	173 米
全宽	16.8 米
吃水	10.2 米
最高航速	32.5 节
续航距离	6000 海里

作战性能

　　在美国海军的作战编制上，"提康德罗加" 级巡洋舰是作为航空母舰战斗群与两栖攻击战斗群的主要指挥中心，以及为航空母舰提供保护。它的武器配置比较全面，涵盖了反潜、反舰、防空和对地 4 个种类。由于该级舰的主要任务是防空，所以防空能力较为突出，装备了先进的 "宙斯盾" 防空系统。防空作战主要依靠 "标准 II" 型导弹，近程防御方面则使用 "密集阵" 近程防御武器系统和 127 毫米口径的 MK 45 型舰炮。此外，还可以发射 "阿斯洛克" 反潜导弹、"鱼叉" 反舰导弹、324 毫米口径的鱼雷等武器。

美国"中途岛"级航空母舰

　　"中途岛"(Midway)级航空母舰是在美国海军服役时间最长的航空母舰之一，堪称"三朝元老"，共建造了3艘，在1945—1992年服役。

结构解析

　　与"埃塞克斯"级航空母舰相比，"中途岛"级航空母舰有相当程度的改进。该级舰装有装甲甲板，有更大的舰体和更低的干舷。"中途岛"级航空母舰的火力也有所增强，原计划装备巡洋舰使用的203毫米口径的舰炮，后来发现重点应当是防御飞机的攻击，从而增强了防空火力。

基本参数	
满载排水量	65200 吨
全长	295 米
全宽	34 米
吃水	10 米
最高航速	33 节
舰载机容量	55 架

作战性能

　　"中途岛"级航空母舰采用了一种全新的设计，虽然修正了"埃塞克斯"级航空母舰存在的一些问题，但仍存在不少缺点，如潮湿、拥挤和过于复杂化等，而这些缺点一直没有得到解决。总体来说，"中途岛"级航空母舰的设计不能令人满意，但出于对大型航空母舰的迫切需求，它们仍在美国海军中服役了很长时间。

美国"福莱斯特"级航空母舰

"福莱斯特"(Forrestal) 级航空母舰是美国海军在二战结束后，首批为配合喷气式飞机的诞生而建造的航空母舰，共建造了 4 艘，在 1955—1998 年服役。

结构解析

"福莱斯特"级航空母舰装有斜向飞行甲板，舰艏甲板与斜向飞行甲板最前段设有 4 具蒸汽弹射器，配合 4 座设在船侧的升降机，这些都是之后的美国航空

基本参数	
满载排水量	81101 吨
全长	300 米
全宽	39.42 米
吃水	11 米
最高航速	33 节
续航距离	8000 海里

母舰一直沿用的标准设计。唯一不同的是"福莱斯特"级航空母舰的舰桥靠前，在右舷的升降机是前一后二，而之后的美国航空母舰则是采用前二后一的设计。

作战性能

"福莱斯特"级航空母舰的满载排水量比前一代"中途岛"级航空母舰足足增加了 25％，因此被视为跨越了一个崭新的船舰尺码门槛，而被认为是世界上第一个真正付诸生产的超级航空母舰级别。

美国"小鹰"级航空母舰

　　"小鹰"(Kitty Hawk) 级航空母舰是美国建造的最后一级常规动力航空母舰，共建造了4艘，在1961—2009年服役。

结构解析

　　"小鹰"级航空母舰从底层到舰桥大约有18层楼高。甲板以上的岛式建筑分为8层，分别是消防、医务、通信、雷达等部门和航空母舰战斗群的司令部。甲板以下分为10层。该舰的甲板总面积约

基本参数	
满载排水量	83301 吨
全长	325.8 米
全宽	40 米
吃水	12 米
最高航速	33 节
续航距离	4000 海里

16592 平方米，飞行甲板的弹射跑道长度为80米，降落跑道为11米。全舰共有4部蒸汽弹射器、4道拦阻索、1道拦阻网和4部升降机。

作战性能

　　"小鹰"级航空母舰装有3座八联装"海麻雀"防空导弹发射装置、3座 MK 15 型"密集阵"近程防御武器系统、4座 MK 36 型 SRBOC 红外曳光弹和干扰箔条弹发射器、1部 SLQ-36"水精"拖曳式鱼雷诱饵。舰载机方面，通常搭载40架 F/A-18"大黄蜂"战斗/攻击机、4架 EA-6B"徘徊者"电子战飞机、4架 E-2C"鹰眼"预警机、6架 SH-60"海鹰"直升机和6架 S-3B"北欧海盗"反潜机。

美国"企业"号航空母舰

"企业"(Enterprise)号航空母舰是世界上第一艘核动力航空母舰,在1961—2012 年服役。

结构解析

"企业"号航空母舰的外形与"小鹰"级航空母舰基本相同,采用了封闭式飞行甲板,从舰底至飞行甲板形成整体箱形结构。飞行甲板为强

基本参数	
满载排水量	94781 吨
全长	342 米
全宽	40.5 米
吃水	12 米
最高航速	33 节
续航距离	接近无限

力甲板,厚达 50 毫米,并在关键部位加装装甲。水下部分的舷侧装甲厚达 150 毫米,并设有多层防雷隔舱。该舰的机库为封闭式,长度为223.1 米,宽度为 29.3 米,高度为 7.6 米。在斜直两段甲板上分别设有2 部 C-13 蒸汽弹射器,斜角甲板上设有 4 道 MK 7 型拦阻索和 1 道拦阻网,升降机为右舷 3 部,左舷 1 部。

作战性能

"企业"号航空母舰拥有当时最先进的相位阵列雷达,并为之设计了独特的方形舰桥。该舰装有 3 座八联装"海麻雀"防空导弹发射装置和 3座 MK 15 型"密集阵"近程防御武器系统,主要舰载机为 20 架 F-14"雄猫"战斗机和 36 架 F/A-18"大黄蜂"战斗 / 攻击机。

美国"尼米兹"级航空母舰

"尼米兹"(Nimitz) 级航空母舰是美国海军现役的核动力航空母舰，一共建造了 10 艘，从 1975 年服役至今。

结构解析

"尼米兹"级航空母舰采用封闭式飞行甲板，机库甲板以下的船体是整体的水密结构，由内外两层壳体组成。机库甲板以上共分为 9 层，飞行甲板以下为 4 层，

基本参数	
满载排水量	102000 吨
全长	317 米
全宽	40.8 米
吃水	11.9 米
最高航速	30 节
舰载机容量	90 架

飞行甲板上的岛形上层建筑为 5 层。机库略偏右舷，约占舰长的 2/3，机库四周布置有飞机维修车间，前方是士兵住舱和锚甲板。左舷其余部分布置办公室、控制室、通道等，并设有 6 个飞机加油站。机库和飞行甲板之间为吊舱甲板，布置有航空联队的办公区和作战指挥舱室。

作战性能

"尼米兹"级航空母舰装备 4 座升降机、4 台蒸汽弹射器和 4 条拦阻索，可以每 20 秒弹射出一架作战飞机。该级舰可搭载 90 架舰载机，均是美国海军目前最先进的舰载机型。自卫武器方面，"尼米兹"级航空母舰装有 24 枚 RIM-7"海麻雀"防空导弹和 4 座"密集阵"近程防御武器系统。

美国"福特"级航空母舰

"福特"(Ford)级航空母舰是美国正在建造的新一代核动力航空母舰，计划建造10艘，于2017年内开始服役。

结构解析

与"尼米兹"级航空母舰相比，"福特"航空母舰级的设计更加紧凑，并且具备隐形能力。"福特"级有2座机库、3座升降台，配合加大的飞行甲板，能够大幅提升战机出击率。此外，还重新设计了燃料配置和弹药库，舰员舱也有所改进，每个住舱都配有卫生间，舰员生活空间也更私密。

基本参数	
满载排水量	100000 吨
全长	317 米
全宽	41 米
吃水	12 米
最高航速	30 节
舰载机容量	75 架以上

作战性能

"福特"级航空母舰配备了4具电磁弹射器和先进降落拦截系统（含3条拦截索和1道拦截网），比传统拦阻索和蒸汽弹射器的效率更高（由原先每天120架次增加到每天160架次），甚至能起降无人机。改良的武器与物资操作设计，能在舰上更有效地运送、调度弹药或后勤物资，大幅提升后勤效率。"福特"级航空母舰采用的新型A1B反应炉的发电量为"尼米兹"级的3倍，其服役期间(50年)不用更换核燃料棒。

俄罗斯"克里斯塔 I"级巡洋舰

　　"克里斯塔 I"(Kresta I)级巡洋舰是苏联于 20 世纪 60 年代建造的导弹巡洋舰,共建造了 4 艘,在 1967—1994 年服役。

结构解析

　　"克里斯塔 I"级巡洋舰主要用于反舰任务,采用双轴推进,装有 2 台蒸汽涡轮,4 台锅炉。"克里斯塔 I"级巡洋舰的装甲为焊接钢板,防护能力较为出色。

基本参数	
满载排水量	7500 吨
全长	155.6 米
全宽	17 米
吃水	6 米
最高航速	34 节
续航距离	10500 海里

作战性能

　　"克里斯塔 I"级巡洋舰的主要武器包括 2 座双联装 SS-N-3B 型舰对舰导弹,2 部双联装 SA-N-1 舰对空导弹,2 部双联装 57 毫米 80 倍径舰炮,2 部 RBU6000 反潜火箭深弹发射器,2 部 RBU1000 反潜火箭深弹发射器,2 部五联装 553 毫米口径的鱼雷发射器。此外,该级舰还可搭载 1 架卡 -25 直升机。

俄罗斯"克里斯塔Ⅱ"级巡洋舰

　　"克里斯塔Ⅱ"（Kresta Ⅱ）级巡洋舰是"克里斯塔Ⅰ"级的反潜改进型，一共建造了 10 艘，在 1968—1993 年服役。

结构解析

　　"克里斯塔Ⅱ"级巡洋舰装备有新的 SS-N-14"火石"反潜导弹、SA-N-3 防空导弹及新的声呐，设有直升机飞行甲板和机库。

基本参数	
满载排水量	7535 吨
全长	159 米
全宽	17 米
吃水	6 米
最高航速	34 节
续航距离	10500 海里

作战性能

　　"克里斯塔Ⅱ"级巡洋舰的主要武器包括 2 座四联装 SS-N-14 反潜导弹，2 座双联装 SA-N-3 舰空导弹（备弹 72 枚），2 座双联装 57 毫米 70 倍径 AK-725 舰炮，4 座 30 毫米 AK-630 近程防御武器系统，2 座五联装 533 毫米口径的鱼雷发射管。此外，该级舰还可搭载 1 架卡-25 直升机。

俄罗斯"金达"级巡洋舰

　　"金达"(Kynda)级巡洋舰是苏联于 20 世纪 60 年代建造的导弹巡洋舰，共建造了 4 艘，在 1962—2002 年服役。

结构解析

　　"金达"级巡洋舰总体上采用长艏楼线形，舰艏尖瘦狭长，艏甲板向末端有小幅上翘，并有轻微外飘，尾部呈圆形。艏楼的长度大概占到全舰总长的 2/3，并集中了大部分上层建筑。艏楼干舷较高，且于舰桥两侧起至尾楼甲板有明显的折角线。

基本参数	
满载排水量	5500 吨
全长	141.9 米
全宽	15.8 米
吃水	5.3 米
最高航速	34 节
续航距离	7000 海里

作战性能

　　"金达"级巡洋舰装有 2 座四联装 SS-N-3 反舰导弹发射装置，这种导弹的射程可达 764 千米。2 座反舰导弹发射装置用搜索雷达可同时攻击 2 个目标。在上层建筑内还设计了专门的贮弹库，另存有 8 枚导弹，随时可以为 SS-N-3 反舰导弹发射装置进行二次装填。此外，舰上主要武器还有舰艏 1 座 SA-N-1 防空导弹双臂发射装置，舰艉 2 座双联装 76 毫米口径的火炮，20 世纪 80 年代早期在前烟囱两侧加装了 4 座 AK-630 舰炮。

俄罗斯"卡拉"级巡洋舰

　　"卡拉"(Kara) 级巡洋舰是苏联第一级燃气轮机巡洋舰，共建造了 7 艘，在 1973—2011 年服役。

结构解析

　　"卡拉"级巡洋舰是在"克里斯塔Ⅱ"级巡洋舰的基础上改进而来的，所以外形与后者类似。"卡拉"级巡洋舰的舰艏前倾，中部干舷较低，两舷外张明显。中部有一个方形大烟囱，尾部为斜方形，向内

基本参数	
满载排水量	9700 吨
全长	173.2 米
全宽	18.6 米
吃水	6.8 米
最高航速	32 节
续航距离	9000 海里

推进。该级舰在其舰桥和中部塔楼之间插入了一个约 15 米长的舰体分段，大大改善了居住性，对于增设新武器和传感器也很有利。

作战性能

　　"卡拉"级巡洋舰的首要任务是反潜，所以它装备的反潜武器非常全面。远程反潜任务由 1 架卡-25 直升机担负，中近距离则依靠 2 座四联装 SS-N-14 远程反潜导弹发射装置。此外，它还有 2 座五联装 533 毫米口径的鱼雷发射管、2 座 12 管 RBU-6000 和 2 座 6 管 RBU-1000 反潜深弹发射装置起辅助反潜作用。

俄罗斯"基洛夫"级巡洋舰

　　"基洛夫"(Kirov) 级巡洋舰是苏联建造的大型核动力巡洋舰，共建造了 4 艘，于 1980 年开始服役，目前仍服役于俄罗斯海军。

结构解析

　　"基洛夫"级巡洋舰的舰形宽大，艏部明显外飘。宽敞的艉部呈方形，设有飞行甲板，下方是可容纳 3 架直升机的机库。舰体结构为纵骨架式，核动力装置和核燃料舱部位都有装甲。舰上安装 2 座压水堆和 2 台燃油过热锅炉，采用蒸汽轮机，双轴输出，2 部 4 叶螺旋桨。

基本参数	
满载排水量	26396 吨
全长	251.2 米
全宽	28.5 米
吃水	9.4 米
最高航速	31 节
舰员	727 人

作战性能

　　"基洛夫"级巡洋舰的上甲板装有 20 枚 SS-N-19"花岗岩"反舰导弹，舰体后部有 1 门 130 毫米口径的 AK-130DP 多用途双管舰炮。该级舰的防空火力主要由 SA-N-6 防空导弹、SA-N-9 防空导弹、SA-N-4 防空导弹和"卡什坦"近程防御武器系统组成。"基洛夫"级巡洋舰的外围反潜任务主要依靠 3 架舰载直升机，使用型号为卡 -27 或卡 -25。

俄罗斯"光荣"级巡洋舰

　　"光荣"(Slava) 级巡洋舰是苏联研制的一款常规动力巡洋舰，共建造了 3 艘，从 1982 年服役至今，是世界上为数不多的现役巡洋舰之一。

结构解析

　　"光荣"级巡洋舰采用了"三岛式"设计，上层建筑分艏、舯、艉三部分，这种设计有利于武器装备和舱室的均衡分布，可提高舰艇的稳定性。艏部上层建筑高 5 层，其后端与封闭的金字塔形主桅连

基本参数	
满载排水量	11490 吨
全长	186.4 米
全宽	20.8 米
吃水	8.4 米
最高航速	32 节
续航距离	6500 海里

成一体。该级舰还设有一个撑起的直升机平台，其宽度仅为舰宽的一半。

作战性能

　　"光荣"级巡洋舰被称为缩小型的"基洛夫"级巡洋舰，舰载武器在一定程度上相似。该级舰装备威力强大的 SS-N-12 反舰导弹作为主要攻击武器，全舰装有 16 枚。此外，还有使用鱼雷管发射的 T3-31 或 T3CT-96 反潜反舰两用鱼雷以及 53-68 型核鱼雷，1 座双联 130 毫米口径的舰炮等反舰武器。"光荣"级巡洋舰还可搭载 1 架卡-27 或卡-25 反潜直升机。

俄罗斯"莫斯科"级航空母舰

"莫斯科"(Moskva) 级航空母舰是苏联第一代航空母舰，一共建造了 2 艘，在 1967—1991 年服役。

结构解析

"莫斯科"级航空母舰采用法国和意大利首先开创的混合式舰型，舰前半部为典型的巡洋舰布置，舰后半部则为宽敞的直升机飞行甲板，苏联自称为反潜巡洋

基本参数	
满载排水量	17500 吨
全长	189 米
全宽	23 米
吃水	13 米
最高航速	31 节
续航距离	14000 海里

舰。"莫斯科"级航空母舰的前甲板布满了各式武器系统，其中大部分为反潜武器。

作战性能

"莫斯科"级航空母舰的舰艏有 2 具 RBU6000 反潜火箭发射器，其后为 1 具 SUW–N–1 反潜导弹发射器，再后为 2 具 SA–N–3 防空导弹发射器，舰桥两侧另有 2 座 57 毫米口径的两用炮。严格来说，"莫斯科"级航空母舰由于不能搭载固定翼飞机，并不能算是真正意义上的航空母舰。舰载机全部为直升机 (设计搭载 18 架)，因此充其量最多为直升机航空母舰。

俄罗斯"基辅"级航空母舰

　　"基辅"（Kiev）级航空母舰是苏联第一种可以起降固定翼飞机的航空母舰，共建造了4艘，在1975—1996年服役。

结构解析

　　与美国及西方的航空母舰拼命腾出空间停放飞机的设计理念不同，"基辅"级航空母舰的甲板面积中仅有60%用于飞机起飞和停放。飞行甲板的长度为195米，宽度为20.7米。为对应垂直起降舰载机的起飞要求，飞机起飞点均使用了专门研制的甲板热防护层。

基本参数	
满载排水量	43500 吨
全长	274 米
全宽	53 米
吃水	10 米
最高航速	32 节
续航距离	13500 海里

作战性能

　　与美英航空母舰最大的不同是，"基辅"级航空母舰本身就是集火力与重型武器装备于一身，对舰载机依赖性较小。前甲板有重型舰载导弹装备，可对舰、对潜、对空进行攻击，是标准的巡洋舰武器装备。而左侧甲板则搭载舰载战斗机和反潜直升机。遗憾的是，由于左侧甲板过短，Yak-38舰载战斗机实际上只能垂直起降，对甲板破坏极大，加上事故频发而最终下舰，使得该级舰实际上又沦为普通直升机航空母舰。

俄罗斯"库兹涅佐夫"号航空母舰

"库兹涅佐夫"(Kuznetsov)号航空母舰是俄罗斯海军目前唯一的航空母舰，从 1991 年服役至今。

结构解析

"库兹涅佐夫"号航空母舰的飞行甲板采用斜直两段式，斜角甲板的长度为 205 米，宽度为 23 米，与舰体轴线成 7 度夹角，甲板后部安装了 4 道拦截索，以及紧急拦阻网。飞行甲板右舷处则安装了 2 座甲板升降机，分别位于岛式舰桥的前后方。出于成本考虑，飞行甲板起飞段采用了上翘 12 度的"滑跃"式甲板，而非平面弹射器。

基本参数	
满载排水量	67500 吨
全长	306.3 米
全宽	73 米
吃水	11 米
最高航速	32 节
舰载机容量	60 架

作战性能

与西方航空母舰相比，"库兹涅佐夫"号的定位有所不同，俄罗斯称之为"重型航空巡洋舰"，它可以防卫和支援战略导弹潜艇及水面舰，并且搭载一些舰载机，进行独立巡弋。该舰的舰载机需要使用本身的引擎动力，冲上跳板升空。这种设计比起采用平面弹射器的航空母舰具备更高的飞机起飞角度和高度，所需要的操作人员较少，但也带来了舰载机设计难度大、起飞重量受限、对飞行员技术要求高等弊端。

英国"巨人"级航空母舰

"巨人"(Colossus) 级航空母舰是英国在二战期间建造的一款轻型航空母舰，性能介于舰队航空母舰和护航航空母舰之间，共建造了 10 艘，在 1944—2001 年服役。

结构解析

"巨人"级航空母舰由英国维克斯·阿姆斯特朗造船厂建造，其设计目标是构造简单和易于建造。该级舰装有单层机库，没有装甲，采用轻型防空炮和巡洋舰主机。1957—1958 年，"巨人"级航空母舰进行了改装：增加了狭窄的斜角甲板，弹射器和防空炮被拆除。

基本参数	
满载排水量	18300 吨
全长	192 米
全宽	24.4 米
吃水	7 米
最高航速	25 节
舰载机容量	52 架

作战性能

因建造时间太迟，"巨人"级航空母舰没有在二战中发挥太大的作用。二战后，该级舰出现在其他多个国家的海军中，扮演了多种角色，如一线战斗航空母舰、试验航空母舰和训练航空母舰等。

英国"半人马"级航空母舰

"半人马"(Centaur)级航空母舰是"巨人"级航空母舰的改进型,在二战结束后才完工。共建造了 4 艘,在 1953—1986 年服役。

结构解析

"半人马"级航空母舰有 2 艘被改为两栖登陆舰,另外 2 艘在完工后不久加装了水压飞机弹射器,后改为蒸汽弹射器。其中"竞技神"号航空母舰与另外 3 艘差别较大,在服役末期参加了马岛战争。

基本参数	
满载排水量	28700 吨
全长	224.6 米
全宽	39.6 米
吃水	8.7 米
最高航速	28 节
续航距离	6000 海里

作战性能

"半人马"级航空母舰的防空武器包括 2 座六联装 40 毫米口径的博福斯高炮、8 座双联装 40 毫米口径的博福斯高炮、4 座单联装 40 毫米口径的博福斯高炮、5 座双联装 40 毫米口径的博福斯高炮(仅装备"竞技神"号,1966 年全部撤装)、4 座双联装 40 毫米口径的博福斯高炮("英格兰"号、"壁垒"号改装后)。1966 年,"竞技神"号改装后还安装了 2 座 GWS22"海猫"导弹发射装置。"半人马"级航空母舰可搭载 30 架直升机。

英国"庄严"级航空母舰

　　"庄严"(Majestic) 级航空母舰是英国在二战期间开始建造的轻型航空母舰，共建造了5艘，在1955—1997年服役。

结构解析

基本参数	
满载排水量	20000 吨
全长	211.4 米
全宽	34.1 米
吃水	7.8 米
最高航速	25 节
舰员	1400 人

　　"庄严"级航空母舰最初的订单是"巨人"级航空母舰，但进行了许多现代化改装，形成新的一级航空母舰。"庄严"级航空母舰的飞行甲板长度为211.4米，宽为34.1米，甲板装甲厚度为25～50毫米。该级舰的主机为帕森斯涡轮蒸汽机，4台3缸锅炉。

作战性能

　　"庄严"级航空母舰的防空武器最初设计为30门40毫米口径的高射炮，实际建造时大多只安装了10～16门。舰载机方面，"庄严"级航空母舰能够搭载39架二战时期的舰载机、20架喷气式飞机。

英国"无敌"级航空母舰

"无敌"(Invincible) 级航空母舰是英国于 20 世纪 70 年代开始建造的航空母舰，共建造了 3 艘，从 1980 年服役至今。

结构解析

"无敌"级航空母舰的上层建筑集中于右舷侧，里面布置有飞行控制室、各种雷达天线、封闭式主桅和前后 2 个烟囱。飞行甲板下面设有 7 层甲板，中部设有机库和 4 个机舱。机库高度为 7.6 米，占有

基本参数	
满载排水量	20710 吨
全长	209 米
全宽	27.7 米
吃水	8 米
最高航速	28 节
续航距离	7000 海里

3 层甲板，长度约为舰长的 75%，可容纳 20 架飞机，机库两端各有 1 部升降机。

作战性能

"无敌"级航空母舰最大的特点是应用了"滑跃"跑道，并首次采用了全燃气轮机动力装置，使航空母舰这一舰种进入了不依赖弹射装置便可以起降舰载战斗机的新时期。"滑跃"跑道可在载重量不变的情况下令舰载机滑跑距离减少了 60%。

英国"伊丽莎白女王"级航空母舰

"伊丽莎白女王"（Queen Elizabeth）级航空母舰是英国海军最新型的航空母舰，计划建造 2 艘，首舰于 2014 年下水，预计于 2017 年内开始服役。

结构解析

"伊丽莎白女王"级航空母舰首创"滑跃"甲板结合"电磁弹射器"的新概念，主力 F–35 舰载机使用弹射方式升空，可大幅增加该机的机身载重。该舰的圆滑形状舰艏及艏部舰岛上方的整流罩均有助

基本参数	
满载排水量	65000 吨
全长	280 米
全宽	39 米
吃水	11 米
最高航速	25 节以上
续航距离	10000 海里

于降低风阻，外观线条也大幅简化。由于预算不足，目前"伊丽莎白女王"级航空母舰并未采用昂贵的核反应堆，而是较便宜的柴油机及发电机组。

作战性能

"伊丽莎白女王"级航空母舰的自卫武装相当精简，包括 3 座美制 MK 15 Block 1B"密集阵"近程防御武器系统，以及 4 座 30 毫米口径的 DS-30B 遥控机炮。该级舰的主要对空雷达是泰雷兹 S-1850M 电子扫描雷达。为了最大限度地降低人力需求，"伊丽莎白女王"级航空母舰尽可能提高自动化程度，同时也在舰上人员的日常管理方面花了许多工夫。

法国"克莱蒙梭"级航空母舰

　　"克莱蒙梭"(Clemenceau) 级航空母舰是法国自行建造的第一级航空母舰，共建造了 2 艘，在 1961—2000 年服役。

结构解析

　　"克莱蒙梭"级航空母舰属于传统式设计，拥有倾斜度为 8 度的斜形飞行甲板、单层装甲机库，以及法国自行设计的镜面辅助降落装置，2 具升降机，2 具弹射器，一具在飞行甲板前端，一具在斜形甲板上。

基本参数	
满载排水量	32780 吨
全长	265 米
全宽	51.2 米
吃水	8.6 米
最高航速	32 节
舰载机容量	40 架

作战性能

　　"克莱蒙梭"级航空母舰曾是世界上唯一能起降固定翼飞机的中型航空母舰，主要装载 10 架 F-8 "十字军"战斗机，16 架 "超军旗"攻击机，3 架 "军旗 IV"攻击机，7 架 "贸易风"反潜机和 4 架 "云雀 III"直升机。

法国"夏尔·戴高乐"号航空母舰

"夏尔·戴高乐"(Charles De Gaulle) 号航空母舰是法国海军目前仅有的 1 艘航空母舰，从 2001 年服役至今。

基本参数	
满载排水量	42500 吨
全长	261.5 米
全宽	31.5 米
吃水	9.4 米
最高航速	27 节
续航距离	接近无限

结构解析

与美国的核动力航空母舰一样，"夏尔·戴高乐"号航空母舰也采用斜向飞行甲板，而不采用欧洲航空母舰常见的"滑跃"式甲板设计。该舰还是历史上第一艘在设计时加入了隐形性能考虑的航空母舰。由于吨位仅有美国同类舰只的一半，所以"夏尔·戴高乐"号配备了 2 座弹射器，而美军的核动力航空母舰通常为 4 座。另外，舰载机容量也只有美国同类舰只的一半。

作战性能

"夏尔·戴高乐"号航空母舰配备有非常先进的电子设备与法国最新的"紫苑 15"(Aster 15) 防空导弹与"萨德哈尔"(Sadral) 轻型短程防空导弹系统，使得整体攻击能力远远超过法国以往拥有过的几艘航空母舰，同时也是现阶段欧洲综合战斗力最强的航空母舰。

意大利"安德烈娅·多里亚"级巡洋舰

　　"安德烈娅·多里亚"(Andrea Doria) 级巡洋舰是意大利于 20 世纪 50 年代建造的导弹巡洋舰，共建造了 2 艘，在 1964—1992 年服役。

结构解析

　　"安德烈娅·多里亚"级巡洋舰是世界上专为反潜直升机设计建造的首批巡洋舰，艉部设有直升机甲板，可以容纳 4 架舰载直升机。后来设计建造出来的各种有垂直 / 短距起降飞机飞行甲板的舰只许多都借鉴了"安德烈娅·多里亚"级巡洋舰的设计。

基本参数	
满载排水量	6500 吨
全长	149.3 米
全宽	17.2 米
吃水	5 米
最高航速	30 节
续航距离	6000 海里

作战性能

　　"安德烈娅·多里亚"级巡洋舰的导弹主要有 2 座双联装"小猎犬"舰对空导弹发射装置，位于前部。舰炮为 8 门 76 毫米口径的火炮。另外还有 2 座三联装鱼雷发射管。该级舰的用途很广，反潜作战由舰载直升机完成，防空任务由远程舰对空导弹系统和舰炮完成，也可作为大型舰队的指挥舰。

意大利"加里波第"号航空母舰

"加里波第"(Garibaldi) 号航空母舰是意大利海军第一艘轻型航空母舰，从 1985 年服役至今。

结构解析

"加里波第"号航空母舰的外形与英国"无敌"级航空母舰大致相同，也是直通式飞行甲板，甲板前部有 6.5 度的上翘。机库设在飞行甲板下面，长度为 110 米、宽度为 15 米、高度为 6 米，总面积 1650 平方米，平时 14 架飞机置于机库，4 架停放在甲板。在右舷上层建筑前后各有 1 部升降机，长度为 18 米、宽度为 10 米，载重 15 吨。

基本参数	
满载排水量	13370 吨
全长	180.2 米
全宽	33.4 米
吃水	7.5 米
最高航速	30 节
续航距离	7000 海里

作战性能

"加里波第"号航空母舰的武器配置齐全，反舰、防空及反潜三者兼备，既可作为航空母舰编队的指挥舰，又可单独行动。动力系统采用体积小、重量轻、功率大、启动快、操纵灵活的燃气轮机，使航速达 30 节，而且机动性强，从静止状态到全功率状态只需 3 分钟。该舰的标准载机方式是 8 架 AV-8B "海鹞 II" 攻击机和 8 架 SH-3D "海王"直升机，在特殊情况下，也可以只载 16 架 AV-8B 攻击机或 18 架 SH-3D 直升机。

意大利"加富尔"号航空母舰

"加富尔"(Cavour) 号航空母舰是意大利第二代可用于实战的主力战舰，从 2008 年服役至今。

结构解析

"加富尔"号航空母舰使用全通式飞行甲板，采用了英国"无敌"号航空母舰的"滑跃"跑道设计。其飞行甲板的长度为 220 米、宽度为 34 米，起飞跑道的长度为 180 米、宽度为 14 米，斜坡甲板倾斜度为 12 度，有 1 个合成孔径雷达平台凸出在外，飞机停放区位于跑道旁边，可停放 12 架舰载直升机 (EH-101) 或 8 架固定翼舰载机 (AV-8B 或 F-35)。甲板上有 6 个直升机起降区，可以起降中型直升机。

基本参数	
满载排水量	30000 吨
全长	244 米
全宽	39 米
吃水	8.7 米
最高航速	28 节
续航距离	7000 海里

作战性能

"加富尔"号航空母舰的自卫武器为 4 座"紫苑"导弹发射系统、3 座双联装 40L70 近程防空系统、2 门 76 毫米口径的超高速舰炮、3 门 25 毫米口径的防空炮。该舰的环境非常舒适，能为每位人员提供高品质的住宿条件和高品质的服务。高级船员和军官使用单人间或双人间，中士以下使用四人间，公用区仅用于海军陆战队队员。

西班牙"阿斯图里亚斯亲王"号航空母舰

"阿斯图里亚斯亲王" (Principe de Asturias) 号航空母舰是西班牙历史上第一艘自行建造的航空母舰,在 1988—2013 年服役。

结构解析

"阿斯图里亚斯亲王"号航空母舰也采用了"滑跃"跑道设计,在舰艇跑道末端加装了一段 12 度仰角飞行甲板。该舰的飞行甲板在主甲板之上,从而形成敞开式机库,这在二战后的航空母舰中是绝无仅有的。其他航空母舰都是飞行甲板与主甲板在同一水平面上,机库封闭。

基本参数	
满载排水量	16900 吨
全长	195.5 米
全宽	24.3 米
吃水	9.4 米
最高航速	27 节
续航距离	6500 海里

作战性能

"阿斯图里亚斯亲王"号航空母舰的机库面积达 2300 平方米,比其他同型航空母舰多出 70%,接近法国中型航空母舰的水平。该舰的动力系统只采用 2 台燃气轮机,并且是单轴单桨,这在现代航空母舰中同样是独一无二的。"阿斯图里亚斯亲王"号航空母舰通常搭载 12 架 AV-8B "海鹞 II" 攻击机、6 架 SH-3 "海王"反潜直升机、4 架 SH-3 AEW "海王"预警直升机、2 架 AB-212 通用直升机。

巴西"圣保罗"号航空母舰

　　"圣保罗"(Sao Paulo)号航空母舰原是法国"克莱蒙梭"级航空母舰的二号舰"福煦"号，2000 年巴西海军购买后将其改名。

结构解析

　　"圣保罗"号具有与美国大型航空母舰相同的斜角甲板和相应设备。该舰的飞行甲板分为两个部分：一部分是舰艏的轴向甲板，长度为 90 米，设有 1 部 BS5 蒸汽弹射器，可供飞机起飞。另一部分

基本参数	
满载排水量	32780 吨
全长	265 米
全宽	31.7 米
吃水	8.6 米
最高航速	32 节
续航距离	7500 海里

是斜角甲板，长度为 163 米，宽度为 30 米，甲板斜角为 8 度，设有 1 部 BS5 蒸汽弹射器和 4 道拦阻索，既可供飞机起飞，又可供飞机降落。在右舷上层建筑前后各有 1 部升降机。

作战性能

　　原"福煦"号航空母舰的配套机种是 F-8 战斗机和"超军旗"攻击机，改装为"圣保罗"号后的舰载机则改为 A-4 攻击机、C-1 运输机以及 S-70B 反潜直升机。"圣保罗"号的自卫武器为 2 座 8 联装"响尾蛇"防空导弹系统、2 座 6 联装"西北风"近程防空导弹系统，以及 4 座 100 毫米口径的单管炮。

日本"白根"级直升机护卫舰

"白根"（Shirane）级直升机护卫舰是日本于 20 世纪 70 年代建造的，共建造了 2 艘，从 1980 年服役至今。

结构解析

"白根"级直升机护卫舰的基本设计延续自前一代的"榛名"级，舰体、装备的布局差不多，都拥有位于舰体中央的集中式大型上层结构以及能操作 3 架大型

基本参数	
满载排水量	6800 吨
全长	159 米
全宽	17.5 米
吃水	5.3 米
最高航速	31 节
舰载机容量	3 架

反潜直升机的机库、舰艉甲板，装备的配置也与"榛名"级类似，动力系统则完全相同。不过"白根"级的舰体更长，主要是因为增加了更多电子设备以及近程防御武器系统。二者外观上最大的不同，在于"榛名"级采用单一的大型烟囱，"白根"级则拥有 2 个。

作战性能

"白根"级直升机护卫舰配备 2 门 MK 42 型 127 毫米 54 倍径舰炮、1 座八联装 74 式"阿斯洛克"反潜火箭发射装置、1 座八联装 MK 25 型"海麻雀"防空导弹发射器、2 座 MK 15 型"密集阵"近程防御武器系统和 2 座三联装 324 毫米口径的 68 式鱼雷发射装置。"白根"级直升机护卫舰可搭载 3 架 SH-3 或 SH-60 反潜直升机。

日本"日向"级直升机护卫舰

　　"日向"(Hyūga) 级直升机护卫舰是日本最新型的一艘护卫舰，共建造了 2 艘，从 2009 年服役至今。

结构解析

　　"日向"级直升机护卫舰是日本在二战结束、日本海军解散后所造过排水量最大的军舰，其排水量甚至超过了目前世界上多艘轻型航空母舰。"日向"级采用全通式甲板设计，可以起降直升机或垂直起降飞机，具有了一定轻型航空母舰特征。不过，"日向"级暂时没有安装"滑跃"式甲板或弹射装置，以起降普通固定翼飞机。

基本参数	
满载排水量	19000 吨
全长	197 米
全宽	33.8 米
吃水	7 米
最高航速	30 节
舰员	360 人

作战性能

　　"日向"级直升机护卫舰装有 2 座八联装 MK 41 型导弹垂直发射系统，可发射"海麻雀"防空导弹和"阿斯洛克"反潜导弹。其他武器还有 2 座三联装 324 毫米口径的鱼雷发射管、2 座 MK 15 型近程防御武器系统和 7 挺 12.7 毫米口径的高射机枪等。"日向"级可容纳 11 架舰载直升机，包括 SH-60 反潜直升机、MCH-101 扫雷 / 运输直升机等。

日本"出云"级直升机护卫舰

　　"出云"(Izumo)级直升机护卫舰是日本新一代护卫舰，从吨位、布局到功能都已完全符合现代轻型航空母舰的特征。该级舰计划建造2艘，首舰于2015年3月开始服役。

结构解析

　　"出云"级虽然仍保持"直升机护卫舰"的定位，但其尺寸和排水量已超过了日本二战时期的部分正规航空母舰，也超过了目前意大利、泰国等国家装备的轻型航空母舰水平。"出云"级是"日向"级的放大改良版，仍沿用全通式飞行甲板、右侧上层建筑等类航空母舰布局。

基本参数	
满载排水量	27000吨
全长	248米
全宽	38米
吃水	7米
最高航速	30节
舰载机容量	28架

作战性能

　　为了适应舰体尺寸的增加，"出云"级的4台LM-2500燃气涡轮机的推力比"日向"级有所提升，单机功率可达24706千瓦，使最大航速维持在30节的水平。"出云"级主要搭载SH-60K"海鹰"反潜直升机，作为远洋反潜作战编队的旗舰，加入现役的"十·九"舰队后，可将反潜战斗力提升1倍，覆盖的海域也随之增加数倍。

印度"维拉特"号航空母舰

　　"维拉特"(Viraat) 号航空母舰原是英国"人马座"级航空母舰的四号舰，20 世纪 80 年代中期转售给印度，在 1987—2017 年服役。

结构解析

　　"维拉特"号航空母舰经过了多次改装，现在以反潜、制空和指挥功能为主。该舰前部设有宽度为 49 米的直通型飞行甲板，有 12 度的滑橇角，上升的斜坡长度为 46 米，以使垂直 / 短距飞机能在较短的距离内滑跃升空。

基本参数	
满载排水量	28700 吨
全长	226.9 米
全宽	48.78 米
吃水	8.8 米
最高航速	28 节
续航距离	6500 海里

作战性能

　　"维拉特"号航空母舰的飞行甲板上共设有 7 个直升机停放区，可供多架直升机同时起降。机库内可搭载 12 架"海鹞"垂直 / 短距起降飞机和 7 架 MK 2 型反潜直升机。实际作战时，可将"海鹞"垂直 / 短距起降飞机的搭载量增至 30 架，但不能全部进入机库。

印度"维兰玛迪雅"号航空母舰

"维兰玛迪雅"（Vikramaditya）号航空母舰原本是俄罗斯"基辅"级航空母舰的四号舰"戈尔什科夫海军上将"号，后出售给印度海军，2013年开始服役。

结构解析

"戈尔什科夫海军上将"号卖给印度后，改造重点是将舰艏的武器全部拆除，把它变成"滑跃"式甲板以便米格-29K舰载机起飞。斜向甲板加上了3条阻拦索，以便米格-29K舰载机顺利降落。此外，飞行甲板面积有所增大，已损坏的锅炉换为柴油发动机。整体来说，改造后的"维兰玛迪雅"号将会变成一艘缩小版的"库兹涅佐夫"号航空母舰。

基本参数	
满载排水量	45000吨
全长	283.1米
全宽	53米
吃水	10.2米
最高航速	29节
续航距离	13500海里

作战性能

"维兰玛迪雅"号航空母舰的电子系统与自卫武装完全重新配置，防空武器是以色列"闪电"短程防空导弹或俄罗斯"卡什坦"近程防御武器系统。舰上原有的动力系统也经过大幅整修，换装由波罗的海船厂新造的锅炉，燃料从原本的重油改为柴油，不过整体推进系统设计未做重大变更。

印度 "维克兰特" 号航空母舰

"维克兰特" (Vikrant) 号航空母舰是印度自行研制的第一艘航空母舰，舰名是为了纪念印度从英国采购的第一艘航空母舰。该舰于 2009 年 2 月铺设龙骨，目前尚未服役。

结构解析

"维克兰特" 号航空母舰的舰体长度为 260 米，宽度为 60 米，高度相当于 14 层建筑，共有 5 层甲板，最上层为飞行甲板，其次是机库甲板，下面还有两层甲板和底层的支撑甲板。飞行甲板上设有 2 条约 200 米长的跑道，一条为专供飞机起落的滑橇式跑道；另一条为装备有 3 个飞机制动索的着陆跑道。

基本参数	
满载排水量	40000 吨
全长	260 米
全宽	60 米
吃水	10 米
最高航速	28 节
舰载机容量	30 架

作战性能

"维克兰特" 号航空母舰最多可搭载 30 架舰载机，其中 17 架可存放在机库内。根据各国军工企业发布的公开信息，"维克兰特" 号航空母舰的燃气轮机、螺旋桨、升降机，以及相控阵雷达、指挥控制系统、卫星通信、惯性导航、电子对抗等关键部分，都是 "舶来品"。

泰国"查克里·纳吕贝特"号航空母舰

"查克里·纳吕贝特"(Chakri Naruebet) 号航空母舰是泰国海军目前唯一的航空母舰，从 1997 年服役至今。

结构解析

"查克里·纳吕贝特"号航空母舰借鉴了西班牙"阿斯图里亚斯亲王"号航空母舰的设计，但外形上更为美观，柱状桅紧靠烟囱，岛式上层建筑有所延长。该舰的飞行甲板也采用了"滑跃"式设计，甲板首部斜坡上翘 12 度。为了提高耐波性，安装了展翼形防摇龙骨，并装设两对液压自动控制的减摇鳍。

基本参数	
满载排水量	11486 吨
全长	164.1米
全宽	22.5米
吃水	6.12米
最高航速	27节
续航距离	10000海里

作战性能

与"阿斯图里亚斯亲王"号航空母舰相比，"查克里·纳吕贝特"号航空母舰在多项技术性能上有了显著提高。该舰的满载排水量比"阿斯图里亚斯亲王"号航空母舰缩小了近 1/3，而载机量仅减少 1/4，单位排水量的载机率有所提高。

第3章
中型水面舰艇

中型水面舰艇主要包括护卫舰、驱逐舰、濒海战斗舰等，均具有广泛的作战职能，如护航、反潜、防空、侦察、警戒巡逻、布雷、支援登陆和保障陆军濒海翼侧等。

美国"布鲁克"级护卫舰

"布鲁克"（Brooke）级护卫舰是美国研制的第一代导弹护卫舰，共建造了6艘，在1966—1989年服役。

结构解析

"布鲁克"级护卫舰的动力系统由总功率26000千瓦的蒸汽轮机和锅炉等设备构成。舰上装有SPS52对空搜索雷达、SPS10对海警戒雷达、SPG51C导

基本参数	
满载排水量	3426吨
全长	126米
全宽	13米
吃水	7.3米
最高航速	27.2节
续航距离	4000海里

弹制导雷达、CRP3100导航雷达、SPG35炮瞄雷达、SQS26舰艇声呐、OF82卫星通信设备、MK4型目标指示系统、SLQ32V电子战系统等设备。

作战性能

"布鲁克"级护卫舰的主要武器包括：1座MK22型"鞑靼人"防空导弹发射装置、2座三联装MK32型鱼雷发射装置、1座八联装"阿斯洛克"反潜火箭发射装置、1座127毫米速射舰炮。此外，该级舰还可搭载1架SH-2反潜直升机。

美国"诺克斯"级护卫舰

"诺克斯"(Knox) 级护卫舰是美国于 20 世纪 60 年代研制的护卫舰，共建造了 46 艘，在 1969—1994 年服役。

结构解析

"诺克斯"级护卫舰的上层建筑较长，顶部两端高、中间低。舰艇建筑后部只有一个粗大的桅杆塔，上部加粗呈桶形，其上架设有各种天线。机库后方有大面积的直升机平台。前甲板有 127 毫米舰炮 1 座。其后为八联装"鱼叉"/"阿斯洛克"箱式发射器。机库前方是"标准"导弹发射系统。"诺克斯"级服役后期均进行了改装，机库后的空白区域装上了"密集阵"近程防御武器系统或是"海麻雀"防空导弹。

基本参数	
满载排水量	4260 吨
全长	134 米
全宽	14.3 米
吃水	7.5 米
最高航速	27 节
舰员	257 人

作战性能

"诺克斯"级护卫舰是以反潜武备强而闻名的。除 1 座八联装"阿斯洛克"反潜火箭和 1 座双联装 MK 32 型鱼雷发射管 (配备 MK 46 型鱼雷) 外，还搭载有 1 架反潜直升机。该级舰的反舰武器为 2 座四联装"鱼叉"反舰导弹和 1 门 127 毫米火炮。

美国"佩里"级护卫舰

"佩里"(Perry) 级护卫舰是美国于 20 世纪 70 年代研制的导弹护卫舰，共建造了 71 艘，1977—2015 年在美国海军服役。

结构解析

"佩里"级护卫舰的舰体长宽比为 9.48：1，有利于提高航速。上层建筑比较庞大，约占全舰总长的一半，高度为 5 米，分为上下两层。上层建筑四周仅设少量水密门，形成一个封闭的整体，

基本参数	
满载排水量	4100 吨
全长	135.6 米
全宽	13.7 米
吃水	6.7 米
最高航速	29 节
续航距离	4500 海里

可提供更多的使用空间。尾部设有 2 个长约 16 米、宽约 6 米的直升机库，中间有纵向通道相隔。舰身重要部位设有"凯夫拉"装甲，厚达 19 毫米。

作战性能

"佩里"级的舰载武器包括：1 座单臂 MK 13 型导弹发射装置，发射"标准"导弹用于防空，或"鱼叉"导弹用于反舰。1 座单管 MK 75-0 型 76 毫米舰炮，用于中近程防空、反舰。2 座六管 20 毫米"密集阵"近程武器系统，用于近程防空。2 座三联装 MK 32 型鱼雷发射管，发射 MK 46-5 型或 MK 50 型鱼雷用于反潜。1 套 SQ-25"水精"鱼雷诱饵，用于反潜。

美国"米切尔"级驱逐舰

"米切尔"(Mitscher)级驱逐舰是美国海军于 20 世纪 50 年代研制的以反潜为主的驱逐舰，共建造了 4 艘，在 1953—1978 年服役。

结构解析

"米切尔"级驱逐舰配有 4 台 LM2500 型燃气轮机，采用双轴推进、可调距桨。该级舰没有机库，只有可停放 2 架 SH-60"海鹰"直升机的飞行甲板。

基本参数	
满载排水量	4855 吨
全长	150 米
全宽	14.5 米
吃水	4.5 米
最高航速	36.5 节
续航距离	4500 海里

作战性能

"米切尔"级驱逐舰装有 2 门 127 毫米 MK 42 型单装炮和 2 门 76 毫米 MK 26 型双联装火炮，防空武器为 4 座 20 毫米双联装机关炮，反舰武器为 2 具 533 毫米五联装鱼雷发射管，反潜武器为 2 具 MK 108 型反潜火箭发射器和 1 条深水炸弹投掷槽。"米切尔"级驱逐舰服役后不久就被派往地中海执行前沿部署，紧接着又在加勒比海参加了多个军事演习。

美国"福雷斯特·谢尔曼"级驱逐舰

"福雷斯特·谢尔曼"（Forrest Sherman）级驱逐舰是美国在 20 世纪 50 年代研制的，共建造了 18 艘，在 1955—1988 年服役。

结构解析

基本参数	
满载排水量	4050 吨
全长	127 米
全宽	14 米
吃水	6.7 米
最高航速	32.5 节
续航距离	4500 海里

"福雷斯特·谢尔曼"级驱逐舰主要为执行反潜任务而设计，在外形布局上仍与二战末期的"基林"级驱逐舰相似。"福雷斯特·谢尔曼"级的后 7 艘有所改进，上层建筑全部采用铝合金材料。在服役后期，该级舰曾有部分被改装为反潜驱逐舰。

作战性能

"福雷斯特·谢尔曼"级驱逐舰的主要武器为 3 座 MK 42 型单管 127 毫米舰炮，防空武器为 2 座 MK 34 型双联装 76 毫米防空炮和 4 挺机枪，反潜武器为 2 座 MK 15 型刺猬弹发射器，反舰武器为 4 具 MK 25 型固定式鱼雷发射管。改装为反潜驱逐舰的 6 艘拆除了二号主炮，改为 1 座八联装 MK 16 型"阿斯洛克"反潜导弹发射架。拆除原 MK 15 型刺猬弹发射器，改为 2 座三联装 324 毫米 Mk 32 型反潜鱼雷发射器。另外还拆除了 76 毫米防空炮。

美国"孔茨"级驱逐舰

　　"孔茨"（Coontz）级驱逐舰是美国海军于 20 世纪 50 年代末开始建造的大型导弹驱逐舰，共建造了 10 艘，在 1959—1993 年服役。

结构解析

　　"孔茨"级驱逐舰安装有 4 台锅炉，上层建筑中装有电子和雷达系统、海军战术指挥系统、塔康战术导航系统、SPS–48/37 对空雷达、SPS–10 对海雷达、SPG–53H 炮瞄雷达、SPG–55B 制导雷达等设备。

基本参数	
满载排水量	5648 吨
全长	156.2 米
全宽	16 米
吃水	5.4 米
最高航速	32 节
续航距离	5000 海里

作战性能

　　"孔茨"级驱逐舰安装有 2 门 127 毫米高平两用炮、2 座双联装 76 毫米高射炮（后拆除，改为 2 座"鱼叉"四联装反舰导弹发射器）、1 座双联装"标准"防空导弹发射器、1 座"阿斯洛克"反潜火箭发射器、6 座反潜鱼雷发射管。

美国"查尔斯·F.亚当斯"级驱逐舰

"查尔斯·F.亚当斯"（Charles F. Adams）级驱逐舰是20世纪60～80年代美国海军的主力防空舰种，共建造了23艘，在1960—1993年服役。

结构解析

"查尔斯·F.亚当斯"级驱逐舰的外形设计和装备配置等与现代舰艇差异较大，还保有一些二战时期美国驱逐舰的影子。该级舰的上层建筑为铝合金制造，2

基本参数	
满载排水量	4526 吨
全长	133.2 米
全宽	14.3 米
吃水	7.3 米
最高航速	33 节
续航距离	4500 海里

门 MK 42 型 127 毫米舰炮分别位于舰艏与舰艉，八联装 MK 112 型（后来换成 MK 16 型）"阿斯洛克"反潜导弹发射器位于舰身中段、前后的船楼与2根老式圆柱状烟囱之间，而 MK 10 型"标准"防空导弹发射器则位于舰艉。

作战性能

"查尔斯·F.亚当斯"级驱逐舰的舰载武器包括2门127毫米高平两用炮。1座 MK 10 型双臂旋转导弹发射器，发射"鞑靼人"或"标准"防空导弹，载弹40枚，可再装填。1座八联装 MK 112 型导弹发射器，发射"阿斯洛克"反潜导弹，载弹40枚，可再装填。6座三联装324毫米鱼雷发射管，发射 MK 32 型反潜鱼雷。

美国"斯普鲁恩斯"级驱逐舰

　　"斯普鲁恩斯"(Spruance) 级驱逐舰是美国于 20 世纪 70 年代建造的导弹驱逐舰，共建造了 31 艘，在 1975—2005 年服役。

结构解析

　　"斯普鲁恩斯"级驱逐舰的桥楼较长，分为前后两个部分，桅杆分别位于桥楼前端和两座烟囱之间，两座烟囱各有数个排烟管向上方伸出，后烟囱从机库上方伸出。前桅首层有球形雷达天线前伸，后桅有弧面形网状天线。由于该舰武备配置使用渐改制，不同时期改装的舰只配备不一。后部从机库开始分为直升机平台、航空导弹发射装置和舰炮 3 层，并依次降低。

基本参数	
满载排水量	8040 吨
全长	171.6 米
全宽	16.76 米
吃水	5.79 米
最高航速	33 节
续航距离	5214 海里

作战性能

　　"斯普鲁恩斯"级驱逐舰的主要舰载武器包括 2 座 MK 45-0 型 127 毫米舰炮。2 座六管 MK 15 型 20 毫米"密集阵"近程防御武器系统。1 座四联装 RAM 舰空导弹发射装置。2 座三联装 MK 32 型鱼雷发射管，发射 MK 46-5 型或 MK 50 型鱼雷。2 座"鱼叉"反舰导弹发射装置，备弹 8 枚。

美国"基德"级驱逐舰

　　"基德"(Kidd) 级驱逐舰是美国于 20 世纪 70 年代开始建造的导弹驱逐舰，共建造了 4 艘，在 1981—1997 年服役。

结构解析

　　"基德"级驱逐舰具有"斯普鲁恩斯"级驱逐舰的某些外形特征，同时还混合了"弗吉尼亚"级巡洋舰的作战系统。"基德"级在舰体两侧与一些重要部位增加"凯夫拉"或铝质装甲，因此排水量比"斯普鲁恩斯"级大。

基本参数	
满载排水量	9783 吨
全长	171.6 米
全宽	16.8 米
吃水	9.6 米
最高航速	33 节
续航距离	7800 海里

作战性能

　　"基德"级驱逐舰的舰载武器包括 2 座 MK 45 型单管 127 毫米舰炮、2 座 MK 15 型"密集阵"近程防空系统、2 座 4 管 AGM-84"鱼叉"反舰导弹发射器。2 座双联装 MK 26 型双臂导弹发射器，可发射"标准 2""小猎犬"防空导弹和"阿斯洛克"反潜导弹。2 座三联装鱼雷发射管，可发射 MK 32 型鱼雷。此外，该型舰还可搭载 2 架"海鹰"直升机。

美国"阿利·伯克"级驱逐舰

　　"阿利·伯克"(Arleigh Burke) 级驱逐舰是世界上第一种配备"宙斯盾"系统并全面采用隐形设计的驱逐舰，计划建造 76 艘，从 1991 年服役至今。

结构解析

　　"阿利·伯克"级驱逐舰一改驱逐舰传统的瘦长舰体，采用了一种少见的宽短线形。这种线形具有极佳的适航性、抗风浪稳性和机动性，能在恶劣海况下保持高速航行，横摇和纵摇极小。

基本参数	
满载排水量	9217 吨
全长	156.5 米
全宽	20.4 米
吃水	6.1 米
最高航速	30 节
续航距离	4400 海里

作战性能

　　"阿利·伯克"级驱逐舰的舰载武器、电子装备高度智能化，具有对陆、对海、对空和反潜的全面作战能力，综合战斗力在世界现役驱逐舰中名列前茅。该级舰的最大特点就是"宙斯盾"系统，其核心为 SPY-1D 相控阵雷达，不仅速度快、精度高，而且仅一部雷达就可完成探测、跟踪、制导等多种功能，可以同时搜索和跟踪上百个空中和水面目标。

　　"阿利·伯克"级驱逐舰的主要舰载武器包括 2 座 MK 41 型导弹垂直发射系统，可发射"战斧""标准Ⅱ""海麻雀"和"阿斯洛克"等导弹；1 门 127 毫米全自动炮；2 座四联装"捕鲸叉"反舰导弹发射装置；2 座 6 管"密集阵"系统；2 座 MK 32-3 型 324 毫米鱼雷发射装置。此外，该级舰的后期型号还可搭载 2 架 SH-60 直升机。

美国"朱姆沃尔特"级驱逐舰

　　"朱姆沃尔特"(Zumwalt) 级驱逐舰是美国正在建造的新型驱逐舰，代号为 DDX，首舰于 2016 年开始服役，另有 2 艘已开工建造。

结构解析

基本参数	
满载排水量	14564 吨
全长	183 米
全宽	24.1 米
吃水	8.4 米
最高航速	30.3 节
舰员	140 人

　　DDX 采用先进而全面的隐形设计，其舰面上只有一个单一的全封闭式船楼结构。这是一个一体成型的模块化结构，采用重量轻、强度高、雷达反射性低且不会锈蚀的复合材料制造，整体造型由下往上向内收缩以降低雷达反射截面。除了整合了舰桥、所有的电子装备天线之外，还容纳有主机烟囱的排烟道，尾部则设有直升机库。

作战性能

　　DDX 的舰载武器主要包括 2 门先进火炮系统 (AGS)、20 具 MK 57 型垂直发射系统和 2 门 57 毫米 MK 110 型方阵快炮。AGS 是一款 155 毫米火炮，射速为 10 发 / 分。MK 57 型垂直发射系统设置于船体周边，一共可装 80 枚导弹，包括"海麻雀"导弹、"战斧"巡航导弹、"标准Ⅱ"型导弹和反潜导弹等。DDX 拥有 2 个直升机库，可配备 2 架改良型的 SH-60R 反潜直升机，或者由 1 架 MH-60R 特战直升机搭配 3 架 RQ-8A 无人机的组合。

美国"自由"级濒海战斗舰

"自由"(Freedom) 级濒海战斗舰是美国研制的濒海战斗舰，计划建造
13 艘，首舰于 2008 年开始服役。

结构解析

"自由"级濒海战斗舰是在濒海区域
作战的小型水面舰只，比导弹驱逐舰更小，
与国际上所指的护卫舰相仿。该舰采用一
种被称为"先进半滑航船体"(Advanced

基本参数	
满载排水量	3000 吨
全长	115 米
全宽	17.5 米
吃水	3.9 米
最高航速	47 节
续航距离	3500 海里

Semi-Planing Seaframe) 的非传统单船体设计，其船体在高速航行时会向
上浮起，吃水减少，阻力因此大幅降低。

作战性能

"自由"级可搭载 220 吨的武器及任务系统，舰艏装有 1 门博福斯 57
毫米舰炮，直升机库上方设有 1 具 RIM-116 防空导弹发射器；船楼前、后
方的两侧各有 1 挺 12.7 毫米机枪，共计 4 挺。直升机库上方预留了 2 个武
器模组安装空间，可依照任务需求设置垂直发射器来装填短程防空导弹，
或者安装 30 毫米 MK 46 型机炮塔模组。

美国"独立"级濒海战斗舰

　　"独立"(Independence) 级濒海战斗舰是与"自由"级同期研制的另一种濒海战斗舰，计划建造 13 艘，首舰于 2010 年开始服役。

结构解析

　　"独立"级濒海战斗舰是一种铝质三体舰，舰体采用模块化结构，并选用先进的舰体材料和动力装置。该舰配备有舰艉舱门和 1 个吊臂，可以发送和回收小艇和水中传感器。此外，"独立"级还配备有升降机，可让 MQ-8B 无人机配置到飞行甲板下的任务舱内。

基本参数	
满载排水量	3104 吨
全长	127.4 米
全宽	31.6 米
吃水	4.3 米
最高航速	44 节
续航距离	4300 海里

作战性能

　　"独立"级濒海战斗舰的舰载传感器、作战系统和指挥系统等设计突破传统观念，能根据任务需要灵活组装、搭配不同的武器模块系统。该舰装备了 1 门 57 毫米 MK 110 型舰炮和 1 套"海拉姆"反舰导弹防御系统，上层建筑部分还配置了 2 座 30 毫米 MK 46 型舰炮。MK 110 型舰炮的底部可以配置 1 座导弹发射装置，发射精确攻击导弹。该舰飞行甲板可以容纳 2 架 SH-60 直升机或者 1 架 CH-53 直升机。机库可容纳 2 架 SH-60 直升机，或者 1 架 SH-60 直升机和 3 架 MQ-8B 无人机。

俄罗斯"克里瓦克"级护卫舰

　　"克里瓦克"（Krivak）级护卫舰是苏联第一级现代化导弹护卫舰，一共建造了40艘，从1970年服役至今。

结构解析

　　"克里瓦克"级护卫舰采用宽体结构，提高了整个平台的稳定性，便于使用武器，携带燃料及弹药均有明显增加。它与传统护卫舰的长宽比差距较大，达到

基本参数	
满载排水量	3575 吨
全长	123.5 米
全宽	14.1 米
吃水	4.6 米
最高航速	32 节
续航距离	5000 海里

8.82 ：1。该舰采用了全燃动力装置，舰上共装有4台燃气轮机，2台为巡航机组，2台为加速机组。

作战性能

　　"克里瓦克"级护卫舰的主要武器包括：2座四联装SS-N-25"明星"舰对舰导弹发射装置，2座双联装SA-N-4"壁虎"舰对空导弹发射装置，1座四联装SS-N-14"石英"反潜导弹发射装置，2座100毫米舰炮，2座6管30毫米舰炮，2座四联装533毫米鱼雷发射管，2座RBU6000型12管回转式反潜深弹发射装置。对抗措施为4座PK16或10座PK10型箔条诱饵发射装置。

俄罗斯"格里莎"级护卫舰

　　"格里莎"(Grisha) 级护卫舰是苏联于 20 世纪 70 年代研制的导弹护卫舰，一共建造了 80 艘，从 1971 年服役至今，有 I 型、II 型、III 型和 V 型 4 种型别。

结构解析

　　"格里莎"级护卫舰的舰艇尖削，艏部甲板弧度上升较大，干舷明显升高，具有较好的耐波性。舰桥两侧与船舷相接，使后甲板受波浪影响较小。该舰采用"柴燃联合"动力装置，驱动 3 根轴：2 台柴油机驱动 2 根舷侧轴，1 台燃气轮机驱动中间轴。

基本参数	
满载排水量	1200 吨
全长	71.6 米
全宽	9.8 米
吃水	3.7 米
最高航速	34 节
续航距离	4000 海里

作战性能

　　I 型舰上装有 1 座双联装 SA–N–4 舰空导弹、1 门双管 57 毫米炮、2 座双联装 533 毫米鱼雷发射管、2 座 12 管 RBU–6000 型火箭深弹等。II 型取消了舰艏的 SA–N–4 型舰空导弹发射架，换装了第二座双管 57 毫米炮。III 型则又恢复了舰艏的 SA–N–4 舰空导弹发射装置，并在舰艉甲板室上加装 1 座 6 管 30 毫米速射炮。V 型与 III 型基本相同，仅将 III 型舰艉的 1 门双管 57 毫米炮改为单管 76 毫米炮。

俄罗斯"猎豹"级护卫舰

"猎豹"（Gepard）级护卫舰是俄罗斯研制的新型护卫舰，共建造了6艘，从1991年服役至今。

结构解析

"猎豹"级护卫舰的舰体中部两侧各装1座四联装KT-184反舰导弹发射器。76毫米舰炮前方的甲板设有1组12联装RBU-6000反潜火箭深弹发射器，

基本参数	
满载排水量	1930 吨
全长	102.1 米
全宽	13.1 米
吃水	5.3 米
最高航速	28 节
续航距离	4000 海里

舰上还有2组双联装533毫米鱼雷发射器。舰艇设有1具MR-323中频主/被动舰体声呐，而舰艉则配备了一个可变深度声呐。由于舰艉被可变深度声呐的舱室占据，因此没有空间设置直升机起降平台。

作战性能

"猎豹"级护卫舰为典型的近海作战军舰，配备导弹、水雷、鱼雷及舰载机，火力比较齐全。该级舰可搭载飞机，但没有直升机机库，只有飞行甲板。"猎豹"级护卫舰目前分成2.9级和3.9级，3.9级的排水量比2.9级大，携带的导弹量也较多，能在5级的风浪下进行巡航。

俄罗斯"不惧"级护卫舰

　　"不惧"(Neustrashimy)级护卫舰是俄罗斯研制的，共建造了 2 艘，从 1993 年服役至今。

结构解析

　　"不惧"级护卫舰采用长甲板构型，体形比"克里瓦克"级护卫舰大得多，以提高适航性以及燃油、武器装载量。该级舰的舰体设计十分重视适航性，舰艏首柱倾斜角度、外倾角度与舷弧均大，以降低海浪对甲板的冲刷。舰艏尖端有一个下削的弧度，以增加舰艏主炮的下方射界。"不惧"级的上层结构采用倾斜式表面，可减低雷达散射截面。

基本参数	
满载排水量	4400 吨
全长	129.6 米
全宽	15.6 米
吃水	5.6 米
最高航速	30 节
续航距离	3000 海里

作战性能

　　"不惧"级护卫舰拥有强大的舰载武器装备，舰艏设有 1 座单管 100 毫米 AK-100 自动舰炮，射速达 50/分，射程 20 千米，弹药库内备弹 350 发。此外，舰体中段最多安装 4 座四联装 SS-N-25"弹簧刀"反舰导弹发射器。防空方面，该级舰设有 4 座八联装 3S-95 转轮式垂直发射系统，装填 32 枚 SA-N-9"铁手套"短程防空导弹。"不惧"级还装备了 2 座 CADS-N-1"卡什坦"近防系统，分别设于机库两侧。

俄罗斯"守护"级护卫舰

　　"守护"（Steregushchy）级护卫舰是俄罗斯海军研制的多用途隐形护卫舰，从2007年服役至今。

结构解析

基本参数	
满载排水量	2200吨
全长	94米
全宽	13米
吃水	3.7米
最高航速	27节
续航距离	4000海里

　　"守护"级护卫舰拥有与21世纪初期数种西方先进舰艇相似的雷达隐形外形，封闭式的上层结构简洁洗练并向内倾斜，并采用封闭式主桅杆，可有效降低雷达截面积。此外，"守护"级护卫舰在降低红外线信号方面也下了不少功夫。该级舰的舰体由钢材制造，上层结构大量使用复合材料以减轻重量。

作战性能

　　"守护"级护卫舰装有1门最新型的100毫米AK-190自动舰炮，1套CADS-N-1"卡什坦"近防武器系统，2门30毫米AK-630自动近防武器系统。在反舰导弹方面，"守护"级可以搭载8枚SS-N-25"冥王星"或6枚SS-N-27"俱乐部"反舰导弹。该舰还有4具400毫米鱼雷发射装置，分置于两舷的舱门内。舰艉设有1个直升机库与飞行甲板，能搭载1架卡-27反潜直升机。

俄罗斯"格里戈洛维奇海军上将"级护卫舰

　　"格里戈洛维奇海军上将"(Admiral Grigorovich) 级护卫舰是俄罗斯研制的新一代导弹护卫舰，计划建造 6 艘，截至 2017 年 5 月已有 2 艘服役。

结构解析

　　"格里戈洛维奇海军上将"级护卫舰是俄罗斯以 2000 年售予印度的"塔尔瓦"级护卫舰为基础改良而来，其基本设计、动力系统、电子装备与武器等都大致与"塔尔瓦"级相同。已知最大的变更，

基本参数	
满载排水量	4035 吨
全长	124.8 米
全宽	15.2 米
吃水	4.2 米
最高航速	32 节
续航距离	4500 海里

是将原本"塔尔瓦"级的 3S19 导弹发射器，换成了 3 座十二联装垂直发射器。

作战性能

　　"格里戈洛维奇海军上将"级护卫舰的主要武器包括 1 座 100 毫米 A-190 舰炮，3 座十二联装 3S90E 垂直发射系统 (装填 9M317 防空导弹)，1 座 8 联装 KBSM 3S14U1 垂直发射系统 (装填"红宝石"反舰导弹)，1 座 12 联装 RBU-6000 反潜火箭发射器，2 座 CADS-N-1"卡什坦"近程防御武器系统，2 座双联装 533 毫米鱼雷发射管。

俄罗斯"戈尔什科夫"级护卫舰

　　"戈尔什科夫"（Gorshkov）级护卫舰是俄罗斯海军最新型的导弹护卫舰，计划建造 8 艘，首舰于 2016 年 11 月开始服役。

结构解析

　　"戈尔什科夫"级护卫舰采用单烟囱设计，只配置一个大型的封闭式塔状桅杆，桅杆上部整合四面固定式相控阵雷达天线，顶部还有一座采用平板状三维阵列天线的旋转雷达。舰桥顶部有一个大型球

基本参数	
满载排水量	4500 吨
全长	135 米
全宽	15 米
吃水	4.5 米
最高航速	29.5 节
续航距离	4850 海里

状天线罩，为具备超地平线侦测能力的主 / 被动反舰追踪与火控雷达。此外，主桅杆前方中部有一座 5P–10E 整合光电 / 雷达火控系统，用来制导舰炮。主桅杆两侧各伸出 3 个平台，容纳了三种不同的电子战设备。

作战性能

　　"戈尔什科夫"级护卫舰整合了俄罗斯现有的各种先进技术和装备，综合作战能力较为强大。舰艏有 1 门 A–192M 型 130 毫米舰炮，舰炮后方设有 4 座八联装 3K96 防空导弹垂直发射系统。防空导弹后方装有 2 座八联装 3R14 通用垂直发射系统，直升机库两侧各有 1 座近程防御武器系统，配备 2 门 AO–18KD 型 30 毫米机炮与 8 枚 9M340E 防空导弹。此外，该级舰还配有 2 座四联装 330 毫米鱼雷发射器，舰艉可搭载 1 架 Ka–27 直升机。

俄罗斯"卡辛"级驱逐舰

"卡辛"(Kashin) 级驱逐舰是苏联海军第一种专门设计的装备防空导弹的驱逐舰，共建造了 25 艘，从 1962 年服役至今。

结构解析

"卡辛"级驱逐舰采用双轴对称布局。全甲板上层建筑贯穿整个舰长的 3/4，其间耸立着烟囱排气口。在甲板的前端和后端各有 1 座双联装 SA–N–1"果阿"舰对空导弹发射装置，在其下方的上甲板上各有 1 座双联装 76 毫米舰炮。舰中央有 1 座五联装 533 毫米鱼雷发射管。

基本参数	
满载排水量	4390 吨
全长	144 米
全宽	15.8 米
吃水	4.6 米
最高航速	33 节
续航距离	6480 千米

作战性能

"卡辛"级驱逐舰的舰载武器包括：2 座双联装 76.2 毫米炮，射速 90 发 / 分，射程 15 千米；4 座 6 管 30 毫米炮，射程 2 千米，射速 3000 发 / 分；4 座 SS–N–2C"冥河"舰对舰导弹发射装置，射程 83 千米；2 座双联装 SA–N–1"果阿"舰对空导弹发射装置，射程 31.5 千米，共载有 32 枚导弹；1 座五联装 533 毫米两用鱼雷发射管；2 座 RBU6000 型 12 管回转式反潜深弹发射装置，射程 6000 米，共载有 120 枚火箭。

俄罗斯"现代"级驱逐舰

　　"现代"（Sovremenny）级驱逐舰是苏联建造的大型导弹驱逐舰，主要担任反舰任务，共建造了 17 艘，从 1985 年服役至今。

结构解析

　　"现代"级驱逐舰的外形较为饱满，舰上建筑分为艏、艉两个部分，在舰艏前方配有 1 座舰对空导弹发射架，两侧各有 1 座四联装"日炙"反舰导弹发射筒，舰艏上有 1 座球形雷达天线，主桅杆上挂有 3 坐标雷达天线。后部分建筑为烟囱，并在烟囱后面设有飞行甲板，可起降舰载直升机。

基本参数	
满载排水量	8480 吨
全长	156.4 米
全宽	17.2 米
吃水	7.8 米
最高航速	32.7 节
续航距离	2400 海里

作战性能

　　"现代"级驱逐舰的武器装备包括：1 架 Ka-27 反潜直升机、2 座 130 毫米舰炮、2 座四联装 KT-190 反舰导弹发射装置、4 座 AK-630M 30 毫米近防炮系统、2 座 3K90M-22 防空导弹发射装置、2 具双联装 533 毫米鱼雷发射装置、2 座 RBU-12000 反潜火箭发射装置、8 座十联装 PK-10 诱饵发射器和 2 座双联装 PK-2 诱饵发射器。

俄罗斯"无畏"级驱逐舰

"无畏"(Udaloy) 级驱逐舰是俄罗斯海军现役的主力驱逐舰之一，共建造了 12 艘，从 1980 年服役至今。

基本参数	
满载排水量	7570 吨
全长	163.5 米
全宽	19.3 米
吃水	7.79 米
最高航速	30 节
续航距离	4500 海里

结构解析

"无畏"级驱逐舰的重要舱室都有密闭式的防护系统，可以防止外界受污染的空气进入。全舰结构趋于紧凑，布局简明，主要的防空、反潜装备集中于舰体前部，中部为电子设备，后部为直升机平台，整体感很强。它汲取了西方国家的设计思想，改变了以往缺乏整体思路、临时堆砌设备的做法，使舰体外形显得整洁利索。

作战性能

"无畏"级驱逐舰的主要作战任务为反潜，装有 2 座四联装 SS–N–14 反潜导弹发射装置、2 座四联装 533 毫米鱼雷发射管、2 座十二联装 RBU–6000 反潜火箭发射装置。此外，还可搭载 2 架卡 –27 反潜直升机。"无畏"级驱逐舰还具备一定的防空能力，但没有反舰能力。

俄罗斯"无畏II"级驱逐舰

　　"无畏II"（Udaloy II）级驱逐舰是苏联解体前开始建造的最后一级驱逐舰，最终仅有1艘建成并于1999年进入俄罗斯海军服役。

结构解析

　　"无畏II"级驱逐舰是在"无畏"级的基础上改进而来的，在舰形等方面基本沿用了"无畏"级，外观上差别不是很大，最主要的变化还是武器装备的配置方面。

基本参数	
满载排水量	8900 吨
全长	163.5 米
全宽	19.3 米
吃水	7.5 米
最高航速	30 节
续航距离	6000 海里

作战性能

　　"无畏II"级驱逐舰的舰载武器包括1座双联装AK-130全自动高平两用炮；8座八联装SA-N-9"刀刃"导弹垂直发射系统；2座"卡什坦"近程武器系统；2座SS-N-22"日炙"四联装反舰导弹发射装置，配备3M82型反舰导弹；2座四联装多用途鱼雷发射管，发射SS-N-15"星鱼"反潜导弹；10管RBU-12000反潜火箭发射装置。此外，该级舰还能搭载2架卡-27反潜直升机。

英国"女将"级护卫舰

"女将"（Amazon）级护卫舰是英国研制的一款护卫舰，也称为21型护卫舰，共建造了8艘，从1974年服役至今。

结构解析

为了控制成本，"女将"级护卫舰的舰体采用民间船舶的规格来建造，各种装备也力求精简。由于一反过去由海军主导的计划方式，"女将"级护卫舰的整体外形与过去的英国海军军舰有许多不同，外形较为简洁流畅，颇有快速游艇的风格。为了减轻上部重量以利于航行性能，上层结构大量采用铝合金材料制造。

基本参数	
满载排水量	3360 吨
全长	117 米
全宽	12.7 米
吃水	5.8 米
最高航速	32 节
续航距离	4000 海里

作战性能

"女将"级护卫舰的主要武器包括1座MK 8型114毫米高平两用炮，4具"飞鱼"反舰导弹发射器，2门20毫米厄利空机炮，1座GWS-24型"海猫"防空导弹四联装发射架，2座MK 32型324毫米短鱼雷发射器。此外，该级舰还可搭载1架"山猫"HAS.2反潜直升机。

英国"大刀"级护卫舰

"大刀"(Broadsword)级护卫舰是英国研制的多用途护卫舰,也称为22型护卫舰,共建造了14艘,在1979—2011年服役。

结构解析

"大刀"级护卫舰与英国海军之后的"公爵"级护卫舰外形相似,特别是上层建筑形状,主要区别是:艉楼前端为六联装"海狼"舰对空导弹发射箱,而"公爵"级为垂直发射的"海狼"导弹系统。

基本参数	
满载排水量	4800 吨
全长	148.1 米
全宽	14.8 米
吃水	6.4 米
最高航速	30 节
舰员	250 人

"大刀"级护卫舰的机库顶端也配置有1座六联装"海狼"舰空导弹发射箱。除Ⅲ型外,"大刀"级护卫舰的舰艏为四联装"飞鱼"舰对舰导弹发射箱。

作战性能

最后一批"大刀"级护卫舰装有2座四联装"鱼叉"反舰导弹发射器,1座"守门员"近程防御武器系统,并在舰桥上方两侧各加装1座GSA-8"海弓箭"光电射控仪,用于指挥20毫米机炮。此外,该级舰有操作"海王"大型反潜直升机的条件。

英国"公爵"级护卫舰

"公爵"(Duke) 级护卫舰是英国研制的一款护卫舰，也称为 23 型护卫舰，共建造了 16 艘，从 1987 年服役至今。

结构解析

"公爵"级的岛式建筑分为 3 个部分：前部艏楼较宽，高度较低；塔桅粗大，中部为烟囱；后部为机库，机库前端有低桅。该级舰的舰艏角度较小，前甲板武器配置很有特色，前端为 1 座 114 毫米单管舰炮，

基本参数	
满载排水量	4900 吨
全长	133 米
全宽	16.1 米
吃水	7.3 米
最高航速	28 节
续航距离	7500 海里

中部为"海狼"舰空导弹垂直发射系统，艏楼前为 2 部交叉配置的四联装"鱼叉"反舰导弹筒式发射架。

作战性能

"公爵"级的主要武器包括 2 座四联装"鱼叉"舰对舰导弹发射装置，32 单元"海狼"舰对空导弹垂直发射装置，1 门"维克斯"114 毫米 MK 8 型舰炮，2 座 30 毫米舰炮，2 座双联装 324 毫米固定式鱼雷发射管。该级舰的动力装置包括 2 台劳斯莱斯"斯贝"SM1A(或 SM1C) 燃气轮机，4 台帕克斯曼公司柴油机，2 台通用电气公司的电机。

英国"谢菲尔德"级驱逐舰

"谢菲尔德"(Sheffield) 级驱逐舰是英国于 20 世纪 70 年代开始建造的导弹驱逐舰,也称为 42 型驱逐舰,共建造了 16 艘,1975—2013 年在英国海军服役。截至 2017 年 5 月,仍有 1 艘在阿根廷海军服役。

结构解析

"谢菲尔德"级驱逐舰为高干舷平甲板型的双桨双舵全燃动力装置驱逐舰。主船体划分为 18 个水密舱段,舰内设 2 层连续甲板。上层建筑分间断的前后两个部分。舰艉设有飞行甲板,可搭载 1 架直

基本参数	
满载排水量	5350 吨
全长	141.1 米
全宽	14.9 米
吃水	5.8 米
最高航速	30 节
续航距离	4000 海里

升机。主船体与上层建筑采用钢质结构,船体采用纵骨架式结构,甲板间高为 2.44 米。重要部位选用 A 级高强度钢,其他部位选用 B 级钢。

作战性能

"谢菲尔德"级驱逐舰的武器装备包括:2 座四联装"鱼叉"反舰导弹、2 座三联装 324 毫米鱼雷发射架、1 座双联装 GWS30"海标枪"防空导弹发射装置、2 座 20 毫米 GAM-B01 炮、2 座 20 毫米 MK 7A 炮等。该级驱逐舰的舰艉还设有飞行甲板,可携带 1 架韦斯特兰公司的"大山猫"直升机。

英国"勇敢"级驱逐舰

　　"勇敢"(Daring) 级驱逐舰又称为 45 型驱逐舰，共建造了 6 艘，2009 年开始服役，目前是英国海军主力导弹驱逐舰。

结构解析

　　"勇敢"级驱逐舰采用模块化建造方式，主承包商承造舰体与次承包商制造次系统在同时进行，舰体完成后，系统直接送到造船厂装上舰体。由于采用模块化建造，不仅减少了建造时间与成本，未来

基本参数	
满载排水量	7350 吨
全长	152.4 米
全宽	21.2 米
吃水	5 米
最高航速	27 节
续航距离	7000 海里

进行维修、改良也十分便利。为了对抗北大西洋上恶劣的风浪，"勇敢"级驱逐舰的舰炮前方设有大型挡浪板。

作战性能

　　"勇敢"级驱逐舰装有 2 座四联装"鱼叉"反舰导弹发射器，用于反舰。反潜方面，依靠"山猫"直升机 (1 架)、"阿斯洛克"反潜导弹和 324 毫米鱼雷。对陆攻击方面，可凭借 MK 41 型垂直发射系统发射"战斧"导弹。防空方面，依靠"紫菀"防空导弹。此外，该级舰还安装有 1 门 114 毫米舰炮、2 门 30 毫米速射炮和 2 座 20 毫米近程防御武器系统，也可提供一定的对陆攻击、防空和反舰能力。

法国"花月"级护卫舰

"花月"(Floréal) 级护卫舰是法国于 20 世纪 90 年代初开始建造的护卫舰，法国海军共装备了 6 艘，从 1992 年服役至今。

结构解析

  "花月"级护卫舰的舰体以商船的标准建造，不过仍和军规同标准设置水密隔舱。舰体设计的最大特色就是粗短肥胖，长宽比仅为 6.88，在军舰中极为罕见，这使得它拥有极佳的稳定性，在五级海况

基本参数	
满载排水量	2950 吨
全长	93.5 米
全宽	14 米
吃水	4.3 米
最高航速	20 节
续航距离	10000 海里

下仍能让直升机起降。不过短胖的代价就是航行阻力大增，降低了航速。由于任务上的特性，"花月"级护卫舰的舰体完全没有使用同时期"拉斐特"级护卫舰采用的舰体隐形设计。

作战性能

  "花月"级护卫舰的主要武器包括 1 座 100 毫米全自动舰炮、2 座"吉亚特"20F2 型舰炮，以及 2 枚"飞鱼"MM38 型反舰导弹。此外，该级舰还可搭载 1 架 AS 332F "超美洲豹"直升机或 AS 565 "黑豹"直升机。

法国"拉斐特"级护卫舰

　　"拉斐特"(La Fayette) 级护卫舰是法国于 20 世纪 80 年代末研制的导弹护卫舰，共建造了 20 艘，从 1996 年服役至今。

结构解析

　　"拉斐特"级护卫舰的舰体线条流畅，不仅有利于提高隐形性能，也极具艺术美感，充分体现了法国优良的造船工艺和审美理念。"拉斐特"级护卫舰上除了必须暴露的武器装备和电子设备，其他设备一律隐蔽安装，舰体以上甲板异常整洁，除了 1 座舰炮，几乎没有任何凸出物。

基本参数	
满载排水量	3600 吨
全长	125 米
全宽	15.4 米
吃水	4.1 米
最高航速	25 节
续航距离	9000 海里

作战性能

　　"拉斐特"级护卫舰的主要武器包括：1 座八联装"响尾蛇 CN2"防空导弹系统，用于中远程防空；2 座四联装"飞鱼 MM40"反舰导弹发射架，装载 8 枚"飞鱼"导弹，用于反舰；1 座 100 毫米自动炮，弹库可以容纳 600 发炮弹，用于防空、反舰；2 座人工操作 20 毫米炮，主要在执行海上保安任务时使用。此外，该级舰还可搭载 1 架"黑豹"直升机。

法国"乔治·莱格"级驱逐舰

"乔治·莱格"(Georges Leygues) 级驱逐舰是法国建造的反潜驱逐舰，又称为 F70 型驱逐舰，共建造了 7 艘，从 1979 年服役至今。

结构解析

"乔治·莱格"级驱逐舰为长艏楼的双桨、一舵驱逐舰，后舰体水线面丰满，有利于提高舰的适航性。采用方尾，尾板在水线之上，尾端没有浸水，减少了舰的湿表面积，有利于减小低速时的阻力。艏部干舷相对较低，因为露天甲板首部有负 5 度的倾斜。

基本参数	
满载排水量	4350 吨
全长	139 米
全宽	14 米
吃水	5.5 米
最高航速	30 节
续航距离	9500 海里

作战性能

"乔治·莱格"级驱逐舰仅具备点防空能力，由 1 座八联装"响尾蛇"舰空导弹发射装置承担，后 3 艘舰对其进行了改进，使其具有反导能力，并加装了 1 座双联装"西北风"近程防空导弹系统。反舰武器为 4 座单装 MM 38 型"飞鱼"反舰导弹发射装置，后 5 艘改为 2 座四联装 MM 40 型。此外，还装有 1 门 100 毫米全自动炮和 2 门厄利空 20 毫米单管炮。远程反潜任务主要由 2 架舰载"山猫"直升机承担。

法国"卡萨尔"级驱逐舰

"卡萨尔"（Cassard）级驱逐舰是法国在"乔治·莱格"级驱逐舰基础上改进而来的一款防空型驱逐舰，共建造了 2 艘，从 1988 年服役至今。

结构解析

"卡萨尔"级驱逐舰是全焊接的钢质平甲板舰体，纵骨架式结构。甲板首部为负 5 度的马鞍形弧，增大了火炮的射击扇面。上层建筑采用铝合金制造，舰桥位置比"乔治·莱格"级驱逐舰后移，且位置略有升高。作战室布置在上层建筑内，与驾驶室毗邻。

基本参数	
满载排水量	4700 吨
全长	139 米
全宽	14 米
吃水	6.5 米
最高航速	29.5 节
续航距离	7126 海里

作战性能

"卡萨尔"级驱逐舰安装有 1 门单管 68 型 100 毫米舰炮、2 门 MK 10 型 20 毫米舰炮、2 挺 12.7 毫米机枪、1 座 MK 13 Mod 5 型单臂发射架（备"标准"舰空导弹 40 枚）、2 座六联装发射装置（备"西北风"点防御导弹 12 枚）、2 座四管发射装置（备 8 枚"飞鱼"反舰导弹）、2 座 KD59E 固定型鱼雷发射装置（备 10 枚反潜鱼雷）、2 座"达盖"干扰火箭和 2 座 10 管"萨盖"远程干扰火箭。该级舰还可搭载 1 架"黑豹"直升机。

法国 / 意大利 "地平线" 级驱逐舰

　　"地平线"（Horizon）级驱逐舰是法国和意大利联合设计制造的新型防空驱逐舰，共建造了 4 艘，从 2008 年服役至今。

结构解析

　　"地平线" 级驱逐舰有着浓郁的法国特色，舰上采用的海军战术情报处理系统、近程防御系统等由法国自主研制。基本型的法国 "地平线" 级驱逐舰的满载排水量为 7050 吨，意大利版为 6700 吨。

基本参数	
满载排水量	7050 吨
全长	151.6 米
全宽	20.3 米
吃水	4.8 米
最高航速	29 节
续航距离	7000 海里

舰长均为 151.6 米。法国版的舰宽为 20.3 米、意大利版为 17.5 米。法国版的吃水深度为 4.8 米、意大利版为 5.1 米。

作战性能

　　"地平线" 级驱逐舰集多种功能于一身，除为航空母舰提供有效的防空火力支援外，还具有较强的反潜、反舰及对岸作战能力。该级舰装备的 "主防空导弹系统"（PAAMS）由 "欧洲多功能相控阵雷达"（EMPAR）、"席尔瓦" 垂直发射系统以及 "紫菀" 导弹组成。在反舰方面，法国版选用 MM40 "飞鱼" 导弹，意大利版选用 "奥托马特" MK 3 型导弹。在反潜方面，"地平线" 级拥有 2 座三联装鱼雷发射系统。

欧洲多用途护卫舰

欧洲多用途护卫舰（FREMM）是法国和意大利联合研制的新一代多用途护卫舰，2012 年开始服役，主要使用国为法国、意大利、埃及和摩洛哥。

结构解析

FREMM 的设计注重隐形能力，其中又以法国版的隐形外形较为前卫，上层结构与塔状桅杆采用倾斜设计（7～11度）并避免直角，舰面力求简洁，各项甲板装备尽量隐藏于舰体内，封闭式的

基本参数	
满载排水量	6000 吨
全长	142 米
全宽	20 米
吃水	5 米
最高航速	27 节
续航距离	6000 海里

上层结构与船舷融为一体，舰体外部涂有雷达吸收涂料。意大利版的外形则比较接近"地平线"级驱逐舰。

作战性能

FREMM 的主要武器是法制"席尔瓦"垂直发射系统，不同的 FREMM 衍生型依照任务来配置"席尔瓦"系统的形式与数量。主炮方面，法国版配备 1 门奥托·梅莱拉 76 毫米舰炮的超快速型，意大利版反潜型配备 2 门奥托·梅莱拉 76 毫米舰炮。反舰导弹方面，法国版配备 2 座四联装"飞鱼"反舰导弹发射系统，意大利版则配备 4 座双联装"泰塞奥"Mk 2/A 导弹发射系统。反潜武器方面，意大利两种 FREMM 以及法国版反潜型都配备 2 座三联装 324 毫米鱼雷发射装置。

德国"不来梅"级护卫舰

"不来梅"（Bremen）级护卫舰是德国于 20 世纪 70 年代研制的多用途护卫舰，共建造了 8 艘，从 1982 年服役至今。

结构解析

"不来梅"级护卫舰乃是针对德国海军本身以及北约的需求而设计的，着重反水面作战，防空与反潜自卫能力也符合要求，以便在威胁较高的环境下执行任务。"不来梅"级护卫舰的舰体严格实行隔舱化设计，以提高舰艇的生存性，全舰并划分为两处损害管制区域。

基本参数	
满载排水量	3680 吨
全长	130.5 米
全宽	14.6 米
吃水	6.3 米
最高航速	30 节
续航距离	4000 海里

作战性能

"不来梅"级护卫舰的主要武器包括 2 座四联装"鱼叉"反舰导弹发射装置、1 座八联装 MK 29 型"北约海麻雀"中程舰空导弹发射装置、2 座双联装 MK 32 型 324 毫米鱼雷发射管、1 座 MK 75 型奥托·梅莱拉单管 76 毫米高平两用炮。此外，该级舰舰艉部设有直升机机库，载 2 架"山猫"反潜直升机。

德国"勃兰登堡"级护卫舰

"勃兰登堡"(Brandenburg) 级护卫舰是德国于 20 世纪 90 年代建造的一款护卫舰,共建造了 4 艘,从 1994 年服役至今。

结构解析

"勃兰登堡"级护卫舰采用模块化设计,武器装备和电子设备都使用标准尺寸和接口的功能模块,同型的功能模块可以互换,具有高度的灵活性和适应性,也使战舰的改装和维修简便易行,并大大降

基本参数	
满载排水量	4490 吨
全长	138.9 米
全宽	16.7 米
吃水	4.4 米
最高航速	29 节
续航距离	4000 海里

低了总采购费用和日常维修费用。该级舰为钢质构造,能提供更大空间,容纳更多的人员。

作战性能

"勃兰登堡"级护卫舰的主要武器包括 2 座双联装"飞鱼"MM38 型反舰导弹发射装置、1 座"奥托"76 毫米舰炮、16 单元 MK 41 Mod 3 型"海麻雀"舰对空导弹垂直发射装置、2 座 21 单元 MK 49 型"拉姆"点防御导弹发射装置、2 座双联装 MK 32 Mod 9 型鱼雷发射管(发射 Mk 46 Mod 2 型鱼雷)。此外,该级舰还可搭载 2 架"超山猫"MK 88 型反潜直升机。

德国"萨克森"级护卫舰

"萨克森"(Sachsen)级护卫舰是德国海军最大的水面舰艇，也是德国海军第一艘采用模块化设计的舰艇，又称为F124型护卫舰，共建造了3艘，从2004年服役至今。

结构解析

"萨克森"级护卫舰的舰体发展自"勃兰登堡"级护卫舰，二者的基本设计极为类似，但"萨克森"级的舰体长度拉长，最重要的是该型舰引进了各种隐形设计，

基本参数	
满载排水量	5800 吨
全长	143 米
全宽	17.4 米
吃水	6 米
最高航速	29 节
续航距离	4000 海里

外形的修改更为简洁，且刻意做出倾斜造型，舰体大量使用隐形材料与涂料。"萨克森"级的上层结构与舰体都以钢材制造，舰身分为6个双层水密隔舱，之间则为一些单层水密隔舱。

作战性能

"萨克森"级护卫舰装备性能一流的 APAR 主动相控阵雷达，防空作战性能突出。该级舰的主要武器包括1门76毫米舰炮、2门20毫米舰炮、32枚"海麻雀"导弹、24枚"标准"导弹、RIM-116B"拉姆"近程滚动体防空导弹、2座三联装 MK 32 型鱼雷发射装置。此外，该级舰还可搭载2架 NH90 直升机。

意大利"西北风"级护卫舰

　　"西北风"(Maestrale) 级护卫舰是意大利海军于20世纪80年代装备的多用途护卫舰，共建造了8艘，从1981年服役至今。

结构解析

基本参数	
满载排水量	3100 吨
全长	122.7 米
全宽	12.9 米
吃水	4.2 米
最高航速	33 节
续航距离	6000 海里

　　"西北风"级护卫舰在设计上基本可以视为其前级"狼"级护卫舰的放大版，不仅将舰体尺寸、排水量放大以增加适航性，侦测能力、电子系统以及反潜能力也大大强化。"西北风"级的舰体构型相当合理，改善了适航性以及高速性能。"西北风"级的螺旋桨直径较大，使其转速变慢以减少噪声，利于反潜作战。

作战性能

　　"西北风"级护卫舰装有4座"奥托马特"舰对舰导弹发射装置、1座"信天翁"舰对空导弹发射装置、1座127毫米全自动舰炮、2座双联装40毫米舰炮、2座105毫米二十联装火箭发射装置、2座三联装鱼雷发射装置。此外，该级舰还可搭载2架反潜直升机。

西班牙"阿尔瓦罗·巴赞"级护卫舰

"阿尔瓦罗·巴赞"（Álvaro de Bazán）级护卫舰是西班牙研制的"宙斯盾"护卫舰，又称F-100型护卫舰，共建造了5艘，从2002年开始服役。

结构解析

"阿尔瓦罗·巴赞"护卫舰采用模块化设计，全舰由27个模块组成。甲板为4层，从上到下依次为主甲板、第二层甲板、第一层甲板和压载舱。为了增强防火能力，舰体被主舱壁隔离成多个垂直的

基本参数	
满载排水量	5800 吨
全长	146.7 米
全宽	18.6 米
吃水	4.8 米
最高航速	29 节
续航距离	4000 海里

防火区，防火区之间的间隔少于40米。为了保证抗沉性，舰上还具有13个横向防水舱壁。

作战性能

"阿尔瓦罗·巴赞"级护卫舰的主要武器包括1座六组八联装MK 41型垂直发射系统，发射"标准"导弹或改进型"海麻雀"导弹；1具"梅罗卡"近防炮，备弹720发；1门127毫米MK 45 Mod 2舰炮，用于防空、反舰；2套四联装波音公司"鱼叉"反舰导弹系统，用于反舰；2套MK 46型双管鱼雷发射装置，发射MK 46 Mod 5轻型鱼雷；2挺20毫米机炮。

荷兰"卡雷尔·多尔曼"级护卫舰

"卡雷尔·多尔曼"(Karel Doorman) 级护卫舰是荷兰研制的，共建造了 8 艘，从 1991 年服役至今。

基本参数	
满载排水量	3320 吨
全长	122.3 米
全宽	14.4 米
吃水	6.1 米
最高航速	30 节
舰员	154 人

结构解析

"卡雷尔·多尔曼"级护卫舰采用平甲板船型，首舷弧从舰体中部开始出现，直至舰艏，使得整体看去首舷弧并不明显，但舰艏的高度已增加不少，以减小甲板上浪的机会。舰艏尖瘦，舰体中部略宽，下设减摇鳍。折角线从舰艏一直到舰艉，使主甲板与上甲板之间的舱室舷侧壁与甲板垂直，有利于各种装备和生活空间的布置。上层建筑位于舰体中部，较长，约占全舰长的一半以上，但高度较小。

作战性能

"卡雷尔·多尔曼"级护卫舰的主要武器包括 2 座四联装"鱼叉"反舰导弹发射装置、MK 48 型"海麻雀"舰对空导弹垂直发射装置、1 门奥托·梅腊拉 76 毫米紧凑型舰炮、1 座荷兰电信公司的 SGE30"守门员"近程防御武器系统、2 门 20 毫米厄利空炮、2 座双联装 324 毫米 MK 32 型鱼雷发射管。此外，该级舰还可搭载 1 架"大山猫"直升机。

瑞典"伟士比"级护卫舰

"伟士比"（Visby）级护卫舰是瑞典海军继"斯德哥尔摩"级后的新型护卫舰，共建造了 5 艘，从 2000 年服役至今。

结构解析

"伟士比"级护卫舰原本规划成两种专业舰型用于水面战和猎潜，后来取消此设计改为统一规格。"伟士比"级护卫舰结合隐形、网络中心战概念，船壳采用"三明治"设计，中心是 PVC 层，外加

基本参数	
满载排水量	640 吨
全长	72.7 米
全宽	10.4 米
吃水	2.4 米
最高航速	35 节
续航距离	2500 海里

碳纤维和乙烯合板，并且用斜角设计反射雷达波。前端 57 毫米舰炮可以收入炮塔，降低雷达侦测率。

作战性能

"伟士比"级护卫舰的舰载武器主要包括 1 门 57 毫米 MK 3 型舰炮、8 枚 RBS15 MK 2 型反舰导弹、4 座 400 毫米鱼雷发射管以及若干深水炸弹。"伟士比"号服役时只有舰炮可以使用，鱼雷测试直到 2008 年才完成。该级舰原本设计有搭载直升机舱，后因太过拥挤而取消。

澳大利亚/新西兰"安扎克"级护卫舰

"安扎克"(Anzac) 级护卫舰是澳大利亚和新西兰联合研制的，共建造了 10 艘，从 1996 年服役至今。

结构解析

"安扎克"级护卫舰的武器系统、电子系统、控制台，甚至桅杆等设备都是按照标准尺寸制成的独立模块，在岸上由分包商在厂房内组装测试，然后被运送到

基本参数	
满载排水量	3600 吨
全长	118 米
全宽	14.8 米
吃水	4.4 米
最高航速	27 节
续航距离	6000 海里

船厂，安装到标准底座上。这种建造方式不仅可以节省安装时间，最大限度地避免失误，也更容易进行改装或升级。

作战性能

"安扎克"级护卫舰的主要武器包括 8 单元 MK 41 型垂直发射系统发射"海麻雀"舰空导弹、2 座三联装 324 毫米鱼雷发射管发射 MK 46 型鱼雷、1 座 127 毫米 MK 45 型舰炮。另外，"安扎克"级护卫舰两舷架设有多挺 M2HB 重机枪，以抵御自杀船袭击，同时也提高对海盗船的威慑力度。

阿根廷"艾斯波拉"级护卫舰

　　"艾斯波拉"（Espora）级护卫舰是阿根廷海军从德国进口的轻型护卫舰，属于著名的"MEKO"（多用途标准护卫舰）系列产品。该级舰共建造了 6 艘，首舰于 1985 年开始服役。

结构解析

　　"艾斯波拉"级护卫舰采用钝舰艏，主甲板沿上层建筑的长度有水平抬升。低矮的整体式烟囱位于上层建筑后缘，凸出的黑色排气口顶罩位于主烟囱中间部分。三角式主桅位于舰桥后缘顶部，装有火控

基本参数	
满载排水量	1560 吨
全长	91.2 米
全宽	11 米
吃水	3.3 米
最高航速	27 节
续航距离	4000 海里

雷达整流罩。此外，还装有上升式飞行甲板，四号舰及后续舰装有伸缩式机库。

作战性能

　　"艾斯波拉"级护卫舰装有 4 座法国宇航公司制造的 MM 38 "飞鱼"反舰导弹发射装置、1 门奥托·梅莱拉 76 毫米紧凑型舰炮、2 座双联装布雷达 40 毫米舰炮、2 挺 12.7 毫米机枪、6 座 324 毫米 LLAS 3 鱼雷发射管。此外，还有 2 部 CSEE "达盖"诱饵发射装置。舰载机方面，"艾斯波拉"级护卫舰可以搭载 1 架 SA 319B "云雀" Ⅲ 反潜直升机或 AS 555 "小狐"反潜直升机。

日本"石狩"级护卫舰

　　"石狩"(Ishikari) 级护卫舰是日本于 20 世纪 80 年代研制的导弹护卫舰，仅建造了 1 艘，在 1981—2007 年服役。

结构解析

　　"石狩"级护卫舰是"筑后"级护卫舰的后继者，装有现代化的奥托 76 毫米舰炮以替换旧型 76 毫米舰炮，需要的操作员更少。该级舰的动力装置为 1 台川崎 / 劳斯莱斯公司的"奥林普斯"TM3B

基本参数	
满载排水量	1600 吨
全长	85 米
全宽	10.6 米
吃水	3.5 米
最高航速	25.2 节
舰员	94 人

燃气轮机，持续功率 18.4 兆瓦。1 台三菱 / 曼恩公司的 6DRV 柴油机，持续功率 3.45 兆瓦。

作战性能

　　"石狩"级的主要武器包括 2 座四联装"鱼叉"反舰导弹发射装置、1 门奥托·梅腊拉 76 毫米火炮、1 座"密集阵"近程防御武器系统、2 座三联装 324 毫米鱼雷发射器 (发射 MK 46 mod 5 鱼雷，射程 11 千米)、1 座 375 毫米反潜深弹发射器 (射程 1.6 千米)。

日本"夕张"级护卫舰

"夕张"(Yubari) 级护卫舰是日本"石狩"级导弹护卫舰的后继舰种，共建造了2艘，在1983—2010年服役。

结构解析

"夕张"级护卫舰的舰身比"石狩"级护卫舰增长了6米，船舰上层结构更换为钢质，后甲板留有加装"密集阵"近程防御武器系统的升级空间，不过最后没有安装。因住舱面积有所增加，"夕张"级的居住性能大大改善。

基本参数	
满载排水量	1690 吨
全长	91 米
全宽	10.8 米
吃水	3.6 米
最高航速	25 节
舰员	95 人

作战性能

与"石狩"级护卫舰相比，"夕张"级护卫舰具有更高的自动化操纵能力。该级舰装有1门奥托·梅腊拉76毫米舰炮、8具"鱼叉"反舰导弹发射装置、1座四联装反潜火箭发射装置、2座三联装68式鱼雷发射装置。"夕张"级护卫舰的主要电子设备包括FCS-2-21B型火控雷达、OPS-28雷达、OPS-19雷达和SQS-36D声呐等。

日本 "阿武隈" 级护卫舰

"阿武隈"(Abukuma) 级护卫舰是日本于 20 世纪 80 年代末开始建造的通用护卫舰，共建造了 6 艘，从 1989 年服役至今。

结构解析

"阿武隈" 级护卫舰隐形效果较好，是日本海上自卫队第一种引入舰体隐形设计的战斗舰艇。舰上两舷船体向内倾斜，这样可使雷达波向海面扩散，达到不易被对方雷达捕捉的目的。"阿武隈" 级护卫舰采用可变螺距的侧斜螺旋桨，可以降低转数约 1/4，既减少了噪声，又提高了隐蔽性。

基本参数	
满载排水量	2550 吨
全长	109 米
全宽	13.4 米
吃水	3.8 米
最高航速	27 节
舰员	120 人

作战性能

传统的日本护卫舰作战任务比较单一，其武器装备除舰炮外，通常只装了火箭深弹或 "阿斯洛克" 反潜导弹。"阿武隈" 级护卫舰则实现了多用途化，装备了较先进的 "鱼叉" 反舰导弹、76 毫米舰炮、"密集阵" 近程防御武器系统、"阿斯洛克" 反潜导弹、反潜鱼雷、电子战系统等，能执行多项作战任务。

日本"初雪"级驱逐舰

"初雪"（Hatsuyuki）级驱逐舰是日本于20世纪70年代末建造的多用途驱逐舰，共建造了12艘，从1982年服役至今。

结构解析

"初雪"级驱逐舰的上层建筑尺寸大，前7艘采用轻质合金制造，后5艘采用钢材制造。该舰采用单桅结构，四脚网架式桅杆较高，顶置弧面形雷达天线，舰楼顶部有金属塔形基座，上置球形雷达

基本参数	
满载排水量	3800吨
全长	130米
全宽	13.6米
吃水	4.2米
最高航速	30节
舰员	200人

天线。此外，"初雪"级机库顶端球形雷达天线十分醒目，其后直升机平台底座较高。

作战性能

"初雪"级驱逐舰的舰载武器包括1座八联装"阿斯洛克"反潜导弹发射装置、1座八联装MK 29型"海麻雀"导弹发射装置、2座四联装"鱼叉"反舰导弹发射管、1座单管76毫米"奥托"主炮、2座6管20毫米"密集阵"近防炮、2座三联68型反潜鱼雷发射管和1架SH-60J反潜直升机。

日本"朝雾"级驱逐舰

　　"朝雾"(Asagiri)级驱逐舰是日本在 20 世纪 80 年代中期开始建造的反潜型驱逐舰,共建造了 8 艘,从 1988 年服役至今。

结构解析

　　"朝雾"级驱逐舰采用飞剪形舰艏,增强了整舰的耐波性并提高了航速。舰桥低层化,作战室采用高强度钢结构,直升机库也比"初雪"级要大。由于电子装备增加,桅杆由"初雪"级的一个变为两个。

基本参数	
满载排水量	4900 吨
全长	137 米
全宽	14.6 米
吃水	4.5 米
最高航速	30 节
舰员	220 人

"朝雾"级的烟囱也由一变二,以确保马力增大后的排烟顺畅,也可防止红外线过于集中。

作战性能

　　"朝雾"级驱逐舰的舰载武器主要包括 2 座四联装"鱼叉"反舰导弹发射装置、1 座八联装"阿斯洛克"反潜导弹发射装置、1 门 76 毫米单管全自动速射炮、1 座八联装"海麻雀"近程防空导弹发射装置、1 座 6 管 20 毫米"密集阵"近程防御系统、2 座 324 毫米三联装反潜鱼雷发射管。此外,该级舰还能搭载 1 架 SH-60J 反潜直升机。

日本"村雨"级驱逐舰

　　"村雨"（Murasame）级驱逐舰是日本海上自卫队继"朝雾"级后的第三代反潜驱逐舰，共建造了 9 艘，从 1996 年服役至今。

结构解析

　　"村雨"级驱逐舰的外观与"金刚"级驱逐舰类似，平板甲板，上层建筑内倾，主要区别是：前甲板主炮为意大利 76 毫米舰炮，炮塔浑圆；四脚网架桅杆塔，底部有平板状三坐标天线；机库顶部平坦，而"金刚"级机库后方呈阶梯状。

基本参数	
满载排水量	6100 吨
全长	151 米
全宽	17.4 米
吃水	5.3 米
最高航速	30 节
舰员	165 人

作战性能

　　"村雨"级驱逐舰的主要武器包括 1 座 MK 41 型 16 单元反潜导弹发射系统，发射"阿斯洛克"导弹；1 座 MK 48 型 16 单元防空导弹发射系统，发射"海麻雀"导弹；2 座四联装反舰导弹发射系统，可发射"鱼叉"或日本国产 SSM-1B 反舰导弹；1 门单管 76 毫米奥托主炮（前 4 艘），从第 5 艘开始换装为新型的 127 毫米舰炮；2 座 6 管 20 毫米"密集阵"近程防御系统；2 座三联反潜鱼雷发射管；4 座 MK36 SEBOC 箔条弹发射装置。此外，该级舰可搭载 1 架 SH-60J 反潜直升机。

日本"高波"级驱逐舰

　　"高波"(Takanami)级驱逐舰是"村雨"级驱逐舰的后继型和全面升级版,共建造了 5 艘,从 2003 年服役至今。

结构解析

　　"高波"级驱逐舰的整体设计沿袭"村雨"级,因此整体布局及大部分装备都与"村雨"级相同,但改进之处也不少。"高波"级的前甲板的导弹垂直发射系统单元数增加了 1 倍,因此,舰体内的主要

基本参数	
满载排水量	6300 吨
全长	151 米
全宽	17.4 米
吃水	5.3 米
最高航速	30 节
续航距离	6000 海里

横隔舱壁也改动了位置。全舰重新划分了水密区域,并将"村雨"级在舰体内的飞行员休息室移至原来 MK 48 型垂直导弹发射系统的位置。

作战性能

　　"高波"级驱逐舰的主要武器包括 1 座 32 单元 MK 41 型导弹垂直发射系统,可发射防空、反潜和巡航导弹;2 座四联装反舰导弹发射系统,可发射"鱼叉"或日本国产 SSM-1B 反舰导弹;1 座单管 127 毫米奥托主炮;2 座 6 管 20 毫米"密集阵"近程防御系统;2 座三联装 HOS-302 反潜鱼雷发射管。此外,"高波"级驱逐舰可搭载 1 架 SH-60J 反潜直升机。

日本"秋月"级驱逐舰

"秋月"（Akizuki）级驱逐舰是日本设计建造的以反潜为主的多用途驱逐舰，共建造了 4 艘，从 2012 年服役至今。

结构解析

由于"秋月"级驱逐舰装备了 FCS-3A 多功能雷达，并且采用隐形桅杆，外形较以往的驱逐舰有较大改观，但舰体本身是在"高波"级驱逐舰的基础上设计的，基本上沿用了"高波"级的配置，并没有

基本参数	
满载排水量	6800 吨
全长	150.5 米
全宽	18.3 米
吃水	5.3 米
最高航速	30 节
舰员	200 人

大的变化。舰长与"高波"级相同，但水线宽和吃水分别增加了 70 厘米和 10 厘米。

作战性能

"秋月"级驱逐舰的主要武器包括 1 座 MK 45 型 127 毫米主炮、2 座四联装 90 式反舰导弹系统、4 座八联装 MK 41 型垂直发射系统（发射"海麻雀"防空导弹和"阿斯洛克"反潜导弹）、2 座三联装 97 式 324 毫米鱼雷发射装置（发射 MK 46 型鱼雷或 97 式鱼雷）、2 座 MK 15 型"密集阵"近程防御系统、4 座 6 管 MK 36 SBROC 干扰箔条发射装置。此外，该级舰还可搭载 2 架 SH-60K 反潜直升机。

日本"旗风"级驱逐舰

"旗风"(Hatakaze)级驱逐舰是日本第一种搭载燃气涡轮机作为动力的军舰，共建造了 2 艘，从 1986 年服役至今。

结构解析

"旗风"级驱逐舰的隔断式上层甲板位于舰艇后方，贯通式主甲板由舰艏延伸至舰艉。中央上层建筑与其后缘顶部的框架式主桅上安装有方形 SPS–52C 对空搜索雷达，窄小的隔断式上层建筑位于主桅后方。略倾的单烟囱装有黑色顶罩，位于舰体中部后方。短小的框架式后桅装有曲面 OPS–11C 对空搜索雷达，127 毫米舰炮安装于飞行甲板前方。

基本参数	
满载排水量	5900 吨
全长	150 米
全宽	16.4 米
吃水	4.8 米
最高航速	30 节
续航距离	4500 海里

作战性能

"旗风"级驱逐舰的舰载武器包括 1 座单臂 MK 13 型防空导弹发射装置（发射"标准"SM–1MR 导弹）、1 座八联装"阿斯洛克"反潜导弹发射装置、2 座四联装"鱼叉"反舰导弹发射装置、2 座 MK 42 型单管 127 毫米主炮、2 座"密集阵"近程防御武器系统、2 座三联反潜鱼雷发射管。此外，该级舰的直升机平台可供 1 架 SH-60J"海鹰"直升机升降和加油。

日本"金刚"级驱逐舰

"金刚"（Kongō）级驱逐舰是日本第一种装备"宙斯盾"防空系统的驱逐舰，共建造了 4 艘，从 1993 年服役至今。

结构解析

"金刚"级驱逐舰的主要技术都是从美国引进的，从总体的布局，重要装备的配置，基本上与"阿利·伯克"级驱逐舰相似，但也作了一些变动和发展。"金刚"级的舰型为高干舷的平甲板型，改用了垂

基本参数	
满载排水量	9485 吨
全长	161 米
全宽	21 米
吃水	6.2 米
最高航速	30 节
续航距离	4500 海里

直的较笨重的桁架桅，在一定程度上破坏了"阿利·伯克"级的雷达隐形设计。

作战性能

与"阿利·伯克"级武器装备上的最大差异是，美国没有转让"战斧"巡航导弹，因此，"金刚"级驱逐舰不具备远程对岸攻击能力。该级舰的主要武器包括 2 组 MK 41 型导弹垂直发射系统、2 座四联装"鱼叉"反舰导弹发射装置、2 座 MK 15 型"密集阵"近程防御系统、2 座三联装 HOS-302 型 324 毫米鱼雷发射管、4 座六管 MK 36 SRBOC 干扰火箭发射器和 SLQ-25 型"水精"鱼雷诱饵。该级舰还可搭载 1 架直升机。

日本"爱宕"级驱逐舰

　　"爱宕"(Atago) 级驱逐舰是日本现役最新型的"宙斯盾"驱逐舰，共建造了 2 艘，从 2007 年服役至今。

结构解析

　　"爱宕"级驱逐舰采用了流行的长艉楼高平甲板、小长宽比、高干舷、方尾设计，舰艇高大尖瘦，前倾明显，舰体横向剖面为深 V 形，舰体宽大且明显外飘。

基本参数	
满载排水量	10000 吨
全长	165 米
全宽	21 米
吃水	6.2 米
最高航速	30 节
舰员	300 人

这种舰形有利于增加内部空间，利于舰的内部总体布置，并可以大大减轻舰体的横摇和纵摇，增强舰艇在高速航行时的稳定性，从而使军舰具有更好的适航性、稳定性和机动性。

作战性能

　　"爱宕"级驱逐舰的主要武器包括 2 组 MK 41 型导弹垂直发射系统、2 座 MK 15 型"密集阵"近程防御系统、4 座 MK 36 型 6 管 130 毫米箔条诱饵发射装置、2 座 HOS–302 型旋转式三联装 324 毫米鱼雷发射管、2 座四联装 90 式反舰导弹发射装置、1 门采用隐形设计的 MK 45 Mod 4 型 127 毫米 62 倍径全自动舰炮、2 ~ 4 挺 12.7 毫米机枪。

韩国"浦项"级护卫舰

　　"浦项"(PoHang) 级护卫舰是韩国于 20 世纪 80 年代研制的轻型护卫舰，共建造了 24 艘，从 1984 年服役至今。

结构解析

　　"浦项"级护卫舰高大的前上层建筑后缘装有封闭式主桅，主桅顶部装有 WM28 火控雷达整流罩。大型烟囱位于舰舯后部，前缘装有汽轮机进气口。"飞鱼"反舰导弹箱式发射装置位于后上层建筑后缘，可使用 40 毫米火炮取代。

基本参数	
满载排水量	1200 吨
全长	88.3 米
全宽	10 米
吃水	2.9 米
最高航速	32 节
续航距离	4000 海里

作战性能

　　"浦项"级护卫舰是在"东海"级护卫舰的基础上改进而来，是韩国海军最重要的近海防卫力量。反潜型的主要武器包括 2 座单管 76 毫米主炮、2 座双管 40 毫米火炮、2 座三联装 324 毫米 MK 32 型鱼雷发射管、2 座深水炸弹发射架。反舰型的主要武器包括：1 座双联装"飞鱼"反舰导弹发射架、1 座单管 76 毫米主炮、2 座双管 30 毫米火炮、2 座三联装 324 毫米 MK 32 型鱼雷发射管、2 座深水炸弹发射架。

韩国"广开土大王"级驱逐舰

"广开土大王"(Gwanggaeto the Great) 级驱逐舰是韩国自行研制设计的第一种驱逐舰，共建造了3艘，从1998年服役至今。

结构解析

"广开土大王"级驱逐舰大量采用了欧洲与美国舰船使用的科技与装备，其中又以欧洲装备居多。动力系统方面，采用了现代西方舰船常见的复合燃气涡轮与柴油机 (CODOG) 系统。舰体设计方面，

基本参数	
满载排水量	3900 吨
全长	135.4 米
全宽	14.2 米
吃水	4.2 米
最高航速	30 节
续航距离	4000 海里

其拥有核生化防护能力，但舰体造型并未大量考虑雷达隐形设计。

作战性能

"广开土大王"级驱逐舰安装有1座16单元 RIM-7M"海麻雀"防空导弹垂直发射装置 (MK 48型)、2座四联装 RGM-84D"鱼叉"反舰导弹发射装置、1座单管127毫米奥托主炮、2座7管30毫米"守门员"密集阵近防系统、2座三联装324毫米 MK 32型鱼雷发射管。该级舰设有机库，可搭载1~2架英国"大山猫"反潜直升机。

韩国"忠武公李舜臣"级驱逐舰

"忠武公李舜臣"（Chungmugong Yi Sun-shin）级驱逐舰是韩国海军自行研制设计的第二种驱逐舰，共建造了6艘，从2003年服役至今。

结构解析

"忠武公李舜臣"级驱逐舰是韩国第一种引进隐形技术的舰艇，上层结构较"广开土大王"级驱逐舰更简洁，并且往内倾斜10度。此外，格子桅也被舍弃，代之以隐形性较佳的塔状合金主桅，但舰面上还是有许多林立的装备、天线、栏杆等。

基本参数	
满载排水量	5500 吨
全长	150 米
全宽	17 米
吃水	5 米
最高航速	29 节
舰员	300 人

作战性能

"忠武公李舜臣"级驱逐舰采用"柴燃联合"动力模式（双轴推进），武器配置较为全面。前甲板装备1门127毫米舰炮和MK 41型垂直发射系统（可装"标准"系列防空导弹），中部装备"鱼叉"反舰导弹和鱼雷发射器，并配有荷兰产"守门员"速射炮和21联装"拉姆"近程防空导弹，还可搭载1～2架"山猫"反潜直升机。四号舰"王建"号使用了"美韩联合"的模式，前甲板左侧装备32单元美制MK 41型垂直发射模块，而右侧装备32单元韩国国产的垂直发射模块。

韩国"世宗大王"级驱逐舰

"世宗大王"(King Sejong the Great)级驱逐舰是韩国自行研制设计的第三种驱逐舰,安装有"宙斯盾"系统,共建造了 3 艘,从 2008 年服役至今。

结构解析

"世宗大王"级驱逐舰比较注重隐形性能,采用长艏楼高平甲板、高干舷、方尾、大飞剪形舰艏、小长宽比设计,舰体后部设有双直升机机库。舰艇的舷墙和防浪板延伸到主炮后面的垂直发射装置。

基本参数	
满载排水量	7200 吨
全长	165.9 米
全宽	21 米
吃水	6.25 米
最高航速	30 节以上
续航距离	5500 海里

舰艏呈前倾,横向剖面为深 V 形,舰体较宽并外飘,边角采用圆弧过渡。

作战性能

"世宗大王"级驱逐舰安装有 1 门 MK 45 Mod 4 型 127 毫米舰炮、1 座"拉姆"近程防空导弹系统、1 座"守门员"近防系统、10 座八联装 MK 41 型垂直发射系统、6 座八联装 K–VLS 垂直发射系统、4 座四联装 SSM–700K"海星"反舰导弹发射装置、2 座三联装 324 毫米"青鲨"鱼雷发射管。此外,该级舰还可搭载 2 架"超山猫"反潜直升机。

印度"塔尔瓦"级护卫舰

　　"塔尔瓦"(Talwar)级护卫舰是俄罗斯为印度设计的，共建造了6艘，从2003年服役至今。

结构解析

　　"塔尔瓦"级护卫舰是利用俄罗斯"克里瓦克"Ⅲ型护卫舰为基础改进而来，二者有明显区别，上层建筑和舰体都进行了重新设计，大大减少了雷达反射截面。

基本参数	
满载排水量	4035吨
全长	124.8米
全宽	15.2米
吃水	4.2米
最高航速	32节
续航距离	4850海里

舰体有明显的外倾和内倾，上层建筑与舰体成为一体，也有较大的固定的内倾角。

作战性能

　　"塔尔瓦"级护卫舰的核心装备是"俱乐部"反潜/反舰导弹系统，包括3M54E反舰导弹和配套的3R14N-11356舰载火控系统。"塔尔瓦"级的防御主要依赖"无风"-1中程防空导弹系统，前部甲板还装有1座A-190E型100毫米高平两用主炮。近程防御由"卡什坦"系统提供。反潜武器是1座RBU-6000型12管反潜火箭系统，舰体中部还有2座双联装DTA-53-11356鱼雷发射管。

印度"什瓦里克"级护卫舰

"什瓦里克"(Shivalik)级护卫舰是印度设计建造的大型多用途护卫舰，共建造了 3 艘，首舰于 2010 年 4 月开始服役。

结构解析

"什瓦里克"级护卫舰的基本设计源于"塔尔瓦"级护卫舰，二者的舰体构型与布局十分相似，但"什瓦里克"级护卫舰的尺寸比"塔尔瓦"级护卫舰增加不少，长度增加 17 米，满载排水量高达 6200 吨，

基本参数	
满载排水量	6200 吨
全长	142.5 米
全宽	16.9 米
吃水	4.5 米
最高航速	32 节
续航距离	5000 海里

已经达到了驱逐舰的水平。"什瓦里克"级护卫舰的上层结构造型比"塔尔瓦"级护卫舰更加简洁，开放式舰艉被改为封闭式，舰载小艇隐藏于舰体中段的舱门内，此外也换用隐形更好的塔式桅杆与烟囱结构。

作战性能

"什瓦里克"级护卫舰以复合燃气涡轮与柴油发动机（CODAG）取代了"塔尔瓦"级护卫舰的复合燃气涡轮或燃气涡轮（COGOG），在巡航时以较省油的柴油发动机驱动，高速时改用燃气涡轮提供动力，故拥有较佳的燃油消耗表现。武器方面，"什瓦里克"级护卫舰的多数舰载武器系统与"塔尔瓦"级护卫舰相同，主要区别在于舰炮与近程防御武器系统。"什瓦里克"级护卫舰的机库结构经过扩大，能容纳 2 架反潜直升机。

印度"拉杰普特"级驱逐舰

"拉杰普特"（Rajput）级驱逐舰是印度海军以俄罗斯"卡辛"级驱逐舰为基础改装设计的导弹驱逐舰，共建造了 5 艘，从 1980 年服役至今。

结构解析

"拉杰普特"级驱逐舰的整体设计与"卡辛"级驱逐舰后期型相似，该级舰有 2 对烟囱，第一对烟囱位于两座桅杆之间，第二座烟囱位于舰舯之后，每对烟囱分别朝左、右两侧倾斜。为节省空间，"拉杰普特"级驱逐舰采用伸缩机库，机库向上伸出并将直升机推至舰艉飞行甲板后，便再度向下缩回，腾出足够空间让直升机的主旋翼运转。

基本参数	
满载排水量	4974 吨
全长	147 米
全宽	15.8 米
吃水	5 米
最高航速	35 节
续航距离	3455 海里

作战性能

"拉杰普特"级驱逐舰的舰艏有 1 门俄制双联装 76 毫米舰炮，舰炮后方的平台以及第二对烟囱后方各有 1 座单臂旋转式防空导弹发射器，每座可以装填 22 枚 SA-N-1 防空导弹。舰桥前方舰炮射控雷达的两侧各有 1 座十二联装 RBU-6000 反潜火箭发射器，艏楼底部两侧各装有 2 座纵列的 P-20M 反舰导弹发射器，尾楼两侧各装有 2 座 30 毫米防空机炮。此外，舰上还安装有 1 具五联装 533 毫米 PTA-533 鱼雷发射器。

印度"德里"级驱逐舰

　　"德里"（Delhi）级驱逐舰是印度建造的多用途导弹驱逐舰，由俄罗斯"卡辛"级驱逐舰大幅改良而来，共建造了 3 艘，从 1997 年服役至今。

结构解析

　　相较于"卡辛"级驱逐舰，"德里"级驱逐舰的造型更加简练，但上层结构与舰面装备依然相当复杂，不利于隐形。俄罗斯舰艇的机库和甲板往往比较狭小，而"德里"级驱逐舰为了配合印度海军装备

基本参数	
满载排水量	6200 吨
全长	163 米
全宽	17.4 米
吃水	6.5 米
最高航速	28 节
续航距离	4320 海里

的"海王"反潜直升机，尾部的直升机机库较大，飞行甲板也较为宽阔。

作战性能

　　"德里"级驱逐舰的反舰武器包括舰艏 1 门俄制 100 毫米 AK-100DP 单管自动舰炮，以及舰桥前方两侧的 4 座四联装 SS-N-25 反舰导弹。防空方面，该级舰有 2 座与"现代"级驱逐舰相同的单臂旋转发射器，以及 4 座 AK-630 六管 30 毫米自动机炮。反潜方面，"德里"级驱逐舰的舰桥与前方单臂防空导弹发射器之间有 2 座十二联装 RBU-6000 反潜火箭发射器，二号桅杆与烟囱之间装有一组 PTA-533 五联装鱼雷发射器。由于"德里"级驱逐舰的天线数量过多，安装得十分拥挤，降低了运作效率。

印度"加尔各答"级驱逐舰

"加尔各答"(Kolkata) 级驱逐舰是印度海军于 21 世纪初开始建造的，共建造了 3 艘，首舰于 2014 年开始服役。

结构解析

"加尔各答"级驱逐舰基本上是印度海军前一代"德里"级驱逐舰的改良版，主要改进项目是强化舰体隐形设计以及武器装备，满载排水量也增至 7000 吨。

基本参数	
满载排水量	7000 吨
全长	163 米
全宽	17.4 米
吃水	6.5 米
最高航速	32 节
续航距离	5000 海里

作战性能

"加尔各答"级驱逐舰的舰载武器主要包括 1 门 100 毫米 AK-190E 舰炮、2 座八联装 3S14E 垂直发射系统、6 座八联装 Barak 8 防空导弹垂直发射系统、2 座十六联装 Barak-1 短程防空导弹发射器、2 座十二联装 RBU-6000 反潜火箭发射器、1 座五联装 533 毫米 PTA-533 鱼雷发射器 (发射 B-515 鱼雷) 和 4 座 30 毫米 AK-630 机炮。

第4章
小型水面舰艇

小型水面舰艇有护卫艇、鱼雷艇、导弹艇、扫雷舰、巡逻舰等。在水面战斗舰艇中，标准排水量在 500 吨以上的，通常称为舰；500 吨以下的，通常称为艇。

美国"汉密尔顿"级巡逻舰

"汉密尔顿"（Hamilton）级巡逻舰是美国海岸警卫队装备的远洋巡逻舰，共建造了12艘，从1965年服役至今。

结构解析

"汉密尔顿"级巡逻舰装有2台功率达13000千瓦的燃气轮机，还有2台2600千瓦的柴油发动机，可以在不补充燃料的情况下，以经济航速（17节）持续航行14000海里。另外，还装有1部

基本参数	
满载排水量	3250 吨
全长	115 米
全宽	13 米
吃水	4.6 米
最高航速	29 节
续航距离	14000 海里

通用电气公司提供的舰艇推进器，功率为257千瓦，便于机动和近距离航行。该级舰装备的先进通信设备使其成为能够协调舰艇和飞机实施搜救、对自然灾害和环境事故做出快速反应的浮动指挥中心。

作战性能

作为美国海岸警卫队中坚力量的"汉密尔顿"级巡逻舰扮演着非常重要的角色，除执法、搜索和救援任务外，还能直接参与作战行动。该级舰没有携带反舰导弹及防空导弹等武器，而是以火炮为主要的攻击和防御武器，不过这并不意味着其火力很弱。"汉密尔顿"级巡逻舰配有美国海军使用的先进中、小口径火炮及指挥、火控系统，足以满足美国海岸警卫队的作战需求。

美国"复仇者"级扫雷舰

　　"复仇者"(Avenger) 级扫雷舰是美国在二战后建造的世界上最大的扫雷舰，共建造了 14 艘，从 1987 年服役至今。

结构解析

　　"复仇者"级扫雷舰采用多层木质结构，外板表面包有多层玻璃纤维，船体具有高强度、耐冲击、抗摩擦等特点。舰上的诸多设备和部件采用铝合金、铜等非磁性材料。为了保证搜索水雷时能缓速运

基本参数	
满载排水量	1379 吨
全长	68.4 米
全宽	11.9 米
吃水	4.6 米
最高航速	13.5 节
续航距离	2172 海里

行和保持舰只基本不动，舰上配备有 2 台低速推进电机、1 部首侧推进装置及调距桨。

作战性能

　　"复仇者"级扫雷舰的探雷设备比较先进，舰上装有 1 部 AN/SQQ-32 型变深声呐，为单元式结构，可满足数据处理、显示及方向图形成的要求。该级舰的扫雷系统也比较完善，舰上的 AN/SLQ-48 反水雷系统的工作深度超过 100 米，由电动机驱动，舰上操作人员通过 1500 米长的电缆实现电源供给和操纵控制。此外，舰上还配有机械扫雷具。自卫武器方面，"复仇者"级扫雷舰仅装有 2 挺 12.7 毫米口径的机枪。

美国"鱼鹰"级扫雷舰

"鱼鹰"(Osprey)级扫雷舰是美国于 20 世纪 90 年代研制的,共建造了 12 艘,在 1993—2007 年服役。

结构解析

"鱼鹰"级扫雷舰是世界上现役近岸扫雷舰中,船身尺寸第二大,仅次于英国"亨特"级的近岸扫雷舰。该舰的贯通式主甲板由舰艏经下降过渡延伸至低

基本参数	
满载排水量	893 吨
全长	57 米
全宽	11 米
吃水	3.7 米
最高航速	10 节
续航距离	1500 海里

干舷后甲板;主上层建筑由前甲板延伸至甲板过渡处;高大的舰桥位于上层建筑前缘,有独特的向外倾斜舰桥舷窗;笨重的锥形烟囱横截面为矩形,装有黑色顶罩和辐射屏蔽、楔形消烟装置,位于上层建筑后缘。

作战性能

"鱼鹰"级扫雷舰装有高精度扫雷声呐与水下无人扫雷载具,大幅提高了扫雷舰的扫雷安全性与效率。该级舰的自卫武器为 2 挺 12.7 毫米口径的 MK 26 型机枪,扫雷装置包括阿连特技术系统公司的 SLQ-48 遥控扫雷具、水雷压制系统,以及 DGM-4 消磁系统。

美国 "旗杆" 级护卫艇

　　"旗杆"(Flagstaff) 级护卫艇是美国海军在冷战期间装备的，仅建造了 1 艘，在 1968—1978 年服役。

结构解析

基本参数	
满载排水量	68 吨
全长	25 米
全宽	6.55 米
吃水	1.32 米
最高航速	51 节
续航距离	560 海里

　　"旗杆" 级护卫艇采用全浸式水翼，由自动驾驶仪控制和操作，可以收放。翼航时使用 1 台 2647 千瓦的燃气轮机，采用直角传动带动调距螺旋桨，最大航速 51 节。排水航行时使用 2 台柴油机带动喷水泵进行喷水推进，巡航速度大于 7 节。

作战性能

　　"旗杆" 级护卫艇具有良好的适航性，但造价高、技术复杂。艇上的武器有 1 座 40 毫米口径的舰炮、1 座 81 毫米口径的无后坐力炮、2 座双管 20 毫米口径的舰炮。"旗杆" 级护卫艇可在 4 ～ 5 级海况中翼航，并且可在 4 级海况下使用武器。

美国“飞马座”级导弹艇

“飞马座”(Pegasus)级导弹艇是美国海军装备的导弹艇,共建造了6艘,在1977—1993年服役。

基本参数	
满载排水量	241吨
全长	40米
全宽	8.5米
最高航速	48节
舰员	21人

结构解析

“飞马座”级导弹艇并非美国研制,而是由欧洲国家制造。它是一种全铝结构的高速水翼导弹艇,艇体采用混合线形,艏部为尖瘦的V线形,有助于获得良好的排水航行性能。艉部为短方尾形,与尖舭一起使艇在过渡到翼航状态时把高速阻力减到最小。

作战性能

“飞马座”级导弹艇具有优良的机动性、耐波力、隐蔽性、抗沉性和载荷能力。该艇的主要武器为1门76毫米口径的奥托舰炮,舰艉部还装有2座四联装“鱼叉”反舰导弹发射装置。

美国"阿尔·希蒂克"级导弹艇

"阿尔·希蒂克"(Al-Siddiq)级导弹艇是美国彼得森建筑公司于20世纪70年代为沙特阿拉伯海军建造的,共建造了10艘,首舰于1980年开始服役。

结构解析

"阿尔·希蒂克"级导弹艇拥有高艇艏,倾斜的前甲板,醒目的大型雷达整流罩位于舰桥顶部,细长的三角式主桅位于艇舯。多角的烟囱顶部为黑色,排气口位于主桅后方顶部凸出位置,鞭状天线位于上层建筑后缘舰桥顶部。

基本参数	
标准排水量	400 吨
满载排水量	485 吨
全长	58.1米
全宽	8.1米
吃水	2米
最高航速	38节

作战性能

"阿尔·希蒂克"级导弹艇装有2座双联装"鱼叉"反舰导弹发射装置位于后甲板,后两部朝向左舷,前两部朝向右舷。此外,还有1门76毫米口径的舰炮、1座"密集阵"近程防御武器系统、2门20毫米口径的厄利空机炮、2门81毫米口径的迫击炮和2门40毫米口径的MK 19型榴弹发射器。

美国"飓风"级巡逻艇

"飓风"(Cyclone) 级巡逻艇是美国海军所使用的近岸巡逻艇，共建造了 14 艘，从 1993 年服役至今。

结构解析

"飓风"级巡逻艇最初建造的时候长度为 51.8 米，但是后来为了配置艇艉发送斜坡和回收系统，长度延长到 55 米。

基本参数	
满载排水量	331 吨
全长	55 米
全宽	7.6 米
吃水	2.3 米
最高航速	35 节
续航距离	2500 海里

作战性能

"飓风"级巡逻艇的主要武器包括 2 门 25 毫米口径的毒蛇机炮、5 挺 12.7 毫米口径的重机枪、2 座 40 毫米口径的自动榴弹发射器、2 挺 M240B 通用机枪和 6 枚"刺针"防空导弹。这种巡逻艇最初是为特种作战用途而设计的，但是特种作战指挥官却认为其过于笨重庞大不能满足需求。指挥官们希望有一种吃水浅航程远的小艇，可以向未知的岸上投送和回收作战人员，但是"飓风"级巡逻艇并不能满足他们的需求。

美国"短剑"高速隐形快艇

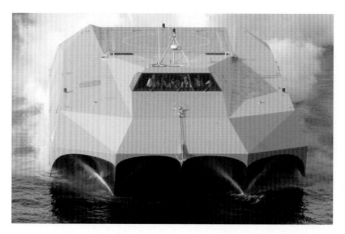

"短剑"(Stiletto) 高速隐形快艇是美国海军建造的隐形快艇，于 2006 年开始服役。

结构解析

"短剑"快艇拥有使用碳纤维合成材料一次成型制造的最大船体，整个生产过程中没有使用一枚钉子、铆钉，而且不用焊接，因此它的外表十分光滑。船体采

基本参数	
满载排水量	60 吨
全长	27 米
全宽	12 米
吃水	0.8 米
最高航速	51 节
续航距离	500 海里

用隐形构造，并采用隐形材料制造船壳，不易被雷达发现。"短剑"快艇允许空气和水从下面流过，从而减少风的阻力并产生上升力，最大速度可以达到 51 节。

作战性能

"短剑"快艇的设计不但使其获得了高速，也使其行驶过程中的稳定性更高，高速行驶中的颠簸现象大大减轻，这使得乘坐的舒适度和安全性大大提高。驾驶"短剑"快艇只需要 3 名船员，它一次能够运载 12 名全副武装的海豹突击队员和 1 艘长度为 11 米的特种作战刚性充气艇，还能够搭载 1 架小型无人机。

美国"海猎"号无人舰

"海猎"（Sea Hunter）号无人舰是美国国防部高级研究计划局（DARPA）主持研制的无人水面舰，主要用于反潜，预计2018年完成全部测试工作。

结构解析

"海猎"号不会配备武器，但装有能侦测并追踪潜艇的传感器，并能与美国

基本参数	
满载排水量	145吨
全长	40米
最高航速	31节
续航距离	10000海里

海军下一代战舰——濒海战斗舰共同执行任务。"海猎"号安装有多部声呐和光电传感器，可综合运用雷达和探测系统对周边舰艇进行探测识别。

作战性能

"海猎"号无人舰有无人自主驾驶、长时间巡航和自动搜索跟踪等技术优势，一旦进入现役，将大幅提升美军反潜作战能力。该舰拥有优异的隐形性能和较强的对潜探测能力，可与濒海战斗舰组成混合舰队，弥补大型水面舰艇在浅水区对潜艇侦察的劣势。在五级海况下，"海猎"号无人舰可在海上自动连续执行反潜任务至少70天，按正常速度巡航，至少可在海上航行10000海里。此外，"海猎"号无人舰在测试中航速高达31节，超过大多数常规潜艇的最高机动速度，可确保对潜艇的密切追踪。

美国"斯巴达侦察兵"无人艇

"斯巴达侦察兵"(Spartan Scout)无人艇是美国研制的无人艇,于 2004 年开始服役。

结构解析

"斯巴达侦察兵"无人艇使用现有的高速船制造,通常是 7 米或 11 米长的硬壳平底船,在这些船上集成防御系统和武器系统。目前,"斯巴达侦察兵"无人

基本参数	
标准排水量	2 吨
全长	7 米
全宽	3 米
全高	4.5 米
控制距离	15 千米
续航时间	8 小时

艇从技术上已达到无人自主控制能力,并能根据需求按模块化方式更替任务模块。

作战性能

"斯巴达侦察兵"无人艇是一种既可遥控也可自动运行的高速无人艇,可执行的任务包括沿海地区反潜、反水雷、防御鱼雷、情报收集、监视、侦察等。与有人驾驶的舰船相比,"斯巴达侦察兵"无人艇的速度要高得多,而且可以在夜间行动。该无人艇可携载 1180 ~ 2268 千克的有效负荷。

美国"食人鱼"无人艇

"食人鱼"无人艇是美国塞威船舶公司研制的无人水面艇，其研制工作始于2010年，目前仍在测试中。

基本参数	
满载排水量	3.6吨
全长	16.5米
续航距离	2170海里

结构解析

与"斯巴达侦察兵"无人艇相比，"食人鱼"无人艇的设计更为前卫大胆。"食人鱼"无人艇的艇体长达16.5米，艇体几乎全部使用最新的碳纤维 – 纳米管复合材料建造。虽然"食人鱼"无人艇的排水量只有3.6吨，但它可以携带的有效载荷却超过了6.8吨。

作战性能

"食人鱼"无人艇被认为可以胜任美国海军和海岸警卫队时下的各种任务，包括港口和海岸巡逻、搜索与救援、打击海盗及反潜等。"食人鱼"无人艇开始服役后，美国海军和海岸警卫队就可以让更多的有人舰艇转作他用。

俄罗斯"娜佳"级扫雷舰

"娜佳"(Natya) 级扫雷舰是苏联研制的一款远洋扫雷舰，共建造了 16 艘，从 1970 年服役至今。

结构解析

"娜佳"级扫雷舰安装有"顿河" II 型搜索雷达（或"低槽"搜索雷达）、"鼓捶"火控雷达、MG 79/89 型舰壳扫雷声呐系统（或 MG69/79 型舰壳扫雷声呐系统）等电子装备。

基本参数	
满载排水量	804 吨
全长	61 米
全宽	10.2 米
吃水	3 米
最高航速	16 节
续航距离	3000 海里

作战性能

"娜佳"级扫雷舰的扫雷装置包括 2 部 GKT-2 触发式扫雷装置、1 部 AT-2 水声扫雷装置、1 部 TEM-3 磁性扫雷具。自卫武器包括 2 座四联装 SA-N-5/8"圣杯"防空导弹发射装置、2 座双联装 30 毫米口径的 AK 230 舰炮（或 2 门 30 毫米口径的 AK 306 舰炮）、2 座双联装 25 毫米口径的舰炮、2 座 RBU 1200 固定式反潜火箭发射装置等。

俄罗斯"奥萨"级导弹艇

　　"奥萨"(Osa)级导弹艇是苏联于20世纪50年代研制的导弹艇，堪称有史以来建造数量最多的导弹艇，总计超过400艘。

结构解析

　　"奥萨"级导弹艇圆滑的上层建筑轮廓低矮，由前甲板延伸至艇艉；柱式主桅位于艇舯前方，留有安装搜索雷达天线的空间；后方的凸出塔架装有火控雷达天线；4座醒目的大型"冥河"反舰导弹发射装置朝向左右舷主桅和火控雷达方向。

基本参数	
标准排水量	192吨
满载排水量	235吨
全长	38.6米
全宽	7.6米
吃水	1.7米
最高航速	42节

作战性能

　　"奥萨"级导弹艇的主要武器是4枚SS-N-2"冥河"反舰导弹，另外还有2座AK-230型30毫米近程防御武器系统。

俄罗斯"斯登卡"级巡逻艇

　　"斯登卡"（Stenka）级巡逻艇是苏联于 20 世纪 60 年代建造的通用快速巡逻艇，共建造了 114 艘，首艇于 1967 年开始服役。目前，该级艇仍在俄罗斯、乌克兰、阿塞拜疆、古巴和柬埔寨等国服役。

结构解析

　　"斯登卡"级巡逻艇在"奥萨"级导弹艇的基础上加大了船体空间，可以容纳更多的船员。"斯登卡"级巡逻艇有短小的高干舷前甲板，大型上层建筑前缘较高，延伸至后甲板。上层建筑外观呈垂直

基本参数	
满载排水量	245 吨
全长	37.5 米
全宽	7.6 米
吃水	3.8 米
最高航速	38 节
续航距离	500 海里

棱角状，三角式综合主桅位于舰桥后缘顶部，安装有对海搜索雷达天线。醒目的"椴木捶"火控雷达天线装于上层建筑后缘的基座上。

作战性能

　　俄罗斯海军和乌克兰海军装备的"斯登卡"级巡逻艇装有 2 座双联装 30 毫米口径 AK–230 舰炮、1 挺 12.7 毫米口径重机枪和 4 座 406 毫米鱼雷发射管和 2 座深水炸弹发射架，而柬埔寨、阿塞拜疆和古巴等国装备的"斯登卡"级巡逻艇在武器方面有所变化。以 35 节航速航行时，"斯登卡"级巡逻艇的续航距离为 500 海里。

英国"河流"级巡逻舰

"河流"(River)级巡逻舰是英国霍氏克罗夫特造船厂建造的近海巡逻舰,英国海军计划装备9艘,首舰于2003年开始服役。此外,泰国和巴西也有进口。

结构解析

"河流"级采用钢质结构的"双棱缘"船形,优良的外形和球鼻形船艏,使得波浪阻力非常低,提供经济的燃料效率和舒适的海上适航性。模块化居住舱室,由造

基本参数	
满载排水量	2000 吨
全长	90.5 米
全宽	13.5 米
吃水	3.8 米
最高航速	25 节
续航距离	5500 海里

船厂预先制造和装配,有单层或双层铺位和独立的卫生间设施。该级舰的工作甲板十分宽大,能够运送许多的小艇、轮式或履带式轻型车辆,或一艘车辆人员登陆艇。

作战性能

"河流"级巡逻舰的标准编制人数28名,但能容纳多达30名的乘员加上18名英国海军登船搜查人员,由12名军官、14名高级人员和22名下级人员组成。舰上有一个飞行甲板,可以起降小型/中型直升机。若携带充足的燃料、储存和水供给,"河流"级巡逻舰的续航时间可达21天。

英国"亨特"级扫雷舰

　　"亨特"(Hunt) 级扫雷舰是英国于 20 世纪 70 年代末开始建造的扫雷舰，共建造了 13 艘，从 1979 年服役至今。

结构解析

　　"亨特"级扫雷舰的动力装置为 2 台三角形二冲程柴油发动机，单台攻率为 2640 千瓦。它采用高干舷主甲板，贯通式主甲板向后倾斜过渡延伸至艇尾作业甲板。30 毫米口径的舰炮位于前甲板中部，

基本参数	
满载排水量	750 吨
全长	60 米
全宽	9.8 米
吃水	2.2 米
最高航速	17 节
舰员	45 人

艇艏上层建筑前缘装有高大的舰桥，锥形封闭式主桅位于艇艏部，导航雷达天线位于舰桥顶部。大型烟囱装有黑色顶罩，位于主桅后方。多种猎雷和扫雷装备位于后甲板。

作战性能

　　"亨特"级扫雷舰的武器装备包括：1 门 30 毫米口径的 DS30B 舰炮、2 门 20 毫米口径的 GAM-C01 炮、2 挺 7.62 毫米口径的机枪。水雷战对抗装备包括：2 部 PAP 104/105 型遥控可潜扫雷具、MS 14 磁性探雷指示环装置、斯佩里 MSSA Mk1 拖曳式水声扫雷装置、常规 K 8 型"奥罗柏萨"扫雷具。

英国 "桑当" 级扫雷舰

　　"桑当" (Sandown) 级扫雷舰是英国于 20 世纪 80 年代研制的扫雷舰，共建造了 15 艘，从 1989 年服役至今。

结构解析

　　"桑当" 级扫雷舰使用目前最先进的玻璃钢艇体技术建造，为单层结构，并用先进的模压技术将骨架与艇壳制成一体。这个玻璃钢壳体本身是横骨架式，但由于将骨架和艇壳做成一体，就省去了船体结构中昂贵、复杂的连接构件。

基本参数	
满载排水量	484 吨
全长	52.5 米
全宽	10.9 米
吃水	2.3 米
最高航速	13 节
舰员	34 人

作战性能

　　"桑当" 级与意大利的 "吉埃塔" 级、瑞典的 "兰德索尔特" 级和法国的 "埃里丹" 级被认为是当今世界上最先进的 4 级反水雷舰艇。"桑当" 级扫雷舰的电子装备包括：凯尔文·休斯 1007 型导航雷达系统、马可尼 2093 型变深水雷搜索 / 识别声呐。武器装备包括：1 门 30 毫米口径的 DS30B 舰炮、ECA 扫雷系统、2 部 PAP 104 MK 5 扫雷具、2 部 "路障" 诱饵发射装置。

法国/荷兰/比利时"三伙伴"级扫雷舰

　　"三伙伴"(Tripartite) 级扫雷舰是法国、荷兰、比利时联合研制的扫雷舰，共建造了 45 艘，从 1981 年服役至今。

结构解析

　　"三伙伴"级扫雷舰采用高舰艏、高干舷，贯通式主甲板向后下降过渡至低干舷后甲板。低矮的上层建筑从前甲板延伸到后甲板，柱式主桅位于舰桥后缘顶部，低矮的锥形烟囱装有黑色顶罩，顶部略倾，位于上层建筑顶部；后甲板装有小型起重机。

基本参数	
满载排水量	605 吨
全长	51.5 米
全宽	8.7 米
吃水	3.6 米
最高航速	15 节
续航距离	3000 海里

作战性能

　　"三伙伴"级扫雷舰的扫雷系统由声呐、精密定位导航设备、情报中心、灭雷装置等组成。舰上 DUBM–21A 舰壳声呐能同时搜索和识别沉底雷和锚雷。搜索水雷的深度可达 80 米，搜索距离大于 500 米，辨认水雷的深度可达 60 米。在沿岸水域，定位误差不大于 15 米。该级舰还能以 8 节的航速拖曳切割扫雷具。扫雷系统由一套轻型切割扫雷具和一部扫雷绞车组成，主要用于排除触发锚雷。

法国"维拉德"级导弹艇

　　"维拉德"(Velarde)级导弹艇是法国为秘鲁海军设计和建造的导弹艇，1976年秘鲁海军订购了6艘，原本编号为P-101～P-106，后来改为CM-21～CM-26。

结构解析

　　"维拉德"级导弹艇拥有独特的向下的前甲板前缘，76毫米口径的舰炮安装在艇艏，高大圆滑的主上层建筑位于艇舯前方，大型框架式主桅位于中央上层建筑顶部，装有"海神"对海搜索雷达天线。"车辕Ⅱ"火控雷达天线位于舰桥顶部，4部MM 38"飞鱼"反舰导弹发射装置位于上层建筑后方，前2部朝右舷倾斜，后2部朝左舷倾斜。

基本参数	
标准排水量	470吨
满载排水量	560吨
全长	64米
全宽	8.4米
吃水	2.5米
最高航速	37节

作战性能

　　"维拉德"级导弹艇的主要武器包括：1门76毫米口径的奥托舰炮、4部MM 38"飞鱼"反舰导弹发射装置、2门40毫米口径的双管炮。

法国"斗士"级导弹艇

"斗士"(La Combattante) 级导弹艇是法国在 1964—1981 年建造的导弹艇，分为 I 型、II 型和 III 型。

基本参数（III型）	
标准排水量	359 吨
满载排水量	425 吨
全长	56.2 米
全宽	7.9 米
吃水	2.5 米
最高航速	36.5 节

结构解析

"斗士"级导弹艇的贯通式主甲板由艇艏延伸至艇艉，艇舯后方倾斜的平板式上层建筑顶部装有高大粗壮的封闭式桅杆和细长的柱式桅杆，舰桥顶部装有鞭状天线，40 毫米口径的舰炮位于舰桥上层建筑前缘。I 型主要作为法国海军的对舰导弹系统的试验平台。II 型是在 I 型基础上改进而来，法国海军未装备，主要供出口，各国的名称各不相同，武器也不一样。III 型与 II 型相似，但是船体更大，并装载鱼雷。

作战性能

"斗士"级导弹艇安装有 1 门 40 毫米口径的舰炮，1 座六联装"西北风"防空导弹发射装置（位于上层建筑顶部桅杆后方），2 座双联装"海鸥"反舰导弹箱式发射装置（位于艇尾）。除此之外，"斗士"级导弹艇还装有 20 毫米口径的 M 621 型机炮、12.7 毫米口径的机枪等武器。

德国"恩斯多夫"级扫雷舰

"恩斯多夫"（Ensdorf）级扫雷舰是德国研制的，共建造了5艘，从1990年服役至今。

结构解析

"恩斯多夫"级扫雷舰是德国"哈默尔恩"级扫雷舰经现代化改装升级的产物。德国将"恩斯多夫"号、"奥尔巴克"号、"哈墨恩"号、"佩格尼兹"号和"西堡"号进行重新设计改装，改装后可携带4部改进型"海豹"级遥控扫雷艇，具有布雷能力。"恩斯多夫"级的外观轮廓与"弗兰肯索"级相似，框架式金字塔形主桅位于舰桥顶部，安装有WM20/2对海搜索/火控雷达整流罩。

基本参数	
满载排水量	650吨
全长	54.4米
全宽	9.2米
吃水	2.8米
最高航速	18节
舰员	45人

作战性能

"恩斯多夫"级扫雷舰的电子设备包括雷声SPS-64导航雷达、西格纳WM20/2型搜索/火控雷达、阿特拉斯DSQS-11M艇壳声呐系统、汤姆森-CSF DR2000电子支援系统。武器包括2座"毒刺"四联装防空导弹发射装置、2门27毫米口径的毛瑟炮、60枚水雷，另有2部"银狗"金属箔条火箭发射装置。

德国"库尔姆贝克"级扫雷舰

　　"库尔姆贝克"(Kulmbach) 级扫雷舰是德国于 20 世纪 80 年代末开始研制的一款扫雷舰，共建造了 5 艘，从 1990 年服役至今。

结构解析

　　"库尔姆贝克"级扫雷舰也是"哈默尔恩"级经现代化改装升级的产物，外观轮廓与"弗兰肯索"级相似，主要识别特征为：框架式金字塔形主桅位于舰桥顶部，装有 WM 20/2 对海搜索 / 火控雷达整流罩。

基本参数	
满载排水量	635 吨
全长	54.4 米
全宽	9.2 米
吃水	2.8 米
最高航速	18 节
舰员	37 人

作战性能

　　"库尔姆贝克"级扫雷舰的武器系统包括 2 门 27 毫米口径的毛瑟炮，2 套便携式"毒刺"防空导弹发射装置，还可携带 60 枚水雷。电子设备有 SPS64 导航雷达、DSQS–11M 扫雷声呐、MWS80-4 水雷对抗作战系统、希格诺尔 WM 20/2 火控系统、汤姆森 –CSF DR 2000 雷达预警系统等。

德国"弗兰肯索"级扫雷舰

"弗兰肯索"(Frankenthal) 级扫雷舰是德国于 20 世纪 80 年代后期研制的扫雷舰，共建造了 12 艘，从 1992 年服役至今。

结构解析

"弗兰肯索"级扫雷舰采用艇艏高干舷，下降过渡至艇舯水平主甲板处。高大的基本上层建筑在艇舯后方呈阶梯式布置，舰桥顶部装有小型柱式天线，高大细长的三角式主桅位于艇舯，后甲板装有小型起重机。

基本参数	
满载排水量	650 吨
全长	54.4 米
全宽	9.2 米
吃水	2.6 米
最高航速	18 节
舰员	41 人

作战性能

"弗兰肯索"级扫雷舰的电子设备有雷声 SPS-64 导航雷达、阿特拉斯电子公司 DSQS-11M 艇壳声呐系统等。该级舰的武器装备为 2 座"毒刺"四联装防空导弹发射装置、1 门 40 毫米口径的博福斯舰炮。

德国 TNC-45 级导弹艇

TNC-45 级导弹艇是德国吕尔森造船厂于 20 世纪 60 年代建造的快速导弹艇，主要用于出口，已出口到阿根廷、巴林、马来西亚、泰国和新加坡等国。

结构解析

TNC-45 级导弹艇拥有平整的舰舷，低干舷，贯通式主甲板由艇艏延伸至艇艉。高大的上层建筑位于艇体中部靠前，开放式舰桥顶部，封闭式舰桥。框架式主桅位于舰桥后方，短小的柱式桅杆位于后缘。

基本参数	
满载排水量	268 吨
全长	53.1 米
全宽	7 米
吃水	2.4 米
最高航速	25 节
续航距离	1450 海里

作战性能

TNC-45 级导弹艇的主要武器是反舰导弹，阿根廷海军版本和厄瓜多尔海军版本装有 2 座双联装"飞鱼"反舰导弹发射装置，新加坡海军版本则是 2 座双联装"鱼叉"反舰导弹发射装置，泰国海军版本装备了 5 座"加布里埃尔"反舰导弹发射装置。除反舰导弹外，各国还根据实际需要安装了其他武器，如"西北风"防空导弹发射装置（新加坡海军）、奥托·梅莱拉 76 毫米舰炮、博福斯 40 毫米舰炮、博福斯 57 毫米舰炮、厄利空 35 毫米舰炮等武器。

德国"信天翁"级导弹艇

　　"信天翁"(Albatros) 级导弹艇是德国于 20 世纪 70 年代初开始建造的
快速攻击艇，共建成 10 艘，首艇于 1976 年 11 月 1 日建成服役。

结构解析

　　"信天翁"级导弹艇装有 1 部荷兰
信号公司 WM27 对海搜索 / 火控雷达、
1 部 WM41 火控雷达及 1 部美国神公司
TM1620/6X 导航雷达。其他设备还有荷
兰信号公司 MK22 光学指挥仪、巴克韦

基本参数	
标准排水量	320 吨
满载排水量	398 吨
全长	57.6 米
全宽	7.8 米
吃水	2.6 米
最高航速	40 节

格曼公司的"热狗"干扰弹发射装置、荷兰信号公司改进的"宙斯盾"作
战数据自动处理系统、11 号数据链等。

作战性能

　　"信天翁"级导弹艇的主要作战使命是袭击水面舰艇、两栖舰队和补
给舰船，保证己方布雷作业的安全，以及防空反导等。该级艇的主要武器
为 2 门 76 毫米口径的奥托舰炮、2 座双联装 MM38"飞鱼"反舰导弹发射
装置、2 具 533 毫米口径的鱼雷发射管。

德国"猎豹"级导弹艇

　　"猎豹"(Gepard) 级导弹艇是德国在"信天翁"级导弹艇基础上改进而来的，共建造了 10 艘，1982 年开始服役。

结构解析

　　"猎豹"级导弹艇与"信天翁"级导弹艇的主要区别是"猎豹"级导弹艇拆掉了 2 具 533 毫米口径的鱼雷发射管和尾部的 76 毫米口径的舰炮，在尾部甲板安装了 1 座 MK 49 型二十一联装"拉姆"防空导弹发射装置和水雷导轨，同时还对早期预警系统进行了改进。

基本参数	
标准排水量	300 吨
满载排水量	390 吨
全长	57.6 米
全宽	7.8 米
吃水	2.6 米
最高航速	40 节

作战性能

　　"猎豹"级导弹艇的艇员居住条件比"信天翁"级导弹艇有所改善，且由于武器及操纵系统自动化程度的提高，艇员人数也减少了 5 人。该艇的武器有艇首 1 门奥托 76 毫米舰炮、艇尾 2 座双联 MM38"飞鱼"反舰导弹发射装置，以及 1 座 MK 49 型"拉姆"防空导弹发射装置。

意大利"勒里希"级扫雷舰

　　"勒里希"(Lerici) 级扫雷舰是意大利于 20 世纪 80 年代建造的扫雷舰，意大利海军共装备了 12 艘，从 1992 年服役至今。

结构解析

　　"勒里希"级扫雷舰采用高舰艏，高干舷，烟囱后方倾斜过渡到舰艉作业甲板。舰桥上层建筑高大，前表面舷窗倾斜。锥形烟囱外观为独特的多角形，顶部装有消烟装置。该级舰装有 1 台 GMTB230-OM 柴油机，1 个 5 叶变距桨。

基本参数	
满载排水量	620 吨
全长	50 米
全宽	9.9 米
吃水	2.6 米
最高航速	14 节
续航距离	1500 海里

作战性能

　　"勒里希"级扫雷舰具有较强的猎扫雷能力，每艘都配有 1 只 MIN 系统遥控灭雷具、1 只"冥王星"系统灭雷具和奥罗佩萨 MK 4 机械扫雷具。每只灭雷具上都带有专用高分辨率声呐、电视摄像机、炸药包和爆炸割刀。自卫武器方面，"勒里希"级扫雷舰装有 1 门 20 毫米口径的厄利空机炮。

以色列"萨尔 4.5"级导弹艇

"萨尔 4.5"（Sa'ar 4.5）级导弹艇是以色列海法造船厂建造的导弹艇，共建造了 10 艘，首艇于 1980 年 8 月开始服役。截至 2017 年 5 月，"萨尔 4.5"级导弹艇全部在役。

结构解析

"萨尔 4.5"级导弹艇的干舷设计采用特殊外形、专门装置和雷达波吸收材料以降低它的雷达信号特征，并采用特殊的涂层来降低红外信号特征。艇体前部的横

基本参数	
满载排水量	498 吨
全长	61.7 米
全宽	7.6 米
吃水	2.8 米
最高航速	33 节
续航距离	4800 海里

剖面为外张的 V 形，艇体具有尖锐的底部升高部，尾部为小半径圆舭，具有良好的横摇阻尼性能和方向稳定性。

作战性能

"萨尔 4.5"级导弹艇的综合作战能力强，可执行多种战斗任务，包括超视距目标指示、攻潜、搜潜、电子战、搜索救援等。该级艇的导弹攻击能力强，艇上装备的 2 座四联装"鱼叉"反舰导弹，其射程达到了 130 千米，为"加百列"II 型导弹射程的 3 倍以上。该级艇还具有较强的防空能力，艇上装备垂直发射的舰对空导弹和"密集阵"近程防御武器系统，它们与 76 毫米及 20 毫米舰炮，构成多层次的对空防御系统。

以色列"保护者"无人艇

"保护者"(Protector)无人艇由以色列拉斐尔高级防御系统公司研制，英国BAE系统公司和美国洛克希德·马丁公司予以协助。

结构解析

"保护者"无人艇以9米长的刚性充气艇为基础，采用模块化设计，可根据任务的不同需要，按照"即插即用"的原则，将不同的设备像搭积木一样快速安装

基本参数	
满载排水量	3吨
全长	9米
全宽	3.5米
有效载荷	1000千克
最高航速	50节

在艇上。在外形设计上，上甲板没有雷达反射物和增大雷达反射截面的设施，也没有90度交角，艇体侧面和上层建筑为小角度倾斜。此外，它还在一些部位采用了雷达吸波材料。

作战性能

"保护者"无人艇配备"微型台风"武器系统。该武器系统以拉斐尔的"台风"遥控稳定武器系统为基础，可使用12.7毫米口径的机枪或40毫米口径的自动榴弹发射器，吨位稍大的"保护者"上还可选装1门30毫米口径的舰炮。此外，该系统还配装有全自动火控系统和昼夜用照相机，形成了一套完整的综合无人作战系统。

以色列"银色马林鱼"无人艇

"银色马林鱼"(Silver Marlin)无人艇是以色列埃尔比特公司研制的，可用于兵力保护、反恐、水雷战、搜索与救援等任务。

结构解析

"银色马林鱼"无人艇是一种中型无人艇，拥有自动规避障碍物的传感器和控制系统，能携载各种负荷，如埃尔比特公司的海用光电设备、固定式遥控武器台，其自主操作系统能增强其在恶劣海况和高速时的性能。

基本参数	
满载排水量	4 吨
全长	10.7 米
有效载荷	2500 千克
最高航速	45 节
续航距离	500 海里

作战性能

"银色马林鱼"无人艇装备了一座紧凑型多功能高级稳定系统传感器转塔，集合了 CCD 电视摄像机、红外热像仪、激光瞄准具、激光测距仪以及激光目标照射器等设备。紧凑型多功能高级稳定系统传感器转塔能发现 6 千米外的橡皮艇、16 千米外的巡逻艇和 15 千米外的飞机。

加拿大"金斯顿"级扫雷舰

"金斯顿"(Kingston) 级扫雷舰是加拿大研制的多用途扫雷舰，共建造了 12 艘，从 1996 年服役至今。

结构解析

"金斯顿"级扫雷舰设有长前甲板，贯通式主甲板延伸到阶梯式上层建筑后方，经陡峭过渡到艇尾作业甲板。全方位舰桥舷窗，粗厚的柱式桅杆位于舰桥顶部，

基本参数	
满载排水量	962 吨
全长	55.3 米
全宽	11.3 米
吃水	3.4 米
最高航速	15 节
续航距离	5000 海里

两部倾斜的细长烟囱位于上层建筑后方左右舷，超重吊臂位于烟囱之间。

作战性能

"金斯顿"级扫雷舰安装有 1 门博福斯 40 毫米口径的舰炮，2 挺 12.7 毫米口径的机枪。该级舰的扫雷设备包括加拿大英德尔技术公司的 SLQ–38"奥罗柏萨"扫雷装置（单部或双联装）、AN/SQS–511 航线测量系统、水雷勘察系统、ISE TB 25 遥控式海底勘察装置等。

澳大利亚"阿米达尔"级巡逻舰

　　"阿米达尔"(Armidale) 级巡逻舰是澳大利亚于 21 世纪初建造的新式巡逻舰，共建造了 14 艘，于 2005 年开始服役。

结构解析

　　"阿米达尔"级巡逻舰是一种先进的近海作战平台，采用全铝制单船体，艇员为 21 人。它采用了先进的隐形设计，增加了生存力。"阿米达尔"级巡逻舰的 25 毫米口径的舰炮装于舰艏位置，主甲

基本参数	
标准排水量	300 吨
满载排水量	480 吨
全长	56.8 米
全宽	9.7 米
吃水	2.7 米
最高航速	25 节

板由上层建筑后缘经尖削隔断下降延伸至后甲板，上层建筑前半部分顶部呈流线型倾斜，封闭式舰桥位于后方，大型鞭状天线位于上层建筑前半部分两侧，小型桅杆位于舰桥顶部，装有大型圆形天线，大型半框架式桅杆由舰桥后部的引擎排气口向上延伸，顶部装有导航雷达。

作战性能

　　"阿米达尔"级巡逻舰可执行多种任务，如安全监视、打击偷渡、走私、贩毒及其他非法入境活动。它拥有极佳的耐波性，可以在离岸 1000 海里的海域活动，一次性最长出航时间达 42 天。

挪威"盾牌"级导弹艇

"盾牌"(Skjold) 级导弹艇是挪威研制的隐形导弹艇，共建造了 6 艘，从 1999 年服役至今。

结构解析

"盾牌"级导弹艇采用划时代的半气垫船、半双体船设计，艇上大范围直接采用雷达吸收材料和斜角反射设计。舱门和导弹发射口都是内置于船身，连窗户都是紧密无边角镶嵌，可以完全反射雷达波。

基本参数	
满载排水量	274 吨
全长	47.5 米
全宽	13.5 米
吃水	1 米
最高航速	60 节
续航距离	800 海里

作战性能

"盾牌"级导弹艇的航行速度可以达到惊人的 60 节，而且吃水深度仅为 1 米，不但适合沿岸作业，还能避过一些大型水雷。"盾牌"级导弹艇安装有 1 门奥托 76 毫米口径的舰炮、2 挺 12.7 毫米口径的机枪，还可发射 8 枚反舰导弹。该艇还有小型直升机甲板，可携带无人直升机。

荷兰"荷兰"级巡逻舰

"荷兰"（Holland）级巡逻舰是荷兰海军装备的远洋巡逻舰，共建造了 4 艘，从 2012 年服役至今。

结构解析

"荷兰"级巡逻舰的舰形就像游艇一样流线而利落，两座大角度向后倾斜的烟囱设置于上层结构后段的两侧。主机为 4 台柴油发动机，舰艇设有横向推进器，

基本参数	
满载排水量	3750 吨
全长	108.4 米
全宽	16 米
吃水	4.55 米
最高航速	21.5 节
续航距离	5000 海里

以增加进出港或低速时的灵活度。该级舰的编制人员 50 名，另外还有 40 个多余铺位来容纳直升机组员、医疗人员或特遣部队，在撤侨等任务中还能容纳 100 名额外乘客。

作战性能

"荷兰"级巡逻舰的舰艇有 1 门奥托·梅莱拉 76 毫米舰炮，舰桥前方有 1 座奥托·梅莱拉 30 毫米遥控武器站，另外还装有 2 挺 M2HB 型 12.7 毫米机枪或奥托·梅莱拉 12.7 毫米遥控机枪，舰上还备有 6 挺 FN MAG 机枪。舰艉设有一座直升机库，可搭载 1 架 NH-90 直升机。此外，舰上携带有 2 艘 RHIB 硬壳充气快艇，一艘收容于船楼后段左侧（由起重机收放），另一艘收容于舰艉舱门内（舱门内有倾斜式滑道，利于快速收放）。直升机库右侧装有一台大型起重机，用于装卸作业。

芬兰"哈米纳"级导弹艇

"哈米纳"（Hamina）级导弹艇是芬兰海军装备的快速导弹艇，共建造了 4 艘，从 1998 年服役至今。

结构解析

"哈米纳"级导弹艇在设计上具有较多的优点，全艇从艇体到上层结构都高度整合，力避侧面锐角，而且十分注意抑制红外信号，取得了很好的隐形效果。"哈

基本参数	
满载排水量	250 吨
全长	51 米
全宽	8.5 米
吃水	1.7 米
最高航速	30 节
续航距离	500 海里

米纳"级导弹艇拥有高大尖削的艇艏，主甲板平整过渡到低矮的艇尾部分，中央上层建筑呈棱角状阶梯式，舰桥位于靠后位置。短小粗壮的封闭式主桅位于艇体中部。

作战性能

"哈米纳"级导弹艇的设计更多的是强调火力而不是舰艇的大小，其舰载武器的种类较全。"哈米纳"级导弹艇的主要武器包括：4 座 RBS-15 Mk 2 反舰导弹发射装置，该导弹为主动雷达寻的制导，射程 150 千米；8 座"长矛"舰对空导弹发射装置；1 门博福斯 57 毫米舰炮；2 挺 12.7 毫米 NSV 机枪；1 座深水炸弹发射架。

丹麦"弗莱维费斯肯"级巡逻艇

"弗莱维费斯肯"（Flyvefisken）级巡逻艇是丹麦海军装备的多用途巡逻艇，共建造了 14 艘，首艇于 1989 年开始服役。截至 2017 年 5 月，仍有 9 艘在役。

结构解析

"弗莱维费斯肯"级巡逻艇的艇体材料为玻璃纤维增强塑料，这是一种先进复合材料，强度高于同等重量的钢材，而且没有磁性，无须考虑舰体腐蚀问题。舰

基本参数	
满载排水量	450 吨
全长	54 米
全宽	9 米
吃水	2.5 米
最高航速	30 节
续航距离	3860 海里

体的部分区域采用了"凯夫拉"装甲，以提供对炮弹破片和轻武器火力的防护。复合材料舰体具有很多显著的优点，同时也存在一些缺点。虽然复合材料防火能力强，但火灾时温度较高、较难控制，而且会产生大量的有毒浓烟，严重时整个舰体结构可能会崩溃。

作战性能

"弗莱维费斯肯"级巡逻艇安装有"鱼叉"反舰导弹发射装置和"海麻雀"舰对空导弹发射装置，后者是专门为小型舰艇研制的 Mk 48 Mod 3 发射装置（用于排水量 1000 吨以下的舰艇），有 6 个导弹发射单元，由于舰艉深度不够，因此 Mk 48 垂直发射系统大约一半露在甲板上。除导弹外，该级艇还安装有 1 门奥托·梅莱拉 76 毫米舰炮、2 挺 12.7 毫米重机枪和 2 具 533 毫米鱼雷管。

日本"初岛"级扫雷舰

"初岛"(Hatsushima) 级扫雷舰是日本钢管公司建造的，共建造了 31 艘，从 1979 年服役至今。

结构解析

"初岛"级扫雷舰除了采用普通的双桨双舵外，未采用任何提高操纵性的措施，操纵性可能相对较差，无法实现动力定位。该级舰安装有富士通公司 OPS-9 对海搜索雷达，后期换装了 OPS-39 对海搜索雷达。

基本参数	
满载排水量	590 吨
全长	55 米
全宽	9.4 米
吃水	2.5 米
最高航速	14 节
舰员	45 人

作战性能

"初岛"级扫雷舰配备有 1 部 ZQS-2B 或 ZQS-3 高频舰壳猎雷声呐（从"宇和岛"号起换装），1 只 S-4（早期）或 1 只 S-7 遥控灭雷具（后期），以及 1 套扫雷具。该级舰的自卫武器为 1 门"海火神"JM-61 三管 20 毫米口径的火炮。

日本"管岛"级扫雷舰

　　"管岛"(Sugashima)级扫雷舰是日立重工公司为日本海上自卫队制造的轻型扫雷舰,共建造了 10 艘,从 1999 年服役至今。

结构解析

　　"管岛"级扫雷舰的舰壳与"初岛"级扫雷舰相似,但上层甲板有所延长以容纳更多装备。该级舰的贯通式甲板由艇首沿圆角过渡至烟囱后方,并下沉过渡至较

基本参数	
满载排水量	510 吨
全长	54 米
全宽	9.4 米
最高航速	14 节
舰员	45 人

低的后甲板。小型舰桥位于上层建筑前缘后方,高大的三角式主桅位于艇舯,高大细长的倾斜式双烟囱安装有黑色顶罩和雷达天线。扫雷作业平台位于作业甲板后缘。

作战性能

　　"管岛"级扫雷舰的电子设备主要有 OPDS-39B 型对海搜索雷达、马可尼 GEC 2093 型变深声呐系统。武器装备方面,"管岛"级扫雷舰有 1 门 20 毫米口径的 JM-61 "海火神"舰炮。

埃及"拉马丹"级导弹艇

"拉马丹"（Ramadan）级导弹艇是埃及海军购自英国的大型导弹艇，又名"斋月"级导弹艇，共建造了 6 艘，从 1981 年服役至今。

结构解析

"拉马丹"级导弹艇的前甲板非常短小，76 毫米舰炮安装在 A 位置。主上层建筑位于艇体中部靠前，大型金字塔式主桅位于上层建筑后缘，后缘顶部装有柱式桅杆。醒目的马可尼 ST820 型对

基本参数	
满载排水量	317 吨
全长	52 米
全宽	7.6 米
吃水	2 米
最高航速	35 节
续航距离	1390 海里

空 / 对海搜索雷达整流罩位于主桅顶部，小型后上层建筑顶部装有短小的封闭式桅杆和整流罩。"奥托玛特"反舰导弹发射装置位于上层建筑之间，前两座偏左舷，后两座偏右舷。各发射装置均倾斜朝向艇首。40 毫米舰炮位于舰尾。

作战性能

"拉马丹"级导弹艇安装有 4 座"奥托玛特"Mk 2 型反舰导弹发射装置，需要时还可以加装便携式 SA-N-5 型防空导弹发射装置。除导弹外，"拉马丹"级导弹艇还安装有 1 门奥托·梅莱拉 76 毫米紧凑型舰炮和 1 座双联装布雷达 40 毫米舰炮。另外，还有 4 部固定式诱饵发射装置。

第 5 章
兩栖舰艇

　　两栖舰艇也称登陆舰艇，它是一种用于运载登陆部队、武器装备、物资车辆、直升机等进行登陆作战的舰艇。两栖舰艇出现于二战中，20世纪50年代后迅速发展。

美国"新港"级坦克登陆舰

"新港"（Newport）级坦克登陆舰是美国于 20 世纪 60 年代末研制的，共建造了 20 艘，在 1969—2002 年服役。

结构解析

"新港"级坦克登陆舰放弃了传统的艏跳板形式，采用了细长的舰形，艏部水线以下线型尖削，以利于提高航速。水线以上充分向外伸展，在上甲板装设了艏跳板及其支撑的门形支架。艏跳板采用铝质材料，为整体式结构，整个跳板上表面加有等距分布的防滑条，以防止坦克和车辆在上面打滑。跳板平时放在艏部上甲板上，登陆时它向前伸出，放下到海岸或浮桥上。

基本参数	
满载排水量	8500 吨
全长	159 米
全宽	21 米
吃水	5.3 米
最高航速	20 节
续航距离	2500 海里

作战性能

"新港"级坦克登陆舰可运载坦克和车辆，共计 500 吨。该级舰安装有 2 座双联装 MK 33 型 76 毫米炮、1 座 MK 15 型 6 管 20 毫米"密集阵"近程武器系统。另外还设有直升机平台，可起降 2 架直升机。该级舰的电子设备有 1 部 SPS67 型对海搜索雷达、1 部 LN66 型或 CRP3100 型导航雷达。

美国"奥斯汀"级船坞登陆舰

"奥斯汀"(Austin)级船坞登陆舰是美国于 20 世纪 60 年代建造的,共建造了 12 艘,从 1965 年服役至今。

结构解析

"奥斯汀"级船坞登陆舰的舰艇高大,前甲板装有天线架结构。大型上层建筑位于舰艏前方,形成高干舷。两座"密集阵"近防系统有一座位于主上层建筑前缘,一座位于上层建筑顶部主桅后方。大型三角式主桅位于上层建筑顶部,有 2 个高大细长的烟囱,右舷烟囱位置较左舷烟囱更靠前,起重吊臂位于两个烟囱之间。

基本参数	
满载排水量	16914 吨
全长	173 米
全宽	32 米
吃水	10 米
最高航速	21 节
续航距离	7700 海里

作战性能

"奥斯汀"级船坞登陆舰可充当浮动直升机基地或紧急反应中心。其兵员舱也可用来存储救援物资,而且该空间还可用来存放 2000 吨的补给品和设备,另有存放 85 万升航空燃料以及 45 万升车用燃料的油罐。舰上有 7 台起重机,其中 1 台为 30 吨,另外 6 台为 4 吨。升降机从飞行甲板到机库甲板可运载 8 吨的负重。

美国"惠德贝岛"级船坞登陆舰

　　"惠德贝岛"（Whidbey Island）级船坞登陆舰是美国海军两栖舰的主力之一，共建造了8艘，从1985年服役至今。

结构解析

　　"惠德贝岛"级船坞登陆舰的上层建筑布置在舰舯前部，上层建筑后部有宽敞的甲板，舰内有较大的装载空间，总体布置体现了"均衡装载"的设计思想。该舰将坞舱分成干（前）、湿（后）两部分。既可使整个坞舱进水，又可用挡水板在坞舱中部将坞舱分成干坞和湿坞两个部分，还可使整个坞舱不进水，以满足装载较多坦克、车辆和气垫登陆艇的需要。

基本参数	
满载排水量	16100 吨
全长	186 米
全宽	26 米
吃水	5 米
最高航速	20 节
续航距离	8000 海里
舰员	340 人

作战性能

　　"惠德贝岛"级船坞登陆舰可装载登陆部队、坦克、直升机或垂直短距起降飞机，其坞舱较大，可容纳4艘气垫登陆艇或21艘机械化登陆艇。"惠德贝岛"级船坞登陆舰装有1座通用动力公司"拉姆"舰对空导弹发射装置、2座 MK 15 型"密集阵"近防系统、2 门 25 毫米 MK 38 型机炮、8 挺 12.7 毫米机枪，自卫火力较强。

美国"哈珀斯·费里"级船坞登陆舰

　　"哈珀斯·费里"(Harpers Ferry) 级船坞登陆舰是"惠德贝岛"级船坞登陆舰的改进型,共建造了 4 艘,从 1995 年服役至今。

结构解析

　　"哈珀斯·费里"级与"惠德贝岛"级约有 90% 的设备是相同的,主要增加了货物运载能力。"哈珀斯·费里"级的坞舱被缩小,装载量减少了一半,只能装载 2 艘气垫登陆艇。货舱则从原来的

基本参数	
满载排水量	16708 吨
全长	186 米
全宽	26 米
吃水	6.4 米
最高航速	20 节
舰员	22 人

141.5 立方米扩大到 1914 立方米,车辆甲板面积也有增加。另外,增加了空调、管道系统,舰体结构在局部上有所改变。舰艏"密集阵"系统安装在舰桥的前面,起重机由 2 台改为 1 台。

作战性能

　　"哈珀斯·费里"级船坞登陆舰装有 2 门 MK 38 型 25 毫米舰炮、2 座 MK 15 型"密集阵"近程武器系统、2 座"拉姆"近程舰对空导弹发射系统和 6 挺 12.7 毫米机枪。该级舰可运送 500 名登陆人员、3 艘气垫登陆艇 (或 6 艘机械化登陆艇,或 1 艘通用登陆艇,或 64 辆两栖装甲输送车) 和 2 艘人员登陆艇。

美国"圣安东尼奥"级船坞登陆舰

　　"圣安东尼奥"(San Antonio) 级船坞登陆舰是由美国英格尔斯造船厂建造的，共建造了 8 艘，从 2006 年服役至今。

结构解析

　　"圣安东尼奥"级船坞登陆舰使用了先进的封罩式桅杆/雷达系统(AEM/S)将包括 SPS-48E 对空搜索雷达在内的收发天线藏在 AEM/S 塔状外罩内，大幅增加隐形性，也可避免装备受海水盐害或外

基本参数	
满载排水量	24900 吨
全长	208 米
全宽	32 米
吃水	7 米
最高航速	22 节
续航距离	7700 海里

物损伤。该舰拥有高度的隐形造型，舰上各装备也尽量采取隐藏式设计，大幅降低了雷达截面积，此外也降低了红外线等其他信号。

作战性能

　　"圣安东尼奥"级船坞登陆舰能搭载海军陆战队的各种航空器，包括 CH-46 中型运输直升机、CH-53 重型运输直升机或下一代运输主力 MV-22 倾转旋翼机。该级舰有 3 个总面积达 2360 平方米的车辆甲板、3 个总容量 962 立方米的货舱、1 个容量 119 万升的 JP5 航空燃油储存舱、1 个容量达 3.8 万升的车辆燃油储存舱及 1 个弹药储存舱，为登陆部队提供了充分的后勤支援。

美国"硫磺岛"级两栖攻击舰

"硫磺岛"(Iwo Jima) 级两栖攻击舰是美国于 20 世纪 50 年代研制的，共建造了 7 艘，在 1961—2002 年服役。

结构解析

　　"硫磺岛"级两栖攻击舰在外形上很像直升机航空母舰，从舰艏到舰艉设有高干舷和岛式上层建筑以及飞行甲板，没有船坞设施。甲板下有机库，还有飞机升降机。此外，舰上还设有 1 个 300 张床位的医院。

基本参数	
满载排水量	18474 吨
全长	180 米
全宽	26 米
吃水	8.2 米
最高航速	22 节
续航距离	6000 海里

作战性能

　　"硫磺岛"级两栖攻击舰装载量较大，可装载 1 个直升机中队，约 28 ~ 32 架直升机。1 个海军陆战队加强营，约 2000 人及装备。该级舰可起降直升机和垂直起降飞机，但没有船坞设施。"硫磺岛"级的自卫武器主要包括 2 座八联装"海麻雀"防空导弹、2 座 MK 33 型主炮、2 座 MK 15 型"密集阵"近防炮。

美国"塔拉瓦"级两栖攻击舰

"塔拉瓦"(Tarawa)级两栖攻击舰是美国研制的大型通用两栖攻击舰，共建造了5艘，在1976—2015年服役。

结构解析

"塔拉瓦"级两栖攻击舰的外形类似二战时期的航空母舰，采用通长甲板，高干舷，甲板下为机库。甲板整体为方形，舰艏略窄。舰右侧岛式建筑较长，只有一座，前后设置2个低桅，前桅后和后桅前有两级烟囱。两部升降机分别位于左侧船舷后部级船尾。

基本参数	
满载排水量	39967 吨
全长	254 米
全宽	40.2 米
吃水	7.9 米
最高航速	24 节
续航距离	10000 海里

作战性能

"塔拉瓦"级两栖攻击舰可作为直升机攻击舰、两栖船坞运输舰、登陆物资运输舰和两栖指挥舰使用，能完成4～5艘登陆运输舰的任务。该级舰武器装备多、威力大，装备有对空导弹、机载空舰导弹和近防武器系统，以及直升机和垂直/短距起降飞机，形成远、中、近距离结合和高、中、低一体的作战体系，具有防空、反舰和对岸火力支援等能力。

美国"黄蜂"级两栖攻击舰

"黄蜂"(Wasp) 级两栖攻击舰是美国研制的一级多用途两栖攻击舰，共建造了 8 艘，从 1989 年服役至今。

结构解析

"黄蜂"级两栖攻击舰的外形与"塔拉瓦"级两栖攻击舰相似，并使用相同的动力系统，但是"黄蜂"级在设计与概念上有重大改良，并且功能更多。"黄蜂"

基本参数	
满载排水量	40500 吨
全长	253.2 米
全宽	31.8 米
吃水	8.1 米
最高航速	22 节
续航距离	9500 海里

级无须接近滩头便能进行攻击任务，因此并未如同"塔拉瓦"级一般装置 MK 45 型舰炮，飞行甲板可用面积得以增加，这是两级舰在外观上的主要区别之一。与"塔拉瓦"级相同，"黄蜂"级拥有 2 具供运送航空器用的大型升降机，皆为甲板边缘升降机。

作战性能

在标准的搭载模式下，"黄蜂"级两栖攻击舰的舰载机阵容为 4 架 CH–53 运输直升机、12 架 CH–46 运输直升机、4 架 AH–1W 攻击直升机、6 架 AV–8B 垂直起降攻击机、2 架 UH–1N 通用直升机，机队总数大致在 30 架左右。在攻击模式下，舰上可搭载 42 架 CH–46 运输直升机。在操作 MV–22 倾转旋翼机时，"黄蜂"级两栖攻击舰能容纳 12 架。

美国"美利坚"级两栖攻击舰

"美利坚"(America) 级两栖攻击舰是美国建造的，计划建造 11 艘，首舰于 2012 年 10 月下水。

结构解析

"美利坚"级两栖攻击舰主要作为两栖登陆作战中空中支援武力的投射平台，完全省略了坞舱的设计，节约出来的空间被用来建造 2 座更宽敞、净空更大、

基本参数	
满载排水量	45570 吨
全长	257.3 米
全宽	32.3 米
吃水	8.7 米
最高航速	20 节
舰员	2746 人

装设有吊车、可容纳 MV-22"鱼鹰"倾转旋翼机的维修舱。相较于过去的两栖攻击舰，"美利坚"级拥有更大的机库、经重新设计与扩大的航空维修区、大幅扩充的零件与支援设备储存空间，以及更大的油料库。

作战性能

"美利坚"级两栖攻击舰可搭载 1 个由 12 架 MV-22"鱼鹰"倾转旋翼机、6 架 F-35B 战斗机、4 架 CH-53E"超级种马"直升机、7 架 AH-1"眼镜蛇"武装直升机或 UH-1"易洛魁"通用直升机，以及 2 架 MH-60S"海鹰"搜救直升机所组成的混编机队，或单纯只搭载 20 架 F-35B 战斗机与 2 架 MH-60 S 搜救直升机，空中攻击火力最大化的配置。

美国"蓝岭"级两栖指挥舰

"蓝岭"(Blue Ridge) 级两栖指挥舰是美国于 20 世纪 60 年代建造的，共建造了 2 艘，从 1970 年服役至今。

结构解析

与美国海军老一代的旗舰相比，"蓝岭"级两栖指挥舰基本不具备执行其他任务的能力，完全是一艘专用的舰队指挥舰。该级舰的上层建筑集中配置在中部甲板，与烟囱为一体形成了一个大型舰桥，上层建筑的前部是 1 个大型四脚桅，后部是 1 个筒桅，上甲板尾部设有 1 个直升机起降甲板，可以停放 1 架中型直升机，但没有设置机库。

基本参数	
满载排水量	18874 吨
全长	194 米
全宽	32.9 米
吃水	8.8 米
最高航速	23 节
续航距离	13000 海里

作战性能

"蓝岭"级两栖指挥舰的"旗舰指挥中心"是一个大型综合通信及信息处理系统，它与 70 多台发信机和 100 多台收信机连接在一起，同三组卫星通信装置相通，可以每秒 3000 次的速度同外界进行信息交流。接收的全部密码可自动进行翻译，通过舰内自动装置将译出的电文送到指挥人员手中，同时可将这些信息存储在综合情报中心的计算机中。

美国"先锋"级联合高速船

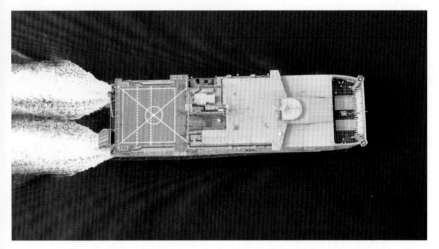

"先锋"(Spearhead) 级联合高速船是未来美国海军的重要装备，计划建造 10 艘，于 2012 年开始服役。

结构解析

"先锋"级联合高速船采用铝合金双体船设计，舰上设有飞行甲板和辅助降落设备，可供直升机全天候起降。该船还安装有完善的滚装登陆设备，M1A1 "艾布拉姆斯"主战坦克可从联合高速船直接登陆作战。不仅如此，舰上还拥有先进的通信、导航和武器系统，可满足不同的任务需要。

基本参数	
满载排水量	2362 吨
全长	103 米
全宽	28.5 米
吃水	3.8 米
最高航速	43 节
续航距离	1200 海里

作战性能

"先锋"级联合高速船能够运送 600 吨物资以 35 节的航速航行 1200 海里，并能在吃水较浅的港口和航道工作，可搭载部队和装备执行军事任务，又能在近海区执行人道主义任务。美国海军还计划组建以联合高速船与濒海战斗舰为基础的两栖作战群，它们能搭载营 / 连级规模的作战部队快速抵达热点地区，以应付中小规模冲突的需要。

美国 LCAC 气垫登陆艇

LCAC(Landing Craft Air Cushion) 气垫登陆艇是美国于 20 世纪 80 年代研制并建造的，共建造了 91 艘，从 1986 年服役至今。

结构解析

LCAC 气垫登陆艇的艇体为铝合金结构，不受潮汐、水深、雷区、抗登陆障碍和近岸海底坡度的限制，可在全世界 70% 以上的海岸线实施登陆作战。不过，LCAC 气垫登陆艇没有装甲防护，发动机

基本参数	
满载排水量	87 吨
全长	26.4 米
全宽	14.3 米
吃水	0.9 米
最高航速	40 节
续航距离	300 海里

和螺旋桨都暴露在外部，在火力密集的高强度条件下作战易损坏。被运载的装备全部露天放置，恶劣天气下不利于保养。

作战性能

LCAC 气垫登陆艇可搭载 150 名士兵，或 24 名士兵加 1 辆主战坦克。在登陆作战时，携带 LCAC 气垫登陆艇的两栖舰船在远离岸边 20 ~ 30 海里时，便可让 LCAC 气垫登陆艇依靠自身的动力将人员和装备送上敌方滩头，从而保证了自身的安全。LCAC 气垫登陆艇的动力装置为 4 台莱康明燃气涡轮机，2 台用于推进，2 台用于升力，持续功率 12000 千瓦。此外，还有 2 具包覆式可变螺距旋桨推进器，4 台双进气升力风扇。

俄罗斯"短吻鳄"级坦克登陆舰

　　"短吻鳄"（Alligator）级坦克登陆舰是苏联于 20 世纪 60 年代建造的坦克登陆舰，共建造了 14 艘，截至 2017 年 5 月仍有 3 艘在役。

结构解析

　　"短吻鳄"级坦克登陆舰设有舰艏"舌门"和舰艉"舌门"，大型上层建筑位于舰体中间位置，大型框架式主桅位于上层建筑顶部中间位置。宽大的烟囱横截面为矩形，位于主桅后方。

基本参数	
满载排水量	4700 吨
全长	113.1 米
全宽	15.6 米
吃水	4.5 米
最高航速	18 节
续航距离	4800 海里

作战性能

　　"短吻鳄"级坦克登陆舰可搭载约 400 名登陆作战人员，也可搭载 20 辆坦克或 40 辆装甲作战车辆，总运载量为 1000 吨。该级舰的动力装置为 2 台柴油发动机，总功率为 6700 千瓦。自卫武器方面，"短吻鳄"级坦克登陆舰装有 3 座双联装 SA-N-5 "杯盘"舰对空导弹发射装置，有效射程为 6 千米；2 座双联装 25 毫米舰炮，射速为 270 发 / 分，有效射程为 3 千米；2 座双联装 55 毫米舰炮；2 座 122 毫米火箭发射装置。

俄罗斯"蟾蜍"级坦克登陆舰

　　"蟾蜍"（Ropucha）级坦克登陆舰是苏联于 20 世纪 60 年代研制的，共建造了 28 艘，从 1975 年服役至今。

结构解析

　　"蟾蜍"级坦克登陆舰有 I 型、II 型两种型号，主要是武备略有不同。"蟾蜍"级采用平甲板船型，上层建筑布置在舰中后方，它前面的上甲板为装载甲板，上面开有一个装货舱口。上甲板前端呈方形，尾部有尾跳板。

基本参数	
满载排水量	4080 吨
全长	112.5 米
全宽	15 米
吃水	3.7 米
最高航速	18 节
续航距离	6100 海里

作战性能

　　"蟾蜍"级坦克登陆舰有两种装载方式，一种是 10 辆主战坦克和 190 名登陆士兵，另一种是 24 辆装甲战斗车和 170 名士兵，可根据需要任选一种装载，灵活性较强。II 型舰用 76 毫米 AK-176 型火炮和防空炮取代了 I 型舰的 2 座双联装 57 毫米 AK-257 型火炮，并增设了 2 座 30 毫米炮，从而增强了武器火力。此外，II 型舰还可以发射 SA-N-5"圣杯"舰对空导弹和 122 毫米火箭弹。

俄罗斯"伊万·格林"级登陆舰

"伊万·格林"（Ivan Gren）级登陆舰是俄罗斯于 21 世纪初开始建造的登陆舰，计划建造 2 艘，首舰于 2012 年 5 月下水，截至 2017 年 3 月仍处于海试阶段。

结构解析

"伊万·格林"级登陆舰的舰体中段设有一个甲板装载区，装载区的两舷配有 2 台起重能力达 16 吨的大型吊车，可以携带大量货物 / 车辆或是额外的登陆小

基本参数	
满载排水量	6600 吨
全长	120 米
全宽	16 米
吃水	3.6 米
最高航速	18 节
续航距离	3500 海里

艇。舰艉配备有 1 个大型机库，可以搭载 2 架 Ka-29 突击直升机。苏联时代建造的类似规模登陆舰都没有飞行甲板，所以"伊万·格林"级登陆舰的配备堪称豪华。

作战性能

"伊万·格林"级登陆舰的编制舰员约 100 人，还可搭载 300 名海军陆战队员，可运载 13 辆主战坦克或 36 辆装甲输送车。该级舰并不仅仅是一艘登陆舰，同时还具有对地火力支援功能。除了 1 门 AK-176 主炮和 1 门 AK-630 近防炮外，"伊万·格林"级登陆舰还在舰艉安装了 2 门由"冰雹"多管火箭炮发展而来的双联装 122 毫米舰载多管火箭炮，能为登陆部队提供一定的炮火支援。

俄罗斯"海鳝"级气垫登陆艇

"海鳝"（Tsaplya）级气垫登陆艇是苏联于 20 世纪 80 年代建造的气垫登陆艇，共建造了 11 艘，其中俄罗斯海军装备了 8 艘（全部退役），韩国海军装备了 3 艘（全部在役）。

结构解析

"海鳝"级气垫登陆艇安装有 2 台 PR-77 燃气轮机、2 台提升风扇和 2 台推进风扇，2 个四桨叶可变角度螺旋推进器。舰体带有艏门跳板和右舷侧的机炮，以及与码头靠帮的舷桥。

基本参数	
满载排水量	149 吨
全长	31.6 米
全宽	14.8 米
吃水	1.5 米
最高航速	50 节
续航距离	100 海里

作战性能

"海鳝"级气垫登陆艇具有两栖攻击登陆能力和快速支援能力，主要用于海上快速运送登陆部队，使他们在敌方海岸上登陆。它可为海军陆战队快速运输战斗人员、装备和补给。该级艇的总载荷量为 45 吨，可搭载 1 辆主战坦克加 80 名士兵，或 25 吨军事装备加 160 名士兵。自卫武器方面，"海鳝"级气垫登陆艇装有 2 门 30 毫米高平两用机炮，2 挺 12.7 毫米机枪和 2 具 40 毫米榴弹发射器。

俄罗斯"儒艮"级登陆艇

"儒艮"（Dugon）级登陆艇是俄罗斯于 21 世纪初期开始建造的登陆艇，共建造了 5 艘，首艇于 2010 年开始服役。

结构解析

"儒艮"级登陆艇配备 2 台功率为 6700 千瓦的 M507A-2D 柴油发动机，最高航速达 35 节。该级艇的突出特点是能在艇底人工制造气孔，以达到高速航行和节省燃料的作用。这种动力支持原理不需要复杂的构造方案和消耗大量能源。此外，在载重量相同的情况下，具有气孔的浮动工具尺寸更小，使用更简便。

基本参数	
满载排水量	280 吨
全长	46 米
全宽	8.6 米
吃水	5.1 米
最高航速	35 节
续航距离	500 海里

作战性能

"儒艮"级登陆艇的编制艇员为 7 人，可搭载 140 吨的负载，包括 3 辆坦克或 5 辆装甲运兵车。在俄罗斯海军的战略演习中，"儒艮"级登陆艇显示出较强的作战性能，它能迅速将海军陆战队员和装甲车辆运至战斗地点并输送登上无装卸设备的海岸。

俄罗斯"野牛"级气垫登陆艇

　　"野牛"（Zubr）级气垫登陆艇是俄罗斯研制的目前世界上最大的气垫登陆艇，从1988年服役至今。

结构解析

　　"野牛"级气垫登陆艇的舰体采用坚固的浮桥式构造，具有良好的稳定性和耐波性。"野牛"级的艇身由强度高且耐腐蚀的铝镁合金焊接而成，两层式的气垫内部分隔成许多区域，局部的破损不会造成整个气垫完全漏气失效，类似船只的水密隔舱。

基本参数	
满载排水量	555吨
全长	57.3米
全宽	25.6米
吃水	1.6米
最高航速	63节
续航距离	300海里

作战性能

　　"野牛"级气垫登陆艇有400平方米的面积可用来装载，自带燃料56吨。该级艇可运载3辆主战坦克，或10辆步兵战车加上140名士兵，若单独运送武装士兵则可达到500人。该级艇可在浪高2米、风速12米/秒的海况下行驶。"野牛"级气垫登陆艇配备的火力大大高于其他气垫登陆艇，装备有"箭-3M"或"箭-2M"防空导弹系统，2门30毫米AK-630火炮，2套22管MC-227型140毫米非制导弹药发射装置，以及20～80枚鱼雷。

英国"海神之子"级船坞登陆舰

"海神之子"(Albion) 级船坞登陆舰是英国于 20 世纪末建造的，共建造了 2 艘，从 2003 年服役至今。

结构解析

"海神之子"级船坞登陆舰的上层结构和一号甲板是指挥中心和舰桥，二号甲板则是生活区，供船员和部队居住，三号至六号甲板后部是坞舱，可容纳 4 艘通用登陆艇，前部是车库、轮机舱和储存库。此外，舰尾设有飞行甲板，可供 2 架直升机升降及整补。

基本参数	
满载排水量	18500 吨
全长	176 米
全宽	28.9 米
吃水	7.1 米
最高航速	18 节
续航距离	7000 海里

作战性能

"海神之子"级船坞登陆舰既能利用登陆艇和直升机登上海岸，也可以通过集成的指挥、控制和通信系统协调两栖作战行动。尽管该级舰载机数量不多，难以进行较强的垂直登陆作战，但携带有多种登陆装备，除登陆车辆外，还有登陆艇，具有较强的舰到岸平面登陆作战能力。尤其是该舰能接近登陆滩头作战，便于第一波登陆部队抢滩登陆，为后续部队建立稳固的滩头阵地。

法国"暴风"级船坞登陆舰

"暴风"(Ouragan) 级船坞登陆舰是法国于 20 世纪 60 年代建造的，共建造了 2 艘，在 1965—2007 年服役。

结构解析

"暴风"级船坞登陆舰的船坞设计新颖、结构独特。船坞长 120 米，约占舰长的 83%。宽 13.2 米，为舰宽的 60%。船坞内水深 3 米。在船坞内按需铺设有不同长度的平台，总长度可达 90 米，平台可承载滚装的运输车。该舰采用可变距螺旋桨推进，有较好的低速性能。

基本参数	
满载排水量	8500 吨
全长	149 米
全宽	23 米
吃水	5.4 米
最高航速	17 节
续航距离	9000 海里

作战性能

"暴风"级船坞登陆舰可装载 343 名陆战队队员，2 艘能装载 11 吨坦克的登陆艇或 8 艘装有货物的运货平底驳船。舰上的固定平台可起降 3 架"超黄蜂"或 10 架"云雀"Ⅲ 直升机。活动平台另可起降 1 架"超黄蜂"或 3 架"云雀"Ⅲ 直升机。船坞可放 400 吨的舰船。"暴风"级装有 2 座 120 毫米深水炸弹发射装置，射速 42 发 / 分，射程 20 千米，弹重 24 千克。4 门"博福斯"40 毫米炮，射速 300 发 / 分，射程 12 千米。

法国"闪电"级船坞登陆舰

"闪电"(Foudre) 级船坞登陆舰是法国于 20 世纪 80 年代末开始建造的，共建造了 2 艘，从 1990 年服役至今。

结构解析

"闪电"级船坞登陆舰采用计算机辅助设计和模块化建造方法，全舰由 96 个模块构成，每个模块重约 80 吨。该舰拥有容积达到 13000 立方米的船坞，能被当作一个浮动船坞使用或携带登陆车辆。"闪电"级船坞登陆舰还有面积为 500 平方米的医院舱室，包括 2 个完全装备的手术室和 47 个床位。

基本参数	
满载排水量	12000 吨
全长	168 米
全宽	23.5 米
吃水	5.2 米
最高航速	21 节
续航距离	10961 海里

作战性能

"闪电"级船坞登陆舰的船坞能容纳 10 艘中型登陆艇，或者 1 艘机械化登陆艇和 4 艘中型登陆艇。可移动甲板用于提供车辆停车位或舰载直升机降落操作。"闪电"级船坞登陆舰还安装了 1 台船货升降机，升力高达 52 吨。另有 1 台 12 米起重机，额定吊运能力 37 吨。

法国"西北风"级两栖攻击舰

"西北风"（Mistral）级两栖攻击舰是法国于20世纪末研制和建造的，法国海军共装备了3艘，从2005年服役至今。

结构解析

为了增强抵抗战损的能力，"西北风"级两栖攻击舰采用双层船壳构造，拥有简洁的整体造型，上层建筑与桅杆均为封闭式设计，烟囱整合于后桅杆结构后方，部分部位采用能吸收雷达波的复合材料，能降低整体雷达截面积与红外线信号。该舰拥有面积长方形全通式飞行甲板，上层建筑位于右舷。

基本参数	
满载排水量	21300 吨
全长	199 米
全宽	32 米
吃水	6.3 米
最高航速	18.8 节
续航距离	10800 海里

作战性能

"西北风"级可以运载16架以上NH90或"虎"式武装直升机，以及70辆以上车辆，其中包含13辆主战车的运载维修空间。该级舰还设有900名陆战队员的运载空间（长程航行至少可以居住450名），并包含69个床位的舰上医院。该级舰的飞行甲板面积为5200平方米，设有6个直升机停机点。

意大利"圣·乔治奥"级两栖攻击舰

　　"圣·乔治奥"(San Giorgio) 级两栖攻击舰是意大利于 20 世纪 80 年代研制的，共建造了 3 艘，从 1987 年服役至今。

结构解析

　　"圣·乔治奥"级两栖攻击舰为右舷岛式通甲板型舰体，舰上有 3 个起降点，战时用于人员和装备的输送和登陆支援，平时用于自然灾害的救援等。为了进行有力的支援，除了舰上登陆装备比较齐全外，

基本参数	
满载排水量	7665 吨
全长	137 米
全宽	20.5 米
吃水	5.3 米
最高航速	21 节
续航距离	7500 海里

还设置有先进的医疗设施，包括 X 光设备、诊疗所、手术室、观察站、病房、隔离室等。

作战性能

　　"圣·乔治奥"级两栖攻击舰可容纳 400 名作战人员或 36 辆轮式装甲运兵车或 30 辆中型坦克。在舰艉还有飞行甲板，可供 3 架 SH–3D "海王"直升机或 AW101 "隼"式直升机或 5 架 AB 212 直升机起降。舰艉舱门可供 2 辆 LCM 登陆艇同时进出。"圣·乔治奥"号和"圣·马可"号在舱门舷台处可装载 2 辆 LCVP 登陆艇，稍大一些的"圣·朱斯托"号在吊舱柱处可装载 3 辆 LCVP 登陆艇。每艘船坞登陆舰均有符合北约标准的医疗设施。

西班牙"胡安·卡洛斯一世"号多用途战舰

"胡安·卡洛斯一世"(Juan Carlos I) 号多用途战舰是西班牙自主设计建造的，兼具航空母舰和两栖攻击舰的功能，2010 年开始服役。

结构解析

不同于通常的两栖登陆舰，"胡安·卡洛斯一世"号多用途战舰拥有专供战机起飞的"滑跃"甲板，因此也能被归类于航空母舰。该舰由上而下分为 4 层：大型全通飞行甲板层、轻型车库和机库层、船坞和重型车库层、居住层。总体来说，"胡安·卡洛斯一世"号多用途战舰的设计更注重适航性、装载能力和自持力，不太注重航行速度。

基本参数	
满载排水量	24660 吨
全长	230.82 米
全宽	32 米
吃水	7.07 米
最高航速	21 节
续航距离	9000 海里

作战性能

"胡安·卡洛斯一世"号多用途战舰安装有 4 门 20 毫米口径的厄利空防空机炮与 4 挺 12.7 毫米口径的机枪等武器，并且预留了加装垂直发射防空导弹系统或美制"拉姆"短程防空导弹的空间。在标准情况下，该舰的下甲板机库能容纳 12 架中型直升机或 8 架 F-35B 等级的垂直/短距起降战机。机库前方可储存货物或轻型运输工具，而轻型车辆车库可容纳 100 辆轻型车辆。

荷兰 / 西班牙"加里西亚"级船坞登陆舰

　　"加里西亚"（Galicia）级船坞登陆舰是荷兰和西班牙联合研制的船坞登陆舰，共建造了 2 艘，截至 2017 年 5 月仍全部在役。

结构解析

　　"加里西亚"级船坞登陆舰采用柴油发动机直接推进系统，可在没有任何港口设施的辅助下使用直升机实施垂直登陆。该级舰有先进的后勤补给系统，舰上有医疗设施，舰艉的坞舱较大，上部的飞行甲板较为宽阔。

基本参数	
满载排水量	13815 吨
全长	166.2 米
全宽	25 米
吃水	5.8 米
最高航速	20 节
续航距离	6000 海里

作战性能

　　"加里西亚"级船坞登陆舰通常一次只能运送 2 个全副武装的加强连，共约 540 人。二号舰"卡斯蒂利亚"号装备了供 65 名海军陆战队参谋人员使用的指挥支援系统和通信设施，其所能装载的作战部队人数也减为 400 人。除此之外，"加里西亚"级船坞登陆舰还可搭载 4 艘通用登陆艇或者 6 艘车辆人员登陆艇、130 辆装甲车或 33 辆主战坦克，总载重 2488 吨。

荷兰 / 西班牙 "鹿特丹" 级船坞登陆舰

　　"鹿特丹" (Rotterdam) 级船坞登陆舰是荷兰和西班牙于 20 世纪 90 年代共同研制的，共建造了 2 艘，从 1998 年服役至今。

结构解析

　　"鹿特丹" 级船坞登陆舰的飞行甲板长 58 米，宽 25 米，可供 2 架 EH101 这样的大型直升机起降。该级舰上有功能齐全、设备完善的医疗条件，有 1 个诊疗室、1 个手术室和 1 个实验室。

基本参数	
满载排水量	16800 吨
全长	176.4 米
全宽	25 米
吃水	5.8 米
最高航速	19 节
续航距离	6000 海里

作战性能

　　"鹿特丹" 级船坞登陆舰能够在 6 级海况下执行直升机行动任务，在 4 级海况下进行登陆艇行动任务。在执行两栖作战任务时，"鹿特丹" 级可对海军陆战队士兵、联合作战和后勤支援所需的车辆和装备进行装运，并辅助其登陆。"鹿特丹" 级船坞登陆舰可以运输 170 辆装甲运兵车，或者是 33 辆主战坦克，同时还可以搭载最多 6 艘登陆艇。

希腊"杰森"级坦克登陆舰

　　"杰森"(Jason) 级坦克登陆舰是希腊于 20 世纪 90 年代研制的，共建造了 5 艘，从 1994 年服役至今。

结构解析

　　"杰森"级坦克登陆舰共建造了 5 艘，分别是"奇奥斯"号 (L173)，"萨摩斯"号 (L174)，"莱斯波斯"号 (L176)，"伊卡里亚"号 (L175)，"罗多斯"号 (L177)，各舰分别于 1996 年、1994 年、1999 年、1999 年、2000 年服役。

基本参数	
满载排水量	4400 吨
全长	116 米
全宽	15.3 米
吃水	3.4 米
最高航速	16 节

作战性能

　　"杰森"级坦克登陆舰的武器装备包括：1 门奥托 76 毫米紧凑型舰炮，2 座双联装布雷达 40 毫米口径紧凑型舰炮，2 座双联装莱茵金属公司 20 毫米口径火炮。此外，该级舰还设有可容纳 1 架中型直升机的起降平台。"杰森"级的电子设备有汤姆森–CSF"海神"对海搜索雷达、凯尔文·休斯 1007 型导航雷达等。

日本"大隅"级两栖登陆舰

"大隅" (Ōsumi) 级两栖登陆舰是日本于 20 世纪 90 年代末建造的,共建造了 3 艘,从 1998 年服役至今。

结构解析

"大隅"级两栖登陆舰舰次采用隐形设计,没有前开门,搭载直升机和气垫登陆艇并装备 2 座"密集阵"近程防御武器系统。主舰体横断面呈 V 形,舰艏有

基本参数	
满载排水量	14000 吨
全长	178 米
全宽	25.8 米
吃水	6 米
最高航速	22 节
舰员	135 人

较大的前倾斜度,两舷外飘。上层建筑呈倒 V 形结构,采用向内倾斜角度。这些举措将有助于减小雷达反射波强度,以取得较好的隐形效果。

作战性能

"大隅"级可运载 330 名作战人员 (不含舰员)、10 辆 90 式主战坦克 (或 1400 吨物资)、2 艘 LCAC 气垫登陆艇。升降机可起降中型直升机,甲板可临时停放 2 架中型直升机。该级舰的使用突破了日本海上自卫队以往登陆舰单一的抢滩登陆模式,实现了既可凭借气垫登陆艇抢滩登陆,又可以借助舰载直升机实施垂直登陆。

韩国"天王峰"级坦克登陆舰

"天王峰"（Cheon Wang Bong）级坦克登陆舰是韩国于 21 世纪初开始建造的坦克登陆舰，计划建造 4 艘，截至 2017 年 5 月已有 2 艘开始服役。

结构解析

"天王峰"级坦克登陆舰采用了高干舷、小长宽比的单体舰形，甲板以上可分为三个部分：舰艏甲板、上层建筑和直升机甲板。舰艏甲板前部安装了 1 座双联装 40 毫米速射炮，速射炮和舰桥之间的

基本参数	
满载排水量	7140 吨
全长	126.9 米
全宽	19.4 米
吃水	5.4 米
最高航速	23 节
续航距离	8000 海里

甲板放置了 2 艘登陆艇和起重机。上层建筑集中布置在舰体中部，从前向后依次布置了驾驶室、人员居住舱和机库，救生艇放在上层建筑内部并设有横向开闭式金属门，上层建筑顶部设有桅杆、通信设施和烟囱等。

作战性能

"天王峰"级坦克登陆舰的动力系统为韩国自产的柴油发动机，在装载 1700 吨物资的同时，还可运载 400 名士兵，速度和运能相比前一代"高峻峰"均有很大的提高。"天王峰"级还在舰艏安装了 1 部侧向推进装置，理论上可以提高在受限制海域（如水雷区或港口等区域）航行的操控能力。该级舰开创性地配备了防空导弹垂直发射系统，防空能力较强。

韩国"独岛"级两栖攻击舰

"独岛"(Dokdo) 级两栖攻击舰是韩国研制的，外观与轻型航空母舰相似，计划建造 3 艘，首舰于 2007 年开始服役。

结构解析

　　"独岛"级两栖攻击舰有一条与舰身等长的飞行甲板，右舷边上建有一座堡垒式梯形结构的舰岛，建筑外壁呈向内倾斜 8 度。舰上暴露的各个部位大多由倾斜的多面体组成，在脆弱部位加装装甲钢板

基本参数	
满载排水量	18000 吨
全长	199 米
全宽	31 米
吃水	7 米
最高航速	23 节
续航距离	8000 海里

以强化防护能力。"独岛"级使用钢制舰体，舰艏部分略带舷弧，具有良好的压浪性能，减少了舰体的摇摆幅度。

作战性能

　　"独岛"级两栖攻击舰拥有完善的机能，将两栖攻击舰、船坞登陆舰、大型运输舰、灾害救护船的机能结合于一身，能于全球大多数水域作业。该级舰可起降直升机或短距/垂直起降战斗机，但没有装置协助飞机起飞的"滑跃"甲板。"独岛"级两栖攻击舰的雷达由于设计不良，造成其甲板会反射雷达信号进而产生假性目标的缺点。

新加坡"坚韧"级船坞登陆舰

　　"坚韧"(Endurance) 级船坞登陆舰是新加坡于 20 世纪 90 年代后期研制的，新加坡海军装备了 4 艘，从 2000 年服役至今。

结构解析

　　"坚韧"级船坞登陆舰的艉楼很短，其后为较长的平甲板。上层建筑集中的舰体上甲板中前部，由前向后梯次增高。舰艇宽阔，设有首舌门，打开后跳板伸出，可供坦克或车辆出入。舰体从首部往后至舰体内前部为车辆甲板，设有 3 座液压跳板，将船坞甲板、车辆甲板与上甲板连接起来。舰体内后部为坞舱，所占空间较大。机舱设在舰内两舷侧，留出中间通道供车辆行驶。

基本参数	
满载排水量	8500 吨
全长	141 米
全宽	21 米
吃水	5 米
最高航速	15 节
续航距离	5000 海里

作战性能

　　"坚韧"级船坞登陆舰安装有 2 座双联装"西北风"防空导弹发射装置，1 门奥托 76 毫米口径的舰炮，5 挺 12.7 毫米口径的机枪。该级舰可供 2 架"超级美洲狮"直升机起降。在执行作战任务时，"坚韧"级的装载量为：350 名士兵、18 辆坦克装甲车辆、20 辆军用车辆、4 艘登陆艇。

第6章
潜 艇

潜艇既能在水面航行，又能潜入水中某一深度进行机动作战。在海战中，潜艇的主要作用是对陆上战略目标实施核袭击，摧毁敌方军事、政治、经济中心等。

美国"鹦鹉螺"号攻击型核潜艇

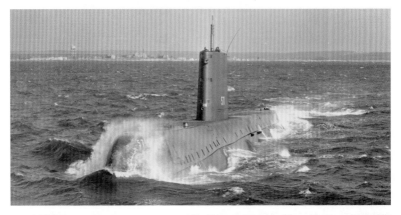

"鹦鹉螺"(Nautilus)号攻击型核潜艇是世界上第一艘攻击型核潜艇，在1954—1980年服役。

结构解析

"鹦鹉螺"号攻击型核潜艇采用常规动力潜艇的外形，基本特征是艏柱为圆弧形，干舷较低，上甲板呈平直形状。该艇的艏水平舵为可收放结构，不使用时则

基本参数	
潜航排水量	4200吨
全长	103.2米
全宽	8.5米
吃水	6.7米
潜航速度	23节
潜航深度	300米

可折叠收起。在艏水平舵的后面，有一个锚穴。"鹦鹉螺"号潜艇的艉部基本上采用了常规动力潜艇的艉部结构形式，艉舵位于螺旋桨的后面，艉垂直舵分成上下两块，与艉水平舵为十字形布置，有2根推进轴、2个螺旋桨。

作战性能

"鹦鹉螺"号攻击型核潜艇的艇体外形与内部、动力仪器与作战装备，都是当时最精密的科技产品，采用流线型的外貌与简便的控制装配起来。该艇总重2800吨，远超旧式潜艇，整个核动力装置占船身的一半左右。它能在最大航速下连续航行50天、全程3万千米而不需要添加任何燃料。与当时的普通潜艇相比，它的航速大约快了一半。

美国"鳐鱼"级攻击型核潜艇

　　"鳐鱼"(Skate) 级是美国海军继"鹦鹉螺"号之后发展的攻击型核潜艇，共建造了 4 艘，在 1957—1989 年服役。

结构解析

　　"鳐鱼"级攻击型核潜艇将核动力装置和先进的水滴形艇形结合，创下了当时水下高速航行的纪录。SQS-4 型和 BQR-2B 型声呐，分别布置在鱼雷发射管的上方和下部。2 部潜望镜，并排位于指挥台围壳内，可以升降。一部 SS-2 型雷达升降桅杆，位于潜望镜之后。一部电子对抗升降装置，位于雷达升降桅杆之后。

基本参数	
潜航排水量	2850 吨
全长	81.6 米
全宽	7.6 米
吃水	6.5 米
潜航速度	22 节
潜航深度	210 米

作战性能

　　"鳐鱼"级攻击型核潜艇的动力装置采用了美国当时新研制的 S3W 或 S4W 压水反应堆，该反应堆采用蒸汽透平减速齿轮推进方式，噪声较小。但由于追求小型化而降低了航速，后来这种反应堆再也没有安装到别的核潜艇上。"鳐鱼"级潜艇上鱼雷发射管的设置在美国来说也不多见，除艇艏有 6 具 533 毫米鱼雷管外，艇尾也有 2 具 533 毫米鱼雷管。

美国"鲣鱼"级攻击型核潜艇

"鲣鱼"(Skipjack)级是美国研制的第二代攻击型核潜艇，共建造了6艘，在1959—1990年服役。

结构解析

"鲣鱼"级潜艇采用水滴形壳体，大大提高了水下航速。SQS-4型和BQR-2B型声呐，分别布置在鱼雷发射管的上方和下部。2部潜望镜，并排位于指挥台围壳内，可以升降。一部SS-2型雷达升降桅杆，位于潜望镜之后。一部电子对抗升降装置，位于雷达升降桅杆之后。

基本参数	
潜航排水量	3513吨
全长	77米
全宽	9.7米
吃水	7.4米
潜航速度	33节
潜航深度	210米

作战性能

"鲣鱼"级潜艇使用1座S5W压水堆和2台蒸汽轮机，单轴推进，最大功率11029千瓦。S5W压水反应堆由S3W型和S4W型发展而来，因效率更高，整体体积变小。武器装备方面，"鲣鱼"级潜艇装有6具533毫米鱼雷发射管，使用MK 48型鱼雷。

美国"长尾鲨"级攻击型核潜艇

"长尾鲨"(Permit) 级是美国研制的第三代攻击型核潜艇,共建造了 13 艘,在 1961—1994 年服役。

基本参数	
潜航排水量	4312 吨
全长	84.9 米
全宽	9.6 米
吃水	7.7 米
潜航速度	28 节
潜航深度	396 米

结构解析

"长尾鲨"级潜艇采用水滴形艇形,核反应堆为 S5W 压水堆。该级艇装有 3 种推进装置:主动力装置,应急动力装置和辅助推进装置,降低了机舱噪声。此外,"长尾鲨"级潜艇还安装有独特形状的七叶螺旋桨,从而使螺旋桨的空泡噪声减至最低。

作战性能

"长尾鲨"级潜艇的舯部装有 4 具 533 毫米鱼雷发射管,配备了射程比鱼雷远的"沙布洛克"反潜鱼雷火箭。该级潜艇服役时号称当时美国最新型、最先进的核动力潜艇。该级潜艇的首舰"长尾鲨"号在第二次巡航时因不明原因而失事沉没,成为美国海军难解的谜题。

美国"鲟鱼"级攻击型核潜艇

"鲟鱼"（Sturgeon）级是美国研制的第四代攻击型核潜艇，共建造了37艘，在1967—2004年服役。

结构解析

"鲟鱼"级潜艇采用先进的水滴形艇形，但艇体比以往的攻击型潜艇大，指挥台围壳较高，围壳舵的位置较低，这样可提高潜艇在潜望镜深度的操纵性能。"鲟鱼"级潜艇可在北极冰下活动，安装有1部探冰声呐。为了有利于上浮时破冰，围壳舵可以折起。

基本参数	
潜航排水量	4640 吨
全长	89.1 米
全宽	9.7 米
吃水	9.1 米
潜航速度	26 节
潜航深度	400 米

作战性能

"鲟鱼"级潜艇装有4具鱼雷发射管，可发射"战斧"巡航导弹、"鱼叉"反舰导弹、"萨布洛克"反潜导弹和MK 48型鱼雷等，总数量为23枚。除此之外，鱼雷发射管还可装载MK 67型或MK 60型水雷。电子设备方面，该艇拥有AN/BQQ-2多用途综合声呐、AN/BQS-8水下导航声呐、MK 117型鱼雷射击指挥系统、惯性导航设备和"奥米加"导航设备等。

美国"洛杉矶"级攻击型核潜艇

"洛杉矶"(Los Angeles) 级是美国研制的第五代攻击型核潜艇，共建造了 62 艘，从 1976 年服役至今。

结构解析

"洛杉矶"级潜艇很好地处理了高速与安静的关系，使最大航速在降低噪声的基础上达到最佳。该艇耐压壳体轮廓低矮，艇壳轮廓过渡圆滑，由艇艏至艇尾逐渐收缩至水线处。指挥塔围壳较窄，前后缘垂直，位于艇身中部较前位置。

基本参数	
潜航排水量	6927 吨
全长	110.3 米
全宽	10 米
吃水	9.9 米
潜航速度	32 节
潜航深度	500 米

作战性能

"洛杉矶"级潜艇在舰体中部设有 4 具 533 毫米鱼雷发射管，可发射"鱼叉"反舰导弹、"萨布洛克"反潜导弹、"战斧"巡航导弹以及传统的线导鱼雷等。从"普罗维登斯"号开始的后 31 艘潜艇又加装了 12 具垂直发射器，可在不减少其他武器数量的情况下，增载 12 枚"战斧"巡航导弹。此外，该级艇还具备布设 MK 67 型触发水雷和 MK 60 型"捕手"水雷的能力。

美国"海狼"级攻击型核潜艇

"海狼"(Seawolf)级是美国研制的一款攻击型核潜艇，静音性能较佳，共建造了3艘，从1997年服役至今。

结构解析

"海狼"级潜艇使用长宽比为7.7∶1的水滴形艇体，接近最佳长宽比。由于艇壳采用HY-00高强度钢，下潜深度达到了610米。"海狼"级潜艇的舰体比"洛

基本参数	
潜航排水量	9142 吨
全长	107.6 米
全宽	12.2 米
吃水	10.7 米
潜航速度	35 节
潜航深度	610 米

杉矶"级潜艇短而胖，潜航排水量大幅增加至9000吨以上，是美国海军体形最大的攻击型核潜艇。以往的美国核潜艇都采用十字形舰艉控制翼，而"海狼"级潜艇则采用新的六片式尾翼。

作战性能

"海狼"级潜艇配有能透过冰层的侦测装置，可在北极冰下海区执行作战任务。该艇装有8具660毫米鱼雷发射管，可配装50枚MK 48型鱼雷（或"战斧"导弹、"鱼叉"导弹），也可换为100枚水雷。"海狼"级潜艇能够用极为安静的方式在水下以20节的速度航行，除了使"海狼"级潜艇更难被侦测到外，也不会受到潜艇本身的噪声影响搜寻。

美国"弗吉尼亚"级攻击型核潜艇

　　"弗吉尼亚"(Virginia) 级是美国海军正在建造的多用途攻击型核潜艇，计划建造 30 艘，2004 年开始服役。

结构解析

　　"弗吉尼亚"级核潜艇仍然采用圆柱形水滴流线舰体，直径与"洛杉矶"级核潜艇相近。由于沿用了许多"海狼"级核潜艇的研发成果，许多外形特征如前方具有弯角造型的帆罩、舰艉伸缩水平翼、两侧各 3 个宽孔径被动数组声呐的听音数组、六片式尾翼以及尾端水喷射推进器等，都与"海狼"级一模一样，因此从外观看起来就像"海狼"级的缩小版。

基本参数	
潜航排水量	7928 吨
全长	115 米
全宽	10.4 米
吃水	10.1 米
潜航速度	30 节
潜航深度	600 米

作战性能

　　"弗吉尼亚"级核潜艇装备有 12 个"战斧"巡航导弹的垂直发射筒，可使用射程为 2500 千米的对陆攻击型"战斧"巡航导弹，能够对陆地纵深目标实施打击。该级潜艇还装备了 4 具 533 毫米鱼雷发射管，发射管具有涡轮气压系统，免除了发射前需要注水而会产生噪声的老问题。这 4 具鱼雷发射管不但可以发射 MK 48 型鱼雷、"鱼叉"反舰导弹以及布放水雷，还可以发射、回收水下无人驾驶遥控装置，以及无人飞行器。

美国"乔治·华盛顿"级弹道导弹核潜艇

"乔治呈华盛顿"(George Washington) 级潜艇是美国第一代弹道导弹核潜艇，共建造了 5 艘，在 1959—1985 年服役。

结构解析

"乔治·华盛顿"级潜艇庞大的上层建筑，是其外观上最明显的特征，从指挥台围壳前一直向艇尾延伸，覆盖着 16 个弹道导弹发射筒。潜艇首部为半球形，其上部布置着 AN/BQS-4 主动声呐基阵，

基本参数	
潜航排水量	6880 吨
全长	116.3 米
全宽	10.1 米
吃水	8.8 米
潜航速度	24 节
潜航深度	213 米

下部布置着 AN/BQR-2B 型被动声呐基阵。潜艇内部有 7 个舱室，依次是首鱼雷舱、指挥舱、导弹舱、第一辅机舱、反应堆舱、第二辅机舱和主机舱。

作战性能

"乔治·华盛顿"级潜艇的建成，标志着潜射弹道导弹第一次构成了真正的全球性威慑力量。该级艇装有 6 具 533 毫米水压式鱼雷发射管，16 个"北极星"弹道导弹发射筒，分为两排垂直布置，每排 8 个。"乔治·华盛顿"级潜艇有 1 座由威斯汀豪斯电气公司制造的 S5W 型压水反应堆，主机是通用电气公司制造的齿轮减速汽轮机，功率可达 11029 千瓦。

美国"伊桑·艾伦"级弹道导弹核潜艇

　　"伊桑·艾伦"(Ethan Allen) 级潜艇是美国第二代弹道导弹核潜艇，共建造了 5 艘，在 1961—1992 年服役。

结构解析

　　"伊桑·艾伦"级潜艇在美国海军弹道导弹核潜艇的发展中，起到了承上启下的作用。该级艇的耐压艇体采用了 HY–80 高强度钢，使其最大下潜深度可以达到 300 米。这个下潜深度成为其后美国海军各种型号弹道导弹核潜艇的标准下潜深度。自 1963 年起，美国对"伊桑·艾伦"级潜艇进行改装之后，每艘潜艇的首部又加装了一个声呐导流罩。

基本参数	
潜航排水量	7900 吨
全长	125 米
全宽	10.1 米
吃水	9.8 米
潜航速度	21 节
潜航深度	300 米

作战性能

　　"伊桑·艾伦"级潜艇安装有 4 具 533 毫米鱼雷发射管，分为左右各 2 具布置，每舷的 2 具鱼雷发射管共用 1 个液压缸。导弹舱内装有 16 枚"北极星"A2 弹道导弹，后改装"北极星"A3 型导弹。该级艇配备 AN/BQR–7、AN/BQS–4B、AN/BQR–2B 等声呐。

美国"拉斐特"级弹道导弹核潜艇

"拉斐特"（Lafayette）级潜艇是美国研制的第三代弹道导弹核潜艇，共建造了9艘，在1963—1994年服役。

结构解析

"拉斐特"级潜艇采用纺锤形艇体，艇艏圆钝、艇体长大，呈光顺的流线型。指挥台围壳在靠近艇首的位置，并装有围壳舵，内部布置了潜望镜、雷达、无线电天线以及通气管装置等。上部建筑从首部

基本参数	
潜航排水量	8250 吨
全长	129.5 米
全宽	10.1 米
吃水	10 米
潜航速度	25 节
潜航深度	300 米

开始，在指挥台围壳后形成"北极星"弹道导弹发射筒的整流罩，然后一直延伸到艇体尾部。

作战性能

"拉斐特"级潜艇除装备16枚弹道导弹外，还携载12枚鱼雷用于自卫，均由位于艇艏的4具533毫米鱼雷发射管发射。"拉斐特"级前8艘装备的是16枚"北极星"A2导弹，后23艘装备"北极星"A3导弹。后来由于反弹道导弹武器的出现，美国海军决定将"拉斐特"级潜艇全部改为装备"海神C–3"多弹头分导重返大气层弹道导弹。1978—1982年，美国海军又将该级艇的12艘改装为"三叉戟Ⅰ型"弹道导弹。

美国"俄亥俄"级弹道导弹核潜艇

"俄亥俄"(Ohio) 级潜艇是美国发展的第四代弹道导弹核潜艇，共建造了 18 艘，从 1981 年服役至今。冷战结束后，有 4 艘被改装为巡航导弹核潜艇。

结构解析

"俄亥俄"级潜艇为单壳型舰体，外形近似于水滴形，长宽比为 13：1。舰体首尾部是非耐压壳体，中部为耐压壳体。耐压壳体从舰艏到舰艉依次分为指挥

基本参数	
潜航排水量	18750 吨
全长	170 米
全宽	13 米
吃水	11.8 米
潜航速度	20 节
潜航深度	240 米

舱、导弹舱、反应堆舱和主辅机舱 4 个大舱。其中指挥舱分上、中、下 3 层，上层包括指挥室，无线电室和航海仪器室。中层前部为生活舱，后部为导弹指挥室。下层布置 4 具鱼雷发射管。

作战性能

"俄亥俄"级潜艇设有 24 具垂直导弹发射筒，可发射"三叉戟"Ⅱ型导弹。此外，被改装成巡航导弹核潜艇的 4 艘"俄亥俄"级改用"战斧"常规巡航导弹。除导弹外，各艇另有 4 具 533 毫米 MK 68 型鱼雷发射管，可携带 12 枚 MK 48 型多用途线导鱼雷，用于攻击潜艇或水面舰艇。

美国"海狐"无人潜艇

"海狐"（Sea Fox）无人潜艇是美国阿特拉斯电子公司于 20 世纪 90 年代研制的小型无人潜艇，主要有"海狐"Ⅰ型和"海狐"C 型两种型号，前者主要用于侦察，后者主要用于攻击。除美国海军外，英国海军、芬兰海军和德国海军也采用了"海狐"无人潜艇。

结构解析

"海狐"无人潜艇的体积较小，长约 1.2 米，配备 1 台闭路电视摄像机和声呐定位仪。"海狐"无人潜艇可以通过直升机和小型橡皮艇部署，或者由扫雷舰运送到需要的海域。这种无人潜艇通过光纤进行控制，能向遥控操作员发回实时视频。

基本参数	
重量	45 千克
全长	1.2 米
潜航速度	6 节
潜航深度	1000 米

作战性能

"海狐"无人潜艇的下潜深度为大约 1000 米，除用于侦察外，还可进行攻击。从某种程度上来说，这种单价约 10 万美元的无人潜艇在一定程度上也是一种"自杀式武器"，能用内置大口径破甲弹摧毁水雷。美国海军主要利用"海狐"无人潜艇进行江河地区的作战评估，以及远征部队的安全保障等。

美国"雷穆斯"无人潜艇

　　"雷穆斯"（REMUS）无人潜艇是美国伍兹霍尔海洋研究所于 20 世纪 90 年代设计的自主式无人潜艇,其名称意为"远程环境探测单位"（Remote Environmental Monitoring UnitS，简称 REMUS）。

结构解析

基本参数	
重量	227 千克
全长	3.25 米
潜航深度	600 米

　　"雷穆斯"无人潜艇是一种低成本、高效率的装备，主要有 100 型、600 型和 6000 型等型号。"雷穆斯"无人潜艇采用模块化设计，可搭载多种不同类型的传感器，配备有双频侧扫声呐、合成孔径声呐、声学成像系统、摄像机以及全球定位系统等。

作战性能

　　"雷穆斯"无人潜艇被用于浅海航道测量、水雷监视和物体搜索等工作。2003 年，"雷穆斯"无人潜艇曾参与美军于伊拉克战争初期在伊拉克近海进行的排雷任务。2011 年，"雷穆斯"6000 型无人潜艇还曾帮助寻找失事的法国航空 447 号班机的"黑匣子"，并成功发现了失事班机的大部分残骸，包括机身、机翼、发动机及起落架。2015 年 4 月，美国海军在"弗吉尼亚"级攻击型核潜艇上首次部署了"雷穆斯"600 型无人潜艇，在全球战略热点地区进行水下任务。"雷穆斯"600 型无人潜艇通过"弗吉尼亚"级潜艇上一个 11 米长的任务模块释放。

俄罗斯"十一月"级攻击型核潜艇

"十一月"（November）级潜艇是苏联海军第一种核动力潜艇，共建造了13艘，在1957—1991年服役。

基本参数	
潜航排水量	4380 吨
全长	109.8 米
全宽	8.3 米
吃水	5.8 米
潜航速度	30 节
潜航深度	340 米

结构解析

"十一月"级潜艇采用双壳体结构，与美国潜艇不同的是，美国潜艇的舱室较大，数量较少，储备浮力也小，而苏联潜艇舱室则比较小，数量比较多，储备浮力很大。苏联潜艇的这种设计一直持续到现在。这种设计的最大好处就是抗沉性强，潜艇结构强度也较大，但缺点则在于排水量较大以及由大排水量所带来的阻力大、噪声大和航速慢。

作战性能

"十一月"级潜艇的噪声比苏联以往的常规动力潜艇和美国第一批核潜艇都要大，尽管应用了精致的鱼雷状艇体、艇体上数量有限的排水孔、特制的降噪变距螺旋桨、主要设备振动抑制装置和特殊的消声艇体涂料等降噪措施，但问题还是未能解决。由于主推进系统中压水反应堆的寿命短，"十一月"级潜艇的可靠性也较低。

俄罗斯"维克托"级攻击型核潜艇

"维克托"(Victor) 级核潜艇是苏联研制的攻击型核潜艇，共建造了 48 艘，从 1967 年服役至今。

结构解析

"维克托"级潜艇采用了轴对称的水滴线外形和双壳体结构，长宽比约为 10：1。该艇的指挥台和上层建筑很低，凸出部分很小。耐压壳是由 AK-29 高强

基本参数	
潜航排水量	5300 吨
全长	94 米
全宽	10.5 米
吃水	7.3 米
潜航速度	32 节
潜航深度	300 米

度合金钢建造，钢板厚度为 35 毫米。该级艇的非耐压壳体、指挥塔围壳、艇尾垂直舵和水平舵都由低磁钢材建造。潜艇还安装了消磁装置，这使艇体结构变得更复杂，但是也同样使对方反潜飞机的磁探仪很难发现目标。

作战性能

"维克托"级潜艇安装备了 4 具 533 毫米和 2 具 650 毫米鱼雷发射管，可以发射 53 型鱼雷和 65 型鱼雷，以及 SS-N-15 和 SS-N-16 反潜导弹等。此外，该艇还可以携带射程为 3000 千米的 SS-N-21 远程巡航导弹，战斗部为 20 万吨当量的核弹头或 500 千克烈性炸药的常规弹头，其巡航高度为 25 ～ 200 米，能够攻击敌方陆上重要目标。

俄罗斯"阿尔法"级攻击型核潜艇

"阿尔法"(Alfa)级潜艇是苏联研制的攻击型核潜艇，共建造了7艘，在1977—1996年服役。

结构解析

"阿尔法"级潜艇采用水滴线形设计、双壳体结构，是苏联建造的攻击型核潜艇中排水量最小的。整个艇体共分为鱼雷舱、机电舱、中央指挥控制舱、反应堆舱、主机舱和艉舱共6个舱室。"阿尔法"级潜艇的指挥围壳也是苏联潜艇中少数使用流线型外形的潜艇。

基本参数	
潜航排水量	3600 吨
全长	81.5 米
全宽	9.5 米
吃水	7.5 米
潜航速度	40 节
艇员	40 人

作战性能

"阿尔法"级潜艇安装有6具533毫米鱼雷发射管，可以发射53型两用鱼雷、SSN-15反潜导弹以及水雷等。该级艇的电子设备主要有"魔头"水面搜索雷达、"鲨鱼鳃"和"鼠叫"声呐、"秃头"和"砖群"电子支援设备、"园林灯"警戒雷达等。"阿尔法"级的最大潜深达914米，仅次于"麦克"级的1000米。阿尔法的水下航速也高达42节，在世界核潜艇中位列前茅。

俄罗斯"塞拉"级攻击型核潜艇

"塞拉"(Sierra)级潜艇是苏联研制的攻击型核潜艇,共建造了4艘,从1984年服役至今。

结构解析

"塞拉"级潜艇采用了苏联独特的双壳体结构,艇壳体用钛合金材料建造而成。全艇共有7个耐压舱室,它们包括指挥舱、武器舱、前部辅机舱、后部辅机舱、

基本参数	
潜航排水量	8200 吨
全长	107 米
全宽	12.2 米
吃水	8.8 米
潜航速度	35 节
潜航深度	600 米

反应堆舱、主电机舱和尾舱。这些舱室都严格执行抗沉设计,大大提高了潜艇的生存能力。

作战性能

"塞拉"级潜艇装备的武器种类众多,包括SS-N-16型反潜导弹、SS-N-15型反潜导弹、SS-N-21型远程巡航导弹以及53型、65型鱼雷和各种水雷等,而且携带数量也较多。"塞拉"级潜艇的动力主要由2座压水堆反应堆提供,其单堆输出功率为200兆瓦,回路采用的是2台涡轮发动机,输出功率为69853千瓦。另外,艇上还有2套柴油发电机组和2组蓄电池作为备用,可以保证潜艇在应急和事故状态下的辅助用电,并推动潜艇应急航行。

俄罗斯"麦克"级攻击型核潜艇

"麦克"(Mike) 级潜艇是苏联研制的攻击型核潜艇，共建造了 2 艘，在 1988—1989 年服役。

结构解析

"麦克"级潜艇是苏联第三种采用钛合金制造的核潜艇，艇艏圆钝，中间有一段很长的平行中体，尾部尖瘦。这种布局使艇内空间更大，艇艏鱼雷发射管便于布置。艇艏下方为圆柱首声呐罩。首部还设有水平舵，比较靠前，使用时会影响首声呐工作。艇体中部外侧设有少量的流水孔，可减小流体噪声。

基本参数	
潜航排水量	8000 吨
全长	117.5 米
全宽	10.7 米
吃水	9 米
潜航速度	30 节
艇员	70 人

作战性能

"麦克"级潜艇比其他钛合金制造的潜艇的下潜深度都大很多，是世界上潜航深度最大的核潜艇。该级艇的武器装备包括：2 具 533 毫米和 4 具 650 毫米鱼雷发射管，用于发射导弹、鱼雷和布放水雷。艇上搭载的武器包括 SS-N-21 巡航导弹、SS-N-15 反潜导弹、SS-N-16 反潜导弹、鱼雷、水雷等。

俄罗斯"阿库拉"级攻击型核潜艇

　　"阿库拉"(Akula) 级潜艇是苏联研制的攻击型核潜艇，共建造了 15 艘，从 1984 年服役至今。

结构解析

　　"阿库拉"级潜艇采用良好的水滴外形，并采用了双壳体结构，里面一层艇壳为钛合金制造的耐压壳体。该艇共有 7 个耐压舱，它们包括指挥舱、武器舱、反应堆、前部辅机舱、后部辅机舱、主电机舱和尾舱，这些耐压舱都采用了严格的抗沉性标准设计。

基本参数	
潜航排水量	12770 吨
全长	110 米
全宽	13.5 米
吃水	9 米
潜航速度	33 节
潜航深度	480 米

作战性能

　　"阿库拉"级潜艇的耐压壳能使其下潜到 650 米深的海底，而当时一般的潜艇最多只能下潜到 600 米。该艇在 1 个舱室进水时，还能够正常执行战斗任务，在 2 ~ 3 个舱室进水时，依然能够在海上漂浮数小时，为艇员逃生提供充足的时间。在"亚森"级潜艇服役前，"阿库拉"级潜艇堪称苏联最安静的潜艇。

俄罗斯"亚森"级攻击型核潜艇

"亚森"（Yasen）级潜艇是俄罗斯研制的新型攻击型核潜艇，计划建造8艘，首艇于2014年服役。

结构解析

"亚森"级潜艇的艇体采用高性能的钛合金双壳体结构，潜艇内分7个舱室布置，它们为指挥舱、巡航导弹舱、鱼雷舱、居住舱、反应堆舱、主机舱和尾舱。

基本参数	
潜航排水量	13800吨
全长	120米
全宽	15米
吃水	8.4米
潜航速度	28节
艇员	90人

该艇的储备浮力极佳，指挥舱内还设有能容纳全体乘员的救生室，以便在出现事故或者战损时使用。

作战性能

"亚森"级潜艇在艇首装备了4具650毫米和2具533毫米鱼雷发射管，可以发射65型和53型鱼雷、SS-N-15反潜导弹等武器。此外，该艇还在指挥台围壳后面的巡航导弹舱，布置了8个用于发射SS-N-27巡航反舰导弹的垂直发射管。SS-N-27巡航导弹的最大飞行速度为2.5马赫，最大射程超过3000千米，命中精度为4~8米。到现在为止，世界各国还没有能够有效对付这种导弹的方法和武器，它是有效的航母杀手之一。

俄罗斯"旅馆"级弹道导弹核潜艇

"旅馆"(Hotel) 级潜艇是苏联研制的弹道导弹核潜艇，共建造了 8 艘，在 1960—1991 年服役。

结构解析

"旅馆"级潜艇的外壳除了舰桥和艇首以外，基本和"十一月"级潜艇相同。该级艇是苏联第一种铺设消声瓦的潜艇，由于当时苏联的消声瓦铺设技术还不成熟，所以很多潜艇的消声瓦在服役时有一定程度的脱落。

基本参数	
潜航排水量	5300 吨
全长	114 米
全宽	7.2 米
吃水	7.5 米
潜航速度	26 节
潜航深度	300 米

作战性能

尽管"旅馆"级潜艇对当时的苏联来说是一个飞跃，但整体上性能仍逊色于美国"乔治·华盛顿"级潜艇。"旅馆"级潜艇最初携带 16 枚 SS-N-4"萨克"弹道导弹，这种导弹有很大缺陷，只能在水面发射。为了提高"旅馆"级潜艇的生存能力，苏联对其进行了改进，后期使用 SS-N-5 弹道导弹和 SS-N-8 弹道导弹。

俄罗斯"杨基"级弹道导弹核潜艇

"杨基"(Yankee) 级潜艇是苏联研制的弹道导弹核潜艇，共建造了34艘，在 1967—1995 年服役。

结构解析

"杨基"级潜艇与其他苏联核潜艇一样，也采用了双壳体结构大储备浮力。其耐压艇体的直径约为 9.4 米，这个直径从"杨基"级潜艇一直沿用到了"德尔塔"Ⅲ

基本参数	
潜航排水量	10020 吨
全长	128 米
全宽	11.7 米
吃水	7.8 米
潜航速度	28 节
潜航深度	400 米

级潜艇，可见其技术是比较成熟的。"杨基"级潜艇使用了指挥围壳舵，并取消首水平舵，使潜艇能够在无倾斜的情况下改变下潜深度，从而简化潜艇深度控制操作，以利于导弹的发射。

作战性能

"杨基"级潜艇是苏联第一种能够与美国战略潜艇导弹在装载量上媲美的弹道导弹核潜艇，它可以携带 16 枚弹道导弹。"杨基"级潜艇采用了消音装置技术，比"旅馆"级潜艇更安静，但是噪声依然比当时的北约潜艇更大。

俄罗斯"德尔塔"级弹道导弹核潜艇

　　"德尔塔"(Delta) 级潜艇是苏联研制的弹道导弹核潜艇，共建造了 18 艘，从 1972 年服役至今。

结构解析

　　"德尔塔"级潜艇由红宝石设计局设计，有 4 种外形相似，但又各有不同的艇型。目前，"德尔塔"Ⅰ级和"德尔塔"Ⅱ级已全部退役，"德尔塔"Ⅲ、Ⅳ级仍然

基本参数	
潜航排水量	19000 吨
全长	167 米
全宽	12 米
吃水	9 米
潜航速度	24 节
潜航深度	400 米

属于现役潜艇。"德尔塔"级潜艇使用了苏制潜艇普遍使用的双壳体结构，在指挥围壳上安装了水平舵。这种水平舵可以让潜艇在没有纵向倾斜的情况下让潜艇更容易下沉。

作战性能

　　现役的"德尔塔"Ⅳ级潜艇配备 16 发 P-29PM 潜射弹道导弹，装载在 D-9PM 型发射筒内。该级潜艇还可以使用 SS-N-15"海星"反舰导弹，这种导弹速度为 0.9 赫，射程为 45 千米，可以装配核弹头。"德尔塔"Ⅳ级潜艇可以在 6 ~ 7 节，55 米深度的情况下连续发射出所有的导弹，并且可以在任何航向下，以及一定的纵向倾斜角度下发射导弹。此外，该级潜艇还装备了 4 座 533 毫米鱼雷发射管，并安装了自动鱼雷装填系统。

俄罗斯"台风"级弹道导弹核潜艇

"台风"(Typhoon) 级潜艇是苏联研制的弹道导弹核潜艇，共建造了 6 艘，从 1982 年服役至今。

结构解析

"台风"级核潜艇最独特的设计是"非典型双壳体"，即导弹发射筒为单壳体，其他部分采用双壳体。导弹发射筒夹在双壳耐压艇体之间，可以避免出现"龟背"而增大航行的阻力和噪声，并节约建造费用。该级艇共有 19 个舱室，从横剖面看成"品"字形布设，主耐压艇体、耐压中央舱段和鱼雷舱采用钛合金材料，其余部分都采用消磁高强度钢材。

基本参数	
潜航排水量	48000 吨
全长	171.5 米
全宽	25 米
吃水	17 米
潜航速度	25 节
潜航深度	500 米

作战性能

"台风"级潜艇设有 20 具导弹发射管、2 具 533 毫米鱼雷发射管、4 具 650 毫米鱼雷发射管，可发射 SS-N-16 反潜导弹、SS-N-15 反潜导弹、SS-N-20 弹道导弹，以及常规鱼雷和"风暴"空泡鱼雷等。它可以同时齐射 2 发 SS-N-20 弹道导弹，这是世界上其他任何级别的弹道导弹潜艇中都无法做到的。

俄罗斯"北风之神"级弹道导弹核潜艇

"北风之神"(Borei) 级潜艇是俄罗斯研制的弹道导弹核潜艇，计划建造 10 艘，从 2013 年服役至今。

结构解析

"北风之神"级潜艇选择了近似拉长水滴形的流线造型，与"阿库拉"级潜艇相似。这种外形结构的潜艇能够在保证水下高航速的同时，还可以降低外壳和水流的摩擦，达到降低噪声、减小被敌方声呐系统发现的目的。

基本参数	
潜航排水量	17000 吨
全长	170 米
全宽	13 米
吃水	10 米
潜航速度	27 节
潜航深度	450 米

作战性能

"北风之神"级潜艇的首艇上装有 16 个导弹发射筒、12 枚 SS-NX-30"圆锤 M"洲际导弹，导弹舱设在指挥台围壳之后。后期服役的同型潜艇完整配备 16 枚"圆锤 M"导弹。常规自卫武器方面，"北风之神"级潜艇配备了 4 ～ 6 具 533 毫米鱼雷发射管，可发射 16 枚鱼雷和 SS-N-15 型反潜导弹，同时还配备了 SA-N-8 型近程舰空导弹，自身防卫作战能力极为强悍。此外，俄罗斯海军还在考虑配备速度达 200 节的"暴风"高速鱼雷，这种鱼雷不仅能有效地反潜，而且还能反鱼雷。

俄罗斯"查理"级巡航导弹核潜艇

"查理"(Charlie)级潜艇是苏联研制的巡航导弹核潜艇,共建造了17艘,在1967—1998年服役。

结构解析

"查理"级潜艇的吨位较小,在艇首的压力壳外部两侧各斜置安装了4座反舰导弹发射装置。该级艇的动力装置为1台压水堆和1台蒸汽轮机,总功率14706千瓦。

基本参数	
潜航排水量	4900 吨
全长	103 米
全宽	10 米
吃水	8 米
潜航速度	24 节
潜航深度	300 米

作战性能

"查理"级潜艇是苏联第一级具有水下发射导弹能力的潜艇,具有较好的隐蔽性,更强大的攻击能力,同时也减少了发射时的暴露机会。该级艇使用SS-N-7"紫水晶"主动雷达制导反舰导弹,射程为65千米,虽然射程较短,但敌舰预警与反制的机会也变少了。与苏联海军此前的"回声"级潜艇相比,"查理"级潜艇增加了卫星数据链,截获敌方目标位置的手段更加可靠。

俄罗斯"奥斯卡"级巡航导弹核潜艇

"奥斯卡"(Oscar) 级潜艇是苏联研制的巡航导弹核潜艇，共建造了 13 艘，从 1980 年服役至今。

结构解析

"奥斯卡"级潜艇安装有 24 具 SS-N-19 导弹发射筒，它们布置在艇艏、中部的耐压壳体与非耐压壳体之间。在指挥台的每侧有 6 个矩形盖板，这些盖板长约 7 米、宽为 2 米，内装有 2 具导弹发射装置，与垂线成 45 度斜角布置。

基本参数	
潜航排水量	19400 吨
全长	155 米
全宽	18.2 米
吃水	9 米
潜航速度	32 节
潜航深度	600 米

作战性能

"奥斯卡"级潜艇共安装 24 枚 SS-N-19 反舰导弹，最大射程 550 千米。该级艇上还装有鱼雷发射管，可发射 53 型鱼雷和 65 型鱼雷。另外，它也可以使用 SS-N-15 型和 SS-N-16 型反潜导弹攻击敌方潜艇。该潜艇还可用 65 型反舰鱼雷进行对舰攻击。该鱼雷采用主/被动声自导和尾流制导，可携带核弹头。

俄罗斯"基洛"级常规潜艇

"基洛"(Kilo)级潜艇是俄罗斯海军现役的主要常规潜艇，有"大洋黑洞"之称。该级艇共建造了57艘，从1982年服役至今。

结构解析

"基洛"级潜艇采用光滑水滴形线型艇体，这在苏制常规潜艇中极为少见。该级艇外表短粗，是经过精密计算的最佳降噪形态。艇体为双壳体结构，分为6个耐压舱，储备浮力为30%，任何一个舱位破损都能保持不沉性。潜艇外壳嵌满了塑胶消声瓦，以吸收噪声并衰减敌方主动声呐的声波反射。

基本参数	
潜航排水量	3076 吨
全长	73.8 米
全宽	9.9 米
吃水	16.6 米
潜航速度	20 节
潜航深度	300 米

作战性能

"基洛"级潜艇的艇首设有6具533毫米鱼雷发射管，可发射53型鱼雷、SET-53M鱼雷、SAET-60M鱼雷、SET-65鱼雷、71系列线导鱼雷等，改进型和印度出口型还可以通过鱼雷管发射"俱乐部-S"潜射反舰导弹。"基洛"级艇内共配备18枚鱼雷，并有快速装雷系统。6具发射管可在15秒内完成射击，3分钟后再装填完毕，以实施第二轮打击。"基洛"级潜艇的最大特点便是优异的安静性，其设计目标就将安静性置于快速性之上，通过各种措施将噪声降到了118分贝。

俄罗斯"拉达"级常规潜艇

"拉达"(Lada) 级潜艇是俄罗斯自苏联解体后研制的第一级柴电潜艇，计划建造 3 艘，首艇于 2010 年开始服役。

结构解析

"拉达"级潜艇吸收了"基洛"级潜艇的技术和经验，它选用了更多专门研制的低噪声、低振动设备，大大减少了振动噪声源。如设备的安装大量地采用了浮筏减振降噪装置，艇内各种管路广泛采用了挠性连管、消声扩散器、阻尼橡胶层、阻尼支承和吊架、套袖式复合橡胶管等减振隔声装置。整个艇体的外形采用了水滴形流线外形，推进装置采用了 7 叶大侧斜低噪声螺旋桨并改进了推进轴。艇体外加装了消声瓦，覆盖了消声涂层。

基本参数	
潜航排水量	2700 吨
全长	72 米
全宽	7.1 米
吃水	6.5 米
潜航速度	21 节
潜航深度	250 米

作战性能

"拉达"级潜艇安装有 6 具鱼雷发射管，武器载荷为 18 枚。该级艇在设计上有诸多创新，其中包括一套基于现代数据总线技术的自动化指挥和武器控制系统、1 套包含拖曳阵在内的声呐装置以及"基洛"级潜艇上的降噪技术。对外出口型还可在水平舵后加装 1 个垂直发射舱，可以容纳 8 具垂直发射管，发射"布拉莫斯"反舰导弹。

英国"勇士"级攻击型核潜艇

"勇士"(Valiant) 级潜艇是英国研制的第一代攻击型核潜艇，共建造了 5 艘，在 1966—1994 年服役。

基本参数	
潜航排水量	4900 吨
全长	86.9 米
全宽	10.1 米
吃水	8.2 米
潜航速度	29 节
艇员	103 人

结构解析

"勇士"级潜艇配备了先进的雷达和声呐等电子设备，包括 1007 型对海搜索雷达、2026 拖曳声呐、汤姆森 2040 型警戒声呐、2007 型被动测距声呐、2019 型声呐侦察声呐等。该级艇的动力装置由 1 座压水堆和 2 台蒸汽轮机组成。

作战性能

"勇士"级潜艇的主要武器为艇首的 6 具 533 毫米鱼雷管，可发射总数多达 32 枚的"鱼叉"导弹和"虎鱼"MK 24-2 型鱼雷。该级潜艇的水上航速为 20 节，水下航速达 30 节。1982 年 5 月的英阿马岛海战中，"征服者"号用鱼雷在 15 分钟内击沉了阿根廷海军的"贝尔格拉诺将军"号巡洋舰，这是世界海军作战史上核动力潜艇首次击沉敌方水面战舰。

英国"敏捷"级攻击型核潜艇

"敏捷"(Swiftsure)级潜艇是英国研制的第二代攻击型核潜艇,共建造了6艘,在1973—2010年服役。

结构解析

与英国第一代攻击型核潜艇"勇士"级相比,"敏捷"级潜艇的艇体显得丰满、稍短,前水平舵靠前,少1具鱼雷发射管。

基本参数	
潜航排水量	4900吨
全长	82.9米
全宽	9.8米
吃水	8米
潜航速度	30节
潜航深度	450米

作战性能

"敏捷"级潜艇主要用于发现并摧毁敌方潜艇、护卫战略弹道导弹潜艇,必要时也可用来攻击地面目标。与"勇士"级核潜艇相比,"敏捷"级核潜艇的下潜深度和航速有所增加。"敏捷"级装备的武器有休斯公司的"战斧"潜射型巡航导弹,麦道公司的潜射"鱼叉"导弹。此外,还有马可尼公司的"旗鱼"线导鱼雷、"虎鱼"鱼雷等。

英国"特拉法尔加"级攻击型核潜艇

"特拉法尔加"(Trafalgar)级潜艇是英国第三代攻击型核潜艇，共建造了7艘，从1983年服役至今。

结构解析

"特拉法尔加"级潜艇采用长宽比为8.7：1的水滴形艇体，接近最佳值，有利于提高航速。艇体为单壳体结构，艇壳使用QN-1型钢制造，艇体外表面敷设消声瓦。"特拉法尔加"级是同期世界

基本参数	
潜航排水量	5208吨
全长	85.4米
全宽	9.8米
吃水	9.5米
潜航速度	32节
潜航深度	600米

上噪声最低的潜艇之一，它率先采用浮筏减振，首次在潜艇上采用泵喷射推进器，并选用经过淬火的高频硬化齿轮。

作战性能

"特拉法尔加"级潜艇具有反潜、反舰和对陆攻击的全面作战能力，其艇首安装有5具533毫米鱼雷发射管，可发射"战斧"巡航导弹、"鱼叉"反舰导弹、"矛鱼"鱼雷和"虎鱼"鱼雷，不携带鱼雷时可载50枚MK 5型"石鱼"或MK 6型"海胆"水雷。该级核潜艇的排水量仅为美国"洛杉矶"级潜艇的75%，但反潜、反舰能力和对陆攻击能力却与"洛杉矶"级潜艇不相上下。

英国"机敏"级攻击型核潜艇

"机敏"(Astute)级潜艇是英国研制的第四代攻击型核潜艇，共建造了2艘，从 2010 年服役至今。

结构解析

"机敏"级潜艇采用模块化设计，使系统维修升级更加简单，原来需要 2 ~ 3 天才能完成安装的动力系统，只需要 5 小时左右就可安装完毕。"机敏"级潜艇以

基本参数	
潜航排水量	7800 吨
全长	97 米
全宽	11.3 米
吃水	10 米
潜航速度	32 节
潜航深度	300 米

光纤红外热成像摄像机取代了传统潜望镜，它不再保留传统形式的光学潜望镜，取而代之的是 2 套非壳体穿透型 CMO10 光电桅杆，包括热成像、微光电视和计算机控制的彩色电视传感器。

作战性能

"机敏"级潜艇的艇首安装有 6 具 533 毫米鱼雷发射管，可发射"旗鱼"鱼雷、"鱼叉"反舰导弹和"战斧"对陆攻击巡航导弹，鱼雷和导弹的装载总量为 38 枚，也可携带水雷作战。在总体上，"机敏"级潜艇的武器火力要比"特拉法尔加"级潜艇高出 50%。

英国"决心"级弹道导弹核潜艇

"决心"（Resolution）级潜艇是英国研制的第一代弹道导弹核潜艇，共建造了4艘，在1968—1996年服役。

结构解析

"决心"级潜艇的艇体采用近似拉长的水滴形，有利于水下航行。艇首水线以下设有6具鱼雷发射管，呈双排纵列布置。艏部非耐压壳设有水平舵，靠近表面甲板，水平舵可以向上折起，避免靠岸时

基本参数	
潜航排水量	8500 吨
全长	129.5 米
全宽	10.1 米
吃水	9.1 米
潜航速度	25 节
艇员	143 人

碰撞。指挥台围壳相对较小，其后是弹道导弹垂直发射筒，左、右舷各一排，每排8个。

作战性能

"决心"级潜艇安装有16具弹道导弹垂直发射筒，用来发射从美国购买的16枚射程为4630千米的"北极星"A3导弹。这种导弹有3个由英国自制的20万吨TNT当量分导弹头，弹头上装有一种突防装置，以克服反弹道导弹的防御。

英国"前卫"级弹道导弹核潜艇

"前卫"(Vanguard)级潜艇是英国于20世纪80年代研制的第二代弹道导弹核潜艇，共建造了4艘，从1993年服役至今。

结构解析

"前卫"级潜艇采用水滴形艇体，艇的长宽比为11.7∶1，略显瘦长。导弹舱为平行中体，采用艏水平舵，尾部为十字形尾鳍。艇体结构为单双壳体混合型，有利于降低艇体阻力和提高推进效率。艇

基本参数	
潜航排水量	15900吨
全长	149.9米
全宽	12.8米
吃水	12米
潜航速度	25节
艇员	135人

体外形光滑，航行阻力较低，并配有消声瓦。艇内布置有首鱼雷舱、指挥舱、导弹舱、辅机舱、反应堆舱和主机舱6个舱室。

作战性能

"前卫"级潜艇装备了世界上最先进的"三叉戟"Ⅱ型导弹，共16枚。每枚导弹可携带8个威力为15万吨TNT当量的分导式多弹头，每艘艇的弹头数为128个，总威力为1920万吨TNT当量。"前卫"级潜艇在提高隐形能力上下了很大功夫，如采用经过淬火处理的变额硬化齿轮、筏式整体减震装置等。此外，艇壳上的流水孔很少，表面光滑，减少了水动力噪声。

英国"奥伯龙"级常规潜艇

　　"奥伯龙"（Oberon）级潜艇是英国建造的常规潜艇，共建造了27艘，在1960—2000年服役。

结构解析

　　"奥伯龙"级潜艇采用艇艏水平舵设计，水平舵可以向上折叠。该级艇注重提高潜艇强度和静音特性。艇身使用了QT28高强度钢，大大提高了潜艇下潜深度，最大下潜深度200米。它还使用了玻璃纤维增强塑料（玻璃钢）减少噪音。"奥伯龙"级潜艇最大的外在特征，就是艇首上大鼻子一样的声呐舱。

基本参数	
潜航排水量	2410 吨
全长	90 米
全宽	8.1 米
吃水	5.5 米
潜航速度	17 节
潜航深度	200 米

作战性能

　　"奥伯龙"级潜艇装备有8具533毫米鱼雷发射管，艇艏6具，艇尾2具，这是典型的二战时期配置，主要是受到鱼雷攻击范围的限制。"奥伯龙"级潜艇通常携带20枚鱼雷，包括Mk 24声自导鱼雷和MK 8直航鱼雷，还可以进行水雷布设。后期改进型的"奥伯龙"级潜艇，特别是出口到澳大利亚等国的"奥伯龙"级潜艇均可发射CMK–48鱼雷和"鱼叉"导弹，大大提升了作战能力。

英国"拥护者"级常规潜艇

　　"拥护者"(Upholder) 级潜艇是英国在 20 世纪 70 年代末期研制的常规潜艇，共建造了 4 艘，从 1990 年服役至今。

结构解析

　　"拥护者"级潜艇为单艇壳的水滴形艇身设计，艇身由高张力钢制成，可使其拥有较高的潜航速度。艇身宽长比极大，而且压力壳直径大，使得艇内拥有 2 层广阔的甲板。压力壳内分为 3 个水密隔

基本参数	
潜航排水量	2455 吨
全长	70.3 米
全宽	7.6 米
吃水	5.5 米
潜航速度	20 节
潜航深度	200 米

舱间，推进机室与发动机室都位于后段隔舱，发动机室位于推进机具之前，两者之间由隔音舱隔开。

作战性能

　　"拥护者"级潜艇安装有 6 具鱼雷发射管，搭载的鱼雷为"虎鱼"MK 24 型 Mod 2 线导鱼雷，可选用较复杂且较快速的"剑鱼"鱼雷。"拥护者"级潜艇还装备了麦克唐纳·道格拉斯公司研制的潜射"鱼叉"反舰导弹，其采用主动雷达寻的，射程达 130 千米。

法国"红宝石"级攻击型核潜艇

"红宝石"（Rubis）级潜艇是法国研制的第一代攻击型核潜艇，共建造了 6 艘，从 1983 年服役至今。

结构解析

"红宝石"级潜艇的艇体较小，限制了武器筹载、动力输出、持续航行能力以及乘员起居空间等，但也使"红宝石"级拥有较佳的操控性与灵活度。"红宝石"级过小的舰体也带来了另一项明显的困扰，舰体内部没有空间安装完善的隔音、减噪、避震设施，导致轮机装备传入海中的噪声过大。

基本参数	
潜航排水量	2600 吨
全长	72.1 米
全宽	7.6 米
吃水	6.4 米
潜航速度	25 节
艇员	70 人

作战性能

"红宝石"级潜艇在艇首装有 4 具 533 毫米鱼雷发射管，可发射鱼雷和导弹。鱼雷主要为 F-17 Ⅱ 型和 L-5 Ⅲ 型。F-17 Ⅱ 为线导、主/被动寻的型鱼雷，40 节时射程 20 千米。L-5 Ⅲ 为两用鱼雷，主/被动寻的，35 节时射程 9.5 千米。该级潜艇还搭载了 SM-39 "飞鱼"潜射反舰导弹，0.9 马赫时射程 50 千米，战斗部重 165 千克。艇上共可携带鱼雷和导弹共 18 枚，在执行布雷任务时则可携带各型水雷。

法国"梭鱼"级攻击型核潜艇

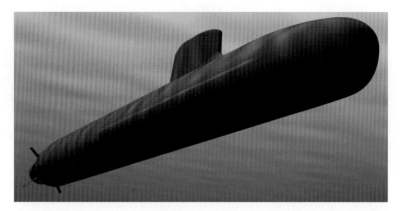

　　"梭鱼"(Barracuda) 级潜艇是法国研制中的最新一级攻击型核潜艇，计划建造 6 艘，首艇预计于 2018 年开始服役。

结构解析

　　"梭鱼"级潜艇采用了先进的流体力学设计，艇体长宽比为 11：1。艇壳直径 8.8 米，指挥台围壳居中靠近艇体艏部，显得苗条而又简洁。动力装置采用了一体化压水堆、电力推进技术和泵喷推进

基本参数	
潜航排水量	5300 吨
全长	99.5 米
全宽	8.8 米
吃水	7.3 米
潜航速度	25 节
潜航深度	350 米

器，并大量应用了减震、降噪技术。该级艇还采用了敷设消声瓦、消除磁特征、减少红外辐射、降低核辐射水平、减少艇外排放物等措施，取得了不错的隐形效果。

作战性能

　　"梭鱼"级潜艇可以配备巡航导弹，以实现远距离深入打击，可执行的任务包括反舰、反潜、对地攻击、情报收集、危机处理和特种作战等。"梭鱼"级潜艇的 4 具鱼雷发射管可以发射总共 20 枚重型武器，包括重型鱼雷、SM39"飞鱼"反舰导弹和"斯卡尔普"海军巡航导弹等。同时，它还可以在尾部携带 1 个吊舱，携带 12 名突击队员。

法国"可畏"级弹道导弹核潜艇

"可畏"(Redoutable)级潜艇是法国建造的弹道导弹核潜艇，共建造了6艘，在1971—2008年服役。

结构解析

"可畏"级潜艇的结构近似水滴形，艇体长宽比为12∶1。该级艇的动力装置为1座压水堆、2台蒸汽轮机，总功率11765千瓦，采用单轴推进。

基本参数	
潜航排水量	9000吨
全长	128米
全宽	10.6米
吃水	10米
潜航速度	25节
潜航深度	200米

作战性能

"可畏"级潜艇安装了4具533毫米鱼雷发射管，可携带18枚鱼雷。该级艇最初2艘上配置有M1潜射弹道导弹，其改良型M2及后续的M20、M4则在随后配置于所有的"可畏"级潜艇上。M20拥有1枚具有120万吨TNT威力的热融合核子弹头，射程约为3974千米。M20的扩大型M4潜射弹道导弹可携带6具15万吨威力的多目标弹头独立重返大气载具(MIRV)，射程达6114千米。

法国"凯旋"级弹道导弹核潜艇

　　"凯旋"(Triomphant) 级潜艇是法国建造的弹道导弹核潜艇，共建造了 4 艘，从 1997 年服役至今。

结构解析

　　"凯旋"级潜艇的艇体为细长水滴形，长宽比为 11 : 1，外形具有光顺的流线型表面。指挥台围壳居中靠近首部，围壳前部置有围壳舵。艇尾水平舵端部设

基本参数	
潜航排水量	14335 吨
全长	138 米
全宽	12.5 米
吃水	12.5 米
潜航速度	25 节
潜航深度	500 米

置了固定板，使其操纵面布置形式呈 H 状，以提高效率，降低噪声。艇壳材料采用 HLES-100 高强度钢，下潜深度可达 500 米。

作战性能

　　"凯旋"级潜艇安装有 16 具弹道导弹发射筒，设计装备 M-51 导弹。该导弹为三级固体燃料导弹，射程 11000 千米，圆概率偏差 300 米。每枚导弹可携带 6 个威力为 15 万吨 TNT 当量的分导式热核弹头。该级艇首部设置 4 具 533 毫米鱼雷发射管，可发射 L5-3 型两用主 / 被动声自导鱼雷或 SM39 "飞鱼"反舰导弹，鱼雷和反舰导弹可混合装载 18 枚。

法国"桂树神"级常规潜艇

"桂树神"(Daphne)级潜艇是法国研制的常规动力潜艇，又称为"女神"级潜艇，法国海军共装备了11艘，在1964—2010年服役。

结构解析

"桂树神"级潜艇被法国认为是设计较好的一型潜艇，其大小适宜、水下航速大、无噪声、水下性能好和装备较强的电子设备，适于反潜使用。该级艇装有2台8PA4-185柴油机、2台电机，双轴推进。1971年，"桂树神"级潜艇改装了武器和电子探测装置。

基本参数	
潜航排水量	1038 吨
全长	57.8 米
全宽	6.8 米
吃水	4.6 米
潜航速度	16 节
潜航深度	300 米

作战性能

"桂树神"级潜艇的主要武器为12具550毫米鱼雷发射管，艇首8具，艇尾4具，备弹为12枚ECANE15型鱼雷。电子设备有DLT-D3型鱼雷发射控制系统、卡里普索对海搜索雷达、DSUV-2被动搜索声呐、DUUA-2主动搜索与攻击声呐、DUUX-2被动声呐等。

法国"阿格斯塔"级常规潜艇

"阿格斯塔"(Agosta) 级潜艇是法国在 20 世纪 70 年代建造的常规动力潜艇，法国海军共装备了 4 艘，在 1977—2001 年服役。

结构解析

"阿格斯塔"级潜艇沿用了法国老式潜艇的双壳体结构，双层壳体之间布置有压载水舱和燃油舱。艏部圆钝，横剖面呈椭圆形。中部为圆柱形流线体。尾部尖瘦，耐压艇体尾部端面为球面模压封头。十字形稳定翼、垂直舵和水平舵对称布置在艇尾部。

基本参数	
潜航排水量	1760 吨
全长	67.6 米
全宽	6.8 米
吃水	5.4 米
潜航速度	20 节
潜航深度	350 米

作战性能

"阿格斯塔"级潜艇安装有 4 具 533 毫米鱼雷发射管，可发射法国制造的 Z16、E14 与 E15、L3 与 L5 以及 F17P 等鱼雷。Z16 为直航式鱼雷，主要用来攻击水面舰艇和大型商船。E14、E15 为单平面被动寻的鱼雷，用来攻击水面舰艇。L3 与 L5 为双平面主动寻的鱼雷，用来攻击潜艇。F17P 为双平面主 / 被动寻的末端线导鱼雷，既能反舰，又能反潜。该级潜艇还能同时携载和发射 SM39 型"飞鱼"反舰导弹、布放 MC23 型水雷以及发射 PIIL 气幕弹。艇上可携载鱼雷或导弹 20 枚，或水雷 36 枚。

法国/西班牙"鲉鱼"级常规潜艇

"鲉鱼"（Scorpène）级潜艇是法国和西班牙联合研制的出口型常规动力潜艇，于2005年开始服役。

结构解析

"鲉鱼"级潜艇采用了"金枪鱼"形的壳体形式，并尽可能减少了体外附属物的数量。艇上主要设备均采取弹性安装，在需要的部位还采用了双层减震。精心设

基本参数	
水上排水量	2000 吨
全长	76.2 米
全宽	6.2 米
吃水	5.5 米
潜航速度	20 节
潜航深度	350 米

计的螺旋桨具有较低的辐射噪声。由于潜艇的耐压壳体采用高拉伸钢建造，故重量轻，可使艇上装载更多的燃料和弹药，并使其随时根据需要下潜至最大深度。

作战性能

"鲉鱼"级潜艇的高度自动化，关键功能的实时分析及冗余设计，使其编制人员数量可减少到31人，正常值班仅需9人。潜艇的所有控制和平台管理功能均可以由控制室来实施。控制室中央设有战术平台，作战管理系统和平台控制系统由平台上的6个多功能通用显控台控制。该级艇安装有6具533毫米鱼雷发射管，可发射18枚鱼雷或30枚水雷。此外，"鲉鱼"级潜艇还可以发射SM39"飞鱼"反舰导弹。

德国 205 级常规潜艇

205 级潜艇是德国在 20 世纪 60 年代研制并服役的柴电动力潜艇，共建造了 13 艘，在 1967—2005 年服役。

结构解析

205 级潜艇是德国于二战后研制的 201 级潜艇的基础上加长艇身、改换新型机械与声呐系统的改进型。它采用单层壳体结构，以便能在浅滩处航行。该级潜艇使用 ST-52 钢板替代了原来 201 级上使用的防磁钢板，因为 201 级潜艇使用的防磁钢板在服役中出现了严重的裂纹缺陷。

基本参数	
潜航排水量	508 吨
全长	43.9 米
全宽	4.6 米
吃水	4.3 米
潜航速度	17 节
潜航深度	100 米

作战性能

205 级潜艇安装有 8 具 533 毫米鱼雷发射管，可发射 8 枚"海豹"鱼雷或 16 枚水雷。"海豹"线导鱼雷主动寻的时射程为 13 千米，航速 35 节。被动寻的时射程 28 千米，航速 23 节。205 级潜艇的动力装置为 2 台四冲程 V12 柴油机、1 台电动机。

德国 206 级常规潜艇

206 级潜艇是德国哈德威造船厂研制的小型近岸柴电潜艇，共建造了18 艘，在 1971—2011 年服役。

基本参数	
潜航排水量	498 吨
全长	48.6 米
全宽	4.6 米
吃水	4.5 米
潜航速度	17 节
潜航深度	200 米

结构解析

由于早期的 201 级潜艇的相关无磁技术尚未成熟，其材料在遭受水压侵蚀时会产生裂纹，所以 206 级潜艇改用了一种新型防磁钢板——ST-52 钢板，具有极好的弹力和动力强度。20 世纪 80 年代后期，206 级潜艇进行了改进，安装了新的 DBQS-21D 声呐、潜望镜、武器控制系统、GPS 导航设备，以及新型鱼雷、推进系统、船员居住设施等。

作战性能

206 级潜艇安装有 8 具 533 毫米鱼雷发射管，可发射 8 枚 DM2A1 型鱼雷（或 DM2A3 型鱼雷），或者 24 枚水雷。冷战期间，小巧灵活的 206 级潜艇被部署在波罗的海浅水处，以便在战争爆发后攻击敌方舰船。它的艇身采用防磁钢板以抵消磁性水雷的威胁，并削弱敌方磁场探测器的搜索能力。

德国 209 级常规潜艇

209 级潜艇是德国在 20 世纪 70 年代研制的一种柴电动力潜艇，共建造了 61 艘，从 1971 年服役至今。

结构解析

209 级潜艇有 1100 型、1200 型、1300 型、1400 型、1500 型 5 个类别，各类别的吨位、武器设备略有差异，但技术性能大体相同。该级艇内安装有应急吹

基本参数	
潜航排水量	1810 吨
全长	64.4 米
全宽	6.5 米
吃水	6.2 米
潜航速度	21.5 节
潜航深度	500 米

除系统，能在事故情况下使潜艇迅速浮到水面。1500 型在艇的耐压舱壁旁装有救生球，直径 2.6 米，可容纳全部艇员。如果潜艇沉没，球体可自行分离，上浮到水面成为救生艇。

作战性能

209 级潜艇的主要武器是位于艇首的 8 具 533 毫米鱼雷发射管，可发射包括线导鱼雷在内的各型鱼雷，原来使用 DM–2A1 反舰鱼雷和 DM–1 反潜鱼雷，后全部换为更先进的 SST–4 和 SUT 反舰 / 反潜两用鱼雷。除此之外，部分 209 级潜艇还安装了"鱼叉"潜射反舰导弹。209 级潜艇可靠性高，操控自动化水平高，使配备的艇员大大减小，只需 31 ~ 40 人，比相同吨位的其他常规潜艇减少了 1/3 以上。

德国 212 级常规潜艇

212 级潜艇是由德国哈德威造船厂所开发设计的柴电动力潜艇，共建造了 8 艘，从 2005 年服役至今。

结构解析

212 级潜艇采用长宽比最佳的水滴形线型，艏部略微下沉，艉部呈尖锥形。舯部偏前有流线型良好的小型指挥台围壳，其上安装有水平舵，尾操纵面为 X 形。

基本参数	
潜航排水量	1800 吨
全长	51 米
全宽	6.4 米
吃水	6.5 米
潜航速度	21 节
潜航深度	200 米

有别于德国常规潜艇以往传统的单壳体结构，212 级潜艇采用混合式壳体，即大部分船体采用单壳体，其余部分则为双壳体。耐压体由前后两个直径不同的圆筒组成，圆筒之间采用加厚板制成的耐压锥体连接，耐压壳体前后两端均采用模压球形封头。

作战性能

212 级艇首安装有 6 具 533 毫米鱼雷发射管，可使用 DM2A4 重型鱼雷、IDAS 短程导弹等，艇上还备有自动化鱼雷快速装填装置。该级艇通常携带 24 枚水雷，40 枚干扰器 / 诱饵等。212 级潜艇的电子设备主要包括搜索潜望镜、攻击潜望镜、1007 型导航雷达、卫星导航定位系统、无线电综合导航系统、电罗经、计程仪和测深仪等。

德国 214 级常规潜艇

214 级潜艇是德国在 209 级潜艇的基础上研制而来的新型常规潜艇，计划建造 15 艘，于 2007 年开始服役。

结构解析

214 级潜艇通过在总体、动力、设备等方面精心研制，获得了一个安静的作战平台。耐压艇体由 HY80 和 HY100 低磁钢建造，强度高、弹性好，下潜深度大于 400 米，不易被敌方磁探测器发现。艇体进行光顺设计，尽量减少表面开口，开口采用挡板结构以便尽可能地减小海水流动噪声。

基本参数	
潜航排水量	1980 吨
全长	65 米
全宽	6.3 米
吃水	6 米
潜航速度	20 节
潜航深度	400 米

作战性能

214 级潜艇采用模块化设计建造技术，将武器系统、传感器和潜艇平台紧密结合成为一体，适合完成各种使命任务，基本代表了目前常规动力潜艇的技术发展水平。该级艇光顺的外形及涂敷在艇体外表面的声波吸附材料对大幅度降低水下目标强度发挥了很大作用，减少了被敌人探测到的概率，增加了自身的声呐探测距离。

意大利"萨乌罗"级常规潜艇

"萨乌罗"(Sauro) 级潜艇是意大利海军二战后的第二代潜艇，共建造了 8 艘，从 1978 年服役至今。

结构解析

"萨乌罗"级潜艇采用水滴形艇形，单壳体结构，耐压壳体由采用 HY80 高强度钢制成的圆柱壳体和艏艉端半球形头构成。动力装置采用单轴柴 – 电推进系统，

基本参数	
潜航排水量	1641 吨
全长	63.9 米
全宽	6.8 米
吃水	5.6 米
潜航速度	19 节
潜航深度	250 米

安装了 3 台柴油机和 1 台主推进电机。"萨乌罗"级潜艇在设计上十分重视提高隐蔽性和降低噪声，艇上广泛采用弹性夹具和基座、减震器和挠性管接头。

作战性能

"萨乌罗"级潜艇的主要武器为 6 具 533 毫米鱼雷发射管（配备"怀特海德"A124 Mod 3 鱼雷，备弹 12 枚），并可携带水雷。该级艇的电子设备有 CSU-90 主 / 被动声呐、AESN MD-100S 阵列声呐、SPEA CCRG 火控系统等。该级艇具有较强的续航能力，以适应远洋航行，通气管状态下续航力为 12500 海里 (4 节)，自持力在 30 天以上。

以色列"海豚"级常规潜艇

　　"海豚"(Dolphin)级潜艇是以色列海军装备的常规动力潜艇，共建造了5艘，从1998年服役至今。

结构解析

　　1991年，在海湾战争爆发后，以色列与德国签订了3艘"海豚"级潜艇的合约，其中2艘为德国赠送，另外1艘为共同出资。首艇"海豚"号在1998年服役，第二艘"黎凡塞"号于1999年服役，第三艘"泰库玛"号于2000年服役。2006年，以色列决定追加2艘"海豚"级订单。

基本参数	
潜航排水量	1900吨
全长	57米
全宽	6.8米
吃水	6.2米
潜航速度	21.5节
潜航深度	300米

作战性能

　　"海豚"级潜艇是德国209级潜艇和212级潜艇的改良型。和212级潜艇相似，"海豚"级潜艇最大的特色在于它多出了一段可供两栖特战人员进出的舱段，而且还装载了潜水推送器以执行输送特种部队的任务，能够胜任侦察和渗透作战。"海豚"级的鱼雷管数量多达10管，能够携带14枚鱼雷。"海豚"级还可以发射美制"鱼叉"级潜射反舰导弹，最大射程达130千米。

瑞典"西约特兰"级常规潜艇

"西约特兰"(Västergötland) 级潜艇是瑞典在 20 世纪 80 年代研制的常规动力潜艇，共建造了 4 艘，从 1987 年服役至今。

结构解析

"西约特兰"级潜艇采用了分段建造法，即潜艇的艏段、舯段和艉段分别建造，建好后再运至一个船厂集中组装，因而大大提高了建造速度。该级艇的动力装置采用柴电推进形式，由 2 台柴油机、1 台推进电机和 2 组蓄电池构成。

基本参数	
潜航排水量	1150 吨
全长	48.1 米
全宽	6.1 米
吃水	5.6 米
潜航速度	20 节
潜航深度	300 米

作战性能

"西约特兰"级潜艇安装有 6 具 533 毫米和 3 具 400 毫米鱼雷发射管，可发射 TP613 型线导反舰鱼雷 (18 枚) 和 TP42 型小型线导反潜鱼雷 (6 枚)。此外，还可由 400 毫米鱼雷管布放 22 枚水雷。由于该级艇在动力、操纵和武器控制方面有着很高的自动化水平，可实现无人机舱，因此人员编制很少。为了适应瑞典海域较浅的特点，该级艇在设计上注重提高浅水活动能力，耐压壳体具有承受 75 米距离爆炸冲击的能力。

瑞典"哥特兰"级常规潜艇

"哥特兰"(Gotland) 级潜艇是世界上第一批装备不依赖空气推进装置的常规潜艇,共建造了 3 艘,从 1996 年服役至今。

结构解析

"哥特兰"级潜艇的艇体为长水滴形,采用单壳体结构,其耐压艇体由 HY-80 和 HY-100 高强度合金钢建造。该级潜艇的整个艇体由双层耐压隔壁分为 2 个水密舱,这样使潜艇的舱室空间得到

基本参数	
潜航排水量	1599 吨
全长	60.4 米
全宽	6.2 米
吃水	5.6 米
潜航速度	20 节
艇员	32 人

了充分利用,以利于改善艇员的居住和生活条件。该艇的前后密封舱段分上下两层布置,在后舱段中装有斯特林不依赖空气推进系统及其辅助设备。

作战性能

"哥特兰"级潜艇所携带的武器不仅性能先进而且种类较多,仅鱼雷就有 3 种,包括 TP2000 型鱼雷、TP613/TP62 型鱼雷以及 TP432/TP451 型鱼雷。TP2000 型鱼雷的航速高达 50 节,航程超过 25 千米,而且具有较大的作战潜深。TP613/TP62 型鱼雷的航速高达 45 节,航程约 20 千米。TP432/TP451 型是具备主动 / 被动寻的装置的线导鱼雷,主要用于自卫。

荷兰"旗鱼"级常规潜艇

　　"旗鱼"(Zwaardvis)级潜艇是荷兰于20世纪60年代研制的常规动力潜艇，共建造了4艘，在1972—1995年服役。

结构解析

　　"旗鱼"级潜艇采用近似圆柱断面的舰体以及水滴形流线舰形，结构为单壳构造，帆罩构型也单纯化与流线化，前水平翼设在帆罩上，舰艉设有十字形尾翼，唯一的1具螺旋桨位于舰艉最末端。

基本参数	
潜航排水量	2620 吨
全长	66.9 米
全宽	8.4 米
吃水	7.1 米
潜航速度	20 节
潜航深度	300 米

作战性能

　　"旗鱼"级潜艇的艇首配置了6具533毫米鱼雷管，舰上鱼雷舱可容纳14枚鱼雷，使用美制MK 37型、MK 48型与NT-37等鱼雷。"旗鱼"级的鱼雷管为游出式，故无法发射导弹或水雷。整体而言，荷兰海军对"旗鱼"级潜艇在服役生涯中的表现极为满意。

荷兰"**海象**"级常规潜艇

"海象"(Walrus) 级潜艇是荷兰研制的常规动力潜艇, 共建造了 4 艘, 从 1990 年服役至今。

结构解析

"海象"级潜艇是在"旗鱼"级潜艇的基础上改进而成的, 主尺度、排水量、外观均与后者相近。艇形与"旗鱼"级潜艇一样为水滴形, 但尾控制面为 X 形, 从而提高了操纵性能。这不仅与"旗鱼"级潜艇不同, 也与其他西方国家潜艇惯用的十字形尾舵不同。

基本参数	
潜航排水量	2800 吨
全长	67.7 米
全宽	8.4 米
吃水	6.6 米
潜航速度	25 节
潜航深度	450 米

作战性能

"海象"级潜艇的使命是参与荷兰海军与北约的军事行动, 利用鱼雷和导弹攻击潜艇和水面舰艇, 执行侦察与其他特种作战任务。该级艇在 9 节航速下, 续航能力高达 10000 海里, 能够持续在海上执行 60 天任务。"海象"级潜艇装有 4 具 533 毫米鱼雷发射管, 艇上可以携带 20 枚鱼雷 (其中鱼雷发射管中 4 枚, 另外有 16 枚备雷)。

澳大利亚"柯林斯"级常规潜艇

"柯林斯"(Collins) 级潜艇是澳大利亚海军最新型的常规动力潜艇，共建造了 6 艘，从 1996 年服役至今。

结构解析

"柯林斯"级潜艇采用的是单壳体结构，2 层连续甲板。为了提高总体性能，降低艇体重量，艇体是采用瑞典产的抗拉伸高强度钢制成。这种合金钢比 HY80 及

基本参数	
潜航排水量	3353 吨
全长	77.8 米
全宽	7.8 米
吃水	6.8 米
潜航速度	20 节
潜航深度	255 米

HY100 镍铬钢更易焊接和加工。"柯林斯"级潜艇采用圆钝首、尖锥尾的过渡形线型，流线型指挥台围壳上装有水平舵。全艇仅首端和尾端设有主压载水舱，中部为单壳体。

作战性能

"柯林斯"级潜艇的前端配备有 6 具 533 毫米鱼雷发射管，能够发射 Mark 48 型线导主 / 被动寻的鱼雷，这种鱼雷在 55 节时射程为 38 千米，40 节时射程为 50 千米，其弹头重达 267 千克。此外，该级潜艇还能发射波音公司研制的"鱼叉"反舰导弹，该艇一共能够携带 22 枚导弹或鱼雷以及 44 枚水雷。

阿根廷 TR-1700 级常规潜艇

TR-1700 级潜艇是德国蒂森北海造船厂为阿根廷海军建造的常规潜艇，计划建造 6 艘，截至 2017 年 5 月仅有 2 艘建成服役。

结构解析

TR-1700 级潜艇安装有 4 台 MTU 柴油发动机和 4 台发电机，其配备的西门子电动机可以推动潜艇达到 25 节的水下航速。此外，艇上还安装了 8 组 120V 电池。所有潜艇都配备了可以连接深潜救生艇的

基本参数	
潜航排水量	2264 吨
全长	66 米
全宽	7.3 米
吃水	6.5 米
潜航速度	25 节
潜航深度	300 米

设备。TR-1700 级潜艇安装的电子设备包括汤普森 CSF "海中女神" 雷达、阿特拉斯电子 CSU 3/4 声呐、汤姆森 "辛特拉" DUUX-5 声呐等。

作战性能

TR-1700 级潜艇拥有水下高航速、高自持力、高生存力的特性，其下潜深度为 300 米，自持力由普通潜艇的 30 天延长到高达 70 天。TR-1700 级潜艇的主要武器是 6 具 533 毫米鱼雷发射管，可发射 22 SST 或 Mk 37 型鱼雷，鱼雷的自动装填系统可以在 50 秒内完成再装填。

克罗地亚"尤纳"级常规潜艇

"尤纳"（Una）级潜艇是克罗地亚斯普利特造船厂建造的小型常规潜艇，共建造了 6 艘，主要装备南斯拉夫海军和克罗地亚海军，在 1985—2005 年服役。

结构解析

"尤纳"级常规潜艇的体积较小，潜艇上部艇壳全长各处均比较狭窄，在海面上不易惹人注意。克罗地亚版本和南斯

基本参数	
潜航排水量	87.6 吨
全长	18.82 米
吃水	2.4 米
潜航速度	8 节
潜航深度	120 米

拉夫版本存在区别，前者通气管的进气 / 出气管道安装于尾鳍处，而南斯拉夫版本没有鳍状物。

作战性能

"尤纳"级常规潜艇具有离艇 / 再进入的能力，并且可以布雷。该级艇可携带 6 名蛙人和 4 艘蛙人输送艇以及水下爆破弹。"尤纳"级常规潜艇的电池仅可在海岸或是靠补给舰充电，限制了潜艇的续航能力。

日本"汐潮"级常规潜艇

　　"汐潮"(Yūshio) 级潜艇是由日本三菱重工和川崎重工建造的常规动力攻击潜艇,共建造了 10 艘,在 1980—2006 年服役。

结构解析

　　"汐潮"级潜艇采用双壳水滴形舰体、单轴五叶式螺旋桨,十字尾翼与舰艉水平翼位于帆罩上。在"汐潮"级建造的 10 年间,电子科技的进步相当迅速,导致"汐潮"级早期型与后期型在装备上有不小的差别。

基本参数	
潜航排水量	2900 吨
全长	76 米
全宽	9.9 米
吃水	7.4 米
潜航速度	20 节
潜航深度	300 米

作战性能

　　"汐潮"级潜艇总共能携带 20 枚鱼雷,前 4 艘"汐潮"级潜艇最初仅配备美制 MK 37C 或日本自制的 89 式鱼雷,后 6 艘改良型"汐潮"级潜艇则增加了使用美制"鱼叉"反舰导弹的能力,而后前四艘陆续回厂翻修时也追加了这个能力。89 式鱼雷堪称 MK 48 型的日本版,直径为 533 毫米,重达 1.579 吨,导引方式为线导 + 主 / 被动声呐寻标,最大攻击深度 900 米,最大射程约 50 千米,以最大航速 55 节则可航行约 38 千米。

日本"春潮"级常规潜艇

　　"春潮"（Harushio）级潜艇是日本于20世纪80年代末开始建造的常规动力潜艇，共建造了7艘，从1990年服役至今。

结构解析

　　"春潮"级潜艇在设计上延续前型的"涡潮"级、"汐潮"级一脉传承的基本构型，包括双壳水滴形舰体、十字形尾舵、单轴、前水平翼位于帆罩上等。但在舰体长度上增长1米，直径略增，排水量增大，在艇员居住舒适性、舰体材料、潜航续航力、静音能力、水下侦测等方面都有许多改进。

基本参数	
潜航排水量	3200 吨
全长	77 米
全宽	10 米
吃水	7.7 米
潜航速度	20 节
潜航深度	400 米

作战性能

　　"春潮"级潜艇的武器装备主要是潜射型"鱼叉"反舰导弹和日本89式自导鱼雷，由6具533毫米鱼雷发射管发射。该级艇的主要作战使命是反潜和攻击大型水面舰艇，因此在设计上体现了"5个方面性能的改进提高"：一是进一步提高水下续航时间；二是提高其安静性；三是提高搜索和攻击能力；四是提高鱼雷和导弹的性能；五是改善居住性，不至于造成陆上和艇上居住性能的极大反差。

日本"亲潮"级常规潜艇

"亲潮"(Oyashio)级潜艇是日本于20世纪90年代初开始建造的常规动力潜艇,共建造了11艘,从1998年服役至今。

结构解析

"亲潮"级潜艇沿袭了日本潜艇惯用的水滴形艇身设计,但与"春潮"级和"汐潮"级的复壳式艇身结构不同,"亲潮"级改用单壳、复壳并用的复合结构,其艇身中央的耐压船壳裸露,并且艇身的构型也不如以往圆滑,艇身的排水口大幅减少。

基本参数	
潜航排水量	4000 吨
全长	81.7 米
全宽	8.9 米
吃水	7.4 米
潜航速度	20 节
潜航深度	500 米

作战性能

"亲潮"级潜艇的鱼雷发射管布置方式与以往的日本潜艇不同,虽然鱼雷室仍设置在艇身中段,但以往是将6座鱼雷发射管以上下并列方式从前段艇身两侧凸出,"亲潮"级潜艇的发射管则向艇首前移,两侧发射管各以一前两后的方式配置,并且是从舰体中心朝外斜向发射。"亲潮"级艇内共装备20枚鱼雷和导弹,包括最大射程38～50千米的89式线导鱼雷和潜射式"鱼叉"反舰导弹。

日本"苍龙"级常规潜艇

"苍龙"（Sōryū）级潜艇是日本在二战后建造的吨位最大的潜艇，计划建造9艘，于2009年开始服役。

结构解析

"苍龙"级潜艇的外形与"亲潮"级潜艇基本相同，后者的指挥台围壳和艇体上层建筑的横截面呈倒V形锥体结构，其艇体和指挥台围壳的侧面敷设了吸声材料，主要目的是提高对敌人主动声呐探测的声隐形性。"苍龙"级在继承"亲潮"级这一优点的同时，进一步在艇体上层建筑的外表面也敷设了声反射材料，使该级潜艇的声隐形性能得到进一步提高。

基本参数	
潜航排水量	4200 吨
全长	84 米
全宽	9.1 米
吃水	8.5 米
潜航速度	20 节
潜航深度	500 米

作战性能

"苍龙"级潜艇装载的鱼雷和反舰导弹等各种武器装备基本上与"亲潮"级潜艇相同，但是艇上武器装备的管理却采用了新型艇内网络系统。此外，艇上作战情报处理系统的计算机都采用了成熟商用技术。该级艇装备的是6具533毫米鱼雷发射管，与"亲潮"级潜艇上装备的鱼雷发射管完全相同。

第 7 章
舰载机

　　舰载机是海军航空兵的主要作战武器之一，是在海洋战场上夺取和保持制空权、制海权的重要力量。它可用于攻击空中、水面、水下和地面目标，并执行预警、侦察、护航、布雷、扫雷等任务。

美国 F-4 "鬼怪 II" 战斗机

F-4 "鬼怪 II"(Phantom II) 战斗机是美国麦克唐纳公司研制的双发战斗机，在 1960—1996 年服役。

基本参数	
机身长度	13.8 米
机身高度	3.96 米
翼展	10.2 米
最大起飞重量	12300 千克
最大速度	1242 千米／时
最大航程	954 千米

结构解析

F-4 战斗机采用悬臂式下单翼，悬臂全动式整体平尾，下反角 23 度，以避开机翼尾流。平尾前缘增加了缝翼。后缘襟翼和外侧前缘襟翼都有附面层吹除装置。后期的 E、F 型改用前缘缝翼，取消吹气装置。机翼下侧起落架舱后方有 1 块液压驱动的减速板。机翼为全金属结构，外翼可折起。

作战性能

F-4 是美国第二代战斗机的典型代表，各方面的性能都比较好，不但空战性能好，对地攻击能力也很强。F-4 装有 1 门 M61A1 六管加特林机炮，9 个外挂点的最大载弹量达 8480 千克，包括普通航空炸弹、集束炸弹、电视和激光制导炸弹、火箭弹。该机的缺点是大迎角机动性能欠佳，高空和超低空性能略差，起降时对跑道要求较高。

美国 F-6 "天光" 战斗机

　　F-6 "天光"(skyray)战斗机是美国道格拉斯公司研制的舰载战斗机，在 1956—1964 年服役。

结构解析

基本参数	
机身长度	13.8 米
机身高度	3.96 米
翼展	10.2 米
最大起飞重量	12300 千克
最大速度	1242 千米／时
最大航程	1900 千米

　　F-6 战斗机的主机翼采用中单翼、低展弦比和大后掠角的设计，机身两侧翼根部设计有进气道。由于该机需要做大迎角起飞和降落，后机身下部装有 1 个可收缩的尾机轮，作为正常前三点式起落架的补充。尾机轮根部安装有舰艉钩。驾驶舱的位置非常靠前，并装有弹射座椅。

作战性能

　　F-6 战斗机被称为 "十分钟杀手"，曾经五破爬高速度世界纪录。该机的武器包括 4 门柯尔特 M12 型 20 毫米口径的机炮，每门备弹 70 发。不过，由于 4 门机炮的炮口过于靠近，机炮经常被拆除。后期生产型共有 7 个外挂点，总共可以负担 1800 千克重量的外挂物，包括副油箱、火箭发射巢、导弹等。

美国 F-8 "十字军" 战斗机

F-8 "十字军" (Crusader) 战斗机是沃特飞机公司研制的舰载超音速战斗机，在 1957—1976 年服役。

结构解析

F-8 战斗机的突出特点是采用可变安装角机翼，起飞着陆期间，飞机上的液压自锁作动筒可把机翼安装角调大 7 度，这样既增加升力，又使机身基本上与飞行甲板或跑道保持平行，避免因机头抬起而影响飞行员的视界。

基本参数	
机身长度	16.53 米
机身高度	4.8 米
翼展	10.87 米
最大起飞重量	13000 千克
最大速度	1975 千米／时
最大航程	2795 千米

作战性能

F-8 战斗机事故率低，机动性能好，是 20 世纪 50 年代末至 60 年代中期美国海军的主力舰载战斗机之一。该机装有 4 门 20 毫米口径的机炮，每门备弹 85 发。机身两侧各有 2 个武器挂架，可挂 4 枚 "响尾蛇" 空对空导弹，也可挂 8 枚 127 毫米口径的 "阻尼" 火箭弹。

美国 F-11 "虎" 式战斗机

F-11 "虎" (Tiger) 式战斗机是美国研制的单座战斗机,在 1956—1961 年服役。

结构解析

F-11 战斗机的机身为圆筒形,机身在机翼安装位置明显变窄。进气口位于机身两侧、座舱右下方。飞行员座舱在机头的安装位置相当靠前,座舱盖向

基本参数	
机身长度	14.3 米
机身高度	4 米
翼展	9.6 米
最大起飞重量	10663 千克
最大速度	1170 千米／时
最大航程	2050 千米

后滑动开启。尖削、下倾的机头为飞行员提供了良好的前视视野,这对于在航空母舰上安全降落至关重要。双轮前起落架向后收入前机身,单轮主起落架则收入机身起落架舱。

作战性能

F-11 "虎" 式战斗机与 F-8 "十字军" 战斗机几乎同时进入美国海军服役,F-8 战斗机的速度比 F-11 战斗机快得多,作为武器平台更令人满意。虽然 F-11 战斗机的海平面速度快于 F-8 战斗机,操纵品质也更好,但它在 10675 米高度的速度比 F-8 战斗机慢得多,爬升率和作战半径也稍逊一筹。此外,莱特 J65 发动机的可靠性也一直不佳,而且当时它已经达到了潜能的极限,这也注定了 F-11 战斗机的服役时间不会很长。

美国 F-14 "雄猫" 战斗机

F-14"雄猫"(Tomcat)战斗机是美国格鲁曼公司研制的舰载战斗机，在1974—2006年服役。

结构解析

F-14战斗机采用双发、双垂尾、变后掠中单翼的气动布局，机头略微向下倾，有利于飞行员的视界。座舱前后纵列布置，飞行员在前，雷达官在后，机背以小角度向后延伸，然后再和主机

基本参数	
机身长度	19.1 米
机身高度	4.88 米
翼展	19.54 米
最大起飞重量	33720 千克
最大速度	2485 千米／时
最大航程	2960 千米

身平行融合。机身两侧进气，采用当时流行的斜切矩形进气口二元进气道以提高大迎角性能。

作战性能

F-14战斗机装备1门20毫米口径的M61机炮，还可发射AIM-54"不死鸟"、AIM-7"麻雀"和AIM-9"响尾蛇"等空对空导弹，以及各类炸弹。该机装备的AN/AWG-9远程火控雷达系统功率高达10千瓦，可在120～140千米的距离上锁定敌机。F-14战斗机还装备了当时独有的数据链，可将雷达探测到的资料与其他F-14战斗机分享，其雷达画面能显示其他F-14战斗机探测到的目标。

美国 F/A-18 "大黄蜂" 战斗 / 攻击机

F/A-18 "大黄蜂" (Hornet) 是美国研制的舰载单座双发超音速多用途战斗 / 攻击机，于 1983 开始服役。

结构解析

F/A-18 战斗 / 攻击机采用双发后掠翼和双立尾的整体布局，机翼为悬臂式的中单翼，后掠角不大，前缘装有全翼展机动襟翼，后缘内侧有液压动作的襟

基本参数	
机身长度	17.1 米
机身高度	4.7 米
翼展	11.43 米
最大起飞重量	23400 千克
最大速度	1814 千米 / 时
最大航程	3330 千米

翼和副翼。机身采用半硬壳结构，主要采用轻合金，增压座舱采用破损安全结构，后机身下部装着舰用的拦阻钩。尾翼也采用悬臂式结构，平尾和垂尾均有后掠角，平尾低于机翼。起落架为前三点式，前起落架上有供弹射起飞用的牵引杆。

作战性能

F/A-18 战斗 / 攻击机的主要特点是可靠性和维护性好，生存能力强，大仰角飞行性能好以及武器投射精度高。F/A-18 的前 4 个机型都为 9 个挂载点，其中翼端 2 个、翼下 4 个、机腹 3 个，外挂载荷最高可达 6215 千克。新型的 F/A-18E/F "超级大黄蜂" 的武器挂点有所增加，不但能携带更多的武器，而且可外挂多达 5 个副油箱，并具备空中加油能力。

美国 F-35C "闪电 II" 战斗机

F-35C "闪电 II" 战斗机是美国海军的新一代舰载战斗机，为 F-35 联合攻击战斗机 (JSF) 的 3 种基本类型之一，预计于 2019 年开始服役。

结构解析

F-35C 战斗机的外形很像 F-22 战斗机的单发动机缩小版，其隐形设计借鉴了 F-22 战斗机的很多技术与经验。F-35C 战斗机采用古德里奇公司为其量身定制的起落架系统，配备固特异公司

基本参数	
机身长度	15.7 米
机身高度	4.33 米
翼展	10.7 米
最大起飞重量	31800 千克
最大速度	1931 千米／时
最大航程	2220 千米

制造的特殊轮胎，轮胎中内置了传感器和发射装置，可以监测胎压胎温。

作战性能

F-35C 战斗机在战机世代上属于第五代战斗机，具备较高的隐形设计、先进的电子系统以及一定的超音速巡航能力，并且是第一款用头盔显示器完全替代抬头显示器的战斗机。该机装有 1 门 25 毫米口径的 GAU-12/A "平衡者" 机炮，还可以挂载 AIM-9X、AIM-120、AGM-88、AGM-154、AGM-158、海军打击导弹、远程反舰导弹等多种导弹武器，并可使用多种炸弹和核弹，火力十分强劲。

美国 A-1 "天袭者" 攻击机

A-1 "天袭者"(Skyraider) 攻击机是美国道格拉斯公司研制的螺旋桨攻击机，在 1946—1985 年服役。

结构解析

A-1 攻击机采用全金属半硬壳式铝合金结构机身、全金属悬臂式下单翼，机翼为梯形平直翼。机翼上反角为 6 度，安装角为 4 度。尾翼布局为常规倒 T 形

基本参数	
机身长度	11.84 米
机身高度	4.78 米
翼展	15.25 米
最大起飞重量	11340 千克
最大速度	518 千米／时
最大航程	2115 千米

布局，平尾无上下反角，垂尾和平尾后缘有全翼展方向舵和升降舵。A-1 攻击机采用后三点式起落架，每个起落架都是单机轮构型，主起落架向后收入机翼的同时，机轮旋转 90 度平放入轮舱。

作战性能

A-1 攻击机安装有 2 门 20 毫米口径的 M3 机炮，每门备弹 200 发。在机腹中线和两侧内翼段下方有 3 个大型主挂架，机腹挂架可挂载 1633 千克外挂物，内翼挂架可挂载 1361 千克的外挂物。此外，在每侧外翼段下方还有 6 个小型挂架，每个可挂载 227 千克的外挂物，但是限于结构强度，每侧外翼段小型挂架的外挂物总重不能超过 1134 千克。

美国 A-3 "空中战士" 攻击机

A-3 "空中战士"(Skywarrior) 攻击机是美国道格拉斯公司研制的舰载重型攻击机，在 1956—1991 年服役。

结构解析

为适应发动机配置方式及长距离飞行的要求，A-3 攻击机使用结构极为坚实的上肩式后掠单翼。巨大的尾翼结构呈十字形配置，水平尾翼略为上反角扬

基本参数	
机身长度	23.36 米
机身高度	6.94 米
翼展	22.1 米
最大起飞重量	37195 千克
最大速度	981 千米／时
最大航程	3380 千米

起，垂直尾翼也可向右折叠，以减少在航母机库内的高度限制。起落装置为前三点式单轮伸缩起落架，鼻轮向前收入舱内。左右主轮则向后收入翼下两侧活动舱门内，机尾下方并有尾钩装置。

作战性能

在 "北极星" 导弹核潜艇服役以前，A-3 攻击机一直充当着美国海军核打击能力的主力角色。受益于重型机身的设计，后来又发展出电子战、侦察、空中加油等多项改型。A-3 攻击机的主要武器为 2 门 30 毫米口径的机炮，并可携带 5800 千克炸弹。

美国 A-4 "天鹰" 攻击机

A-4 "天鹰" (Skyhawk) 攻击机是美国道格拉斯公司研制的单座舰载攻击机，在 1956—2003 年服役。

结构解析

A-4 攻击机的机身采用半硬体式结构，分成前机身、后机身两部分。后机身可拆卸以便于维修发动机，同时两旁均有减速板。部分 A-4 攻击机则在机身中段有一隆起的 "驼峰"，以便放置新添的航空电子设备仪器。A-4 攻击机的三角翼设计使得它不需要折叠即可用于美国海军的航空母舰上，不至于占据太大的空间。

基本参数	
机身长度	12.22 米
机身高度	4.57 米
翼展	8.38 米
最大起飞重量	11136 千克
最大速度	1077 千米／时
最大航程	3220 千米

作战性能

A-4 攻击机执行攻击任务时，最大作战半径可达 1158 千米。机头左侧带有空中受油设备，在进行空中加油之后，作战半径和航程都有较大的增加。A-4 攻击机的机翼根部下侧安装有 2 门 20 毫米口径的 MK-12 火炮，每门备弹 200 发。机上有 5 个外挂点，机身下和两翼下各有 1 个武器挂架，可挂载普通炸弹、空地导弹和空空导弹，最大载弹量为 4150 千克。由于 A-4 攻击机的设计精巧，载弹量大，维护简单，出勤率高，在几次局部战争中都有上佳表现。

美国 A-5 "民团团员" 攻击机

A-5 "民团团员" (Vigilante) 攻击机是北美航空公司研制的超音速攻击机，在 1961—1979 年服役。

结构解析

A-5 攻击机的机身为半硬壳式结构，发动机装于座舱后面加宽的机身内。该机的主要结构多为铝合金，靠近发动机处的隔框和蒙皮采用钛合金，还有一些部位为超高强度钢。为便于维护和在舰上停放，可将机头的雷达罩向上折起。

基本参数	
机身长度	23.32 米
机身高度	5.91 米
翼展	16.16 米
最大起飞重量	21605 千克
最大速度	2123 千米／时
最大航程	2909 千米

作战性能

根据设计要求，A-5 攻击机实际上是一种超音速核轰炸机，也是美国最大最重的舰载飞机，其最大载弹量达 5.2 吨，其最大起飞重量近 32 吨。尽管采用了下垂前缘和吹气襟翼等增升措施，仍然只能在 "中途岛" 级大型航空母舰上起降。由于低空性能较差，载弹方式也比较单一，适应不了常规局部战争的需要，因此 A-5 攻击机从 1964 年起就开始退役，后来主要被改作战术侦察机。

美国 A-6 "入侵者" 攻击机

A-6 "入侵者"(Intruder) 攻击机是格鲁曼公司研制的一款重型舰载攻击机，在 1963—1997 年服役。

结构解析

A-6 攻击机的机身为普通全金属半硬壳结构，安装 2 台发动机的机身腹部向内凹，可带半露式军械。后机身两侧有减速板，由于打开时处于发动机喷气

基本参数	
机身长度	16.69 米
机身高度	4.93 米
翼展	16.15 米
最大起飞重量	26580 千克
最大速度	1040 千米／时
最大航程	5222 千米

流中，减速板由不锈钢制成。起落架为可收放前三点式，前起落架为双轮式，向后收起，主起落架为单轮式，向前然后向内收入进气道整流罩内，后机身腹部有着陆钩。

作战性能

与当时的超音速战机相较，A-6 攻击机的机翼设计在亚音速非常有效率，该设计也使得 A-6 攻击机在有效载荷时仅能飞行于亚音速领域。A-6 攻击机的机翼设计也使其能携带各种大小的弹药。除传统攻击能力外，A-6 攻击机在设计上也具有携带并发射核炸弹的能力，但该功能从未使用过。A-6 攻击机能够在任何恶劣的天气中以超低空飞行，穿过敌方的搜索雷达网，正确地摧毁敌军阵地、目标。

美国 A-7 "海盗 II" 攻击机

A-7 "海盗 II" (Corsair II) 攻击机是美国沃特飞机公司研制的单座战术攻击机，在 1967—1991 年服役。

结构解析

A-7 攻击机是一种上单翼单座战术攻击机。进气口位于机头雷达罩下方。后掠式机翼有明显的下反角，水平尾翼有上反角，垂直尾翼上端切去一角，以降低机身高度，便于在航空母舰上停放。机身和机翼下共有 8 个外挂架，可挂载多种武器。

基本参数	
机身长度	14.06 米
机身高度	4.89 米
翼展	11.80 米
最大起飞重量	19050 千克
最大速度	1065 千米／时
最大航程	2485 千米

作战性能

A-7 攻击机是美国海军第一架配备有现代抬头显示器、惯性导航系统与涡扇发动机的作战机种。A-7A 为第一种量产机型，配备 1 具 AN/APN-153 导航雷达及 1 具 AN/APQ-99 对地攻击雷达。早期美国海军的 A-7A 均配有 2 门 20 毫米口径的机炮与 500 发弹药。虽然 A-7 攻击机理论上的最大载弹量为 6804 千克，但受到最大起飞重量的限制，一旦采用最大载弹量则必须严格限制内装油量。

美国 AV-8B "海鹞 II" 攻击机

AV-8B "海鹞 II"（Harrier II）攻击机是美国麦克唐纳·道格拉斯公司生产的短距/垂直起降攻击机，1985 年开始服役。

结构解析

AV-8B 攻击机采用悬臂式上单翼，小展弦比后掠机翼，翼根厚，翼稍薄。机翼下装有下垂副翼和起落架舱，两翼下各有 1 个较小的辅助起落架，轮径较小，起飞后向上折叠。AV-8B 在减重

基本参数	
机身长度	14.12 米
机身高度	3.55 米
翼展	9.25 米
最大起飞重量	14000 千克
最大速度	1083 千米／时
最大航程	2200 千米

上下了很大的功夫，其中采用复合材料主翼是主要改进项目之一。据估计，以复合材料制造的主翼要比金属制造的同样主翼轻了 150 千克。AV-8B 攻击机的机身前段也使用了大量的复合材料，估计减掉了大约 68 千克的重量。

作战性能

AV-8B 攻击机安装了前视红外探测系统，夜视镜等夜间攻击设备，夜间战斗能力很强。该机的起飞滑跑距离不到 F-16 战斗机的 1/3，适于前线使用。AV-8B 机身下有 2 个机炮/弹药舱，各装 1 门 5 管 25 毫米口径的机炮，备弹 300 发。该机还有 7 个外挂挂架，可挂载 AIM-9L "响尾蛇" 导弹、AGM-65 "小牛" 导弹，以及各类炸弹和火箭弹。

美国 P-2 "海王星" 海上巡逻机

P-2 "海王星" (Neptune) 海上巡逻机是美国洛克希德公司设计生产的海上巡逻机, 在 1947—1984 年服役。

结构解析

P-2 海上巡逻机细长的机身中段没有窗户, 为电子作战席或炸弹舱。前部安装有一个对平直上单翼, 翼上安装 R3350 型空冷活塞发动机 2 台, 后期型有翼尖油箱。前部是对海面观察 (投弹) 透明窗及驾驶舱, 电子操纵手则坐在驾驶舱后。机尾从垂尾根开始向后延伸一个长形结构, 是反潜磁探仪的安装位置。机身下凸起为安装搜索雷达天线罩。前三点起落架可收入机头及发动机短舱内。

基本参数	
机身长度	23.72 米
机身高度	8.56 米
翼展	30.48 米
最大起飞重量	29076 千克
最大速度	515 千米 / 时
最大航程	6406 千米

作战性能

P-2 海上巡逻机的主要用途为海上巡逻、侦察和反潜作战, 该机可以外加 2 具喷气式发动机达成螺旋桨和喷气式双发动机模式, 低速巡航时可以单独启动螺旋桨系统, 高速时则同时启动 4 具发动机。P-2 海上巡逻机可以携炸弹、水雷、鱼雷、深水炸弹、声呐等器材, 是一种非常有效的海上巡逻机。

美国 P-3 "猎户座" 海上巡逻机

P-3 "猎户座"(Orion) 海上巡逻机是美国洛克希德公司研制的海上巡逻 / 反潜机，从 1961 年服役至今。

结构解析

P-3 海上巡逻机采用正常式布局，悬臂下单翼，传统铝合金结构，按破损安全原则设计，增压机舱。该机的动力装置为 4 台艾利逊公司的 T56-A-14 涡轮螺旋桨发动机，单台功率为 3661 千瓦。

基本参数	
机身长度	35.61 米
机身高度	10.27 米
翼展	30.37 米
最大起飞重量	64410 千克
最大速度	761 千米／时
转场航程	8945 千米

作战性能

P-3 海上巡逻机的机翼前有 1 个 3.91 米长的弹舱，机翼下有 10 个挂架，可以携带鱼雷、深水炸弹、沉底水雷、火箭发射巢、反舰导弹、空对空导弹等，还可以携带各种声呐浮标、水上浮标、照明弹等。该机的主要机载电子设备功能强大，有 AN/APS-115 机载搜索雷达、AN/ASW 飞行控制系统、AN/ASQ-114 通用资料计算机、AQS 磁异探测器、ASA-64 水下异常探测器、ARR-72 声呐信号接收机以及 ALQ-64 电子对抗设备等。

美国 P-8 "波塞冬" 海上巡逻机

P-8 "波塞冬" (Poseidon) 海上巡逻机是波音公司研制的海上巡逻机，于 2013 年开始服役。

结构解析

P-8 海上巡逻机的设计源自波音 737 客机，它比 P-3 海上巡逻机的螺旋桨动力有更大效能和巡航力，平均高出 30％。机身采用铝合金半硬壳式结构，

基本参数	
机身长度	39.47 米
机身高度	12.83 米
翼展	37.94 米
最大起飞重量	85820 千克
最大速度	907 千米／时
最大航程	2222 千米

起落架为液压可收放前三点式，应急时可靠重力自行放下。机翼采用悬臂式中单翼，尾翼、方向舵、升降舵等处广泛采用了玻璃钢结构。

作战性能

P-8 海上巡逻机由 2 具喷气式发动机推动，速度远超 P-3 海上巡逻机，内部的大空间也能安装更多装备，翼下也能挂载更多武器。P-8 海上巡逻机有 5 个内置与 6 个外置武器挂载点，可以使用 AGM-84 "鱼叉" 导弹和 AGM-65 "小牛" 导弹，还可挂载 15000 千克炸弹、鱼雷或水雷等武器。该机装有雷神公司研制的 AN/APY-10 雷达，具有 6 种不同的工作模式。

美国 S-2 "搜索者" 反潜机

S-2 "搜索者" (Tracker) 反潜机是格鲁曼公司研制的舰载双发反潜机，在 1954—1976 年服役。

结构解析

S-2 反潜机采用梯形上单翼，凸起式并列双座驾驶舱，机翼安装 2 台莱特 R-1820-82 星形发动机 (S-2E) 或者盖瑞特 TPE331-15AW 涡轮螺旋桨发动机 (S-2T)。

基本参数	
机身长度	13.26 米
机身高度	5.33 米
翼展	22.12 米
最大起飞重量	11860 千克
最大速度	450 千米／时
最大航程	2170 千米

作战性能

S-2 反潜机是一种集搜索与攻击于一身的反潜飞机，可以挂载鱼雷与深水炸弹。该机的反潜设备为 AN/APS-38 对海雷达与 AQS-10 磁异侦测器，雷达可侦测到 16 ~ 32 千米距离外的潜艇呼吸管，磁异侦测器则装在机尾 1 根可伸缩 4.8 米的长杆上，可以侦测 300 米深的异常磁场信号。电子战设备为 AN/APA-69 干扰器，安装在驾驶舱上方。

美国 S-3 "维京" 反潜机

S-3 "维京"(Viking) 反潜机是美国洛克希德公司生产的双发喷气式反潜机，从 1974 年服役至今。

结构解析

S-3 反潜机采用悬臂式上单翼，在内翼下吊装 2 台涡轮风扇发动机，位置比较靠近机身，以便使用单台发动机飞行，从而节省油耗。机身为全金属半硬壳式破损安全结构，分隔式武器舱带有蚌壳式舱门。外段机翼和垂直尾翼可以折叠，以便于舰载。

基本参数	
机身长度	16.26 米
机身高度	6.93 米
翼展	20.93 米
最大起飞重量	23831 千克
最大速度	795 千米／时
最大航程	5121 千米

作战性能

为了长时间在海上搜索潜艇，S-3 反潜机采用低耗油量的通用动力 TF34-GE-24 涡轮风扇发动机，而在机尾也有长长的磁异探测器去帮助搜寻潜艇。该机采用 AN/ALR-47 型 ECM 电子战系统，具有电子支援 (ESM)、电子情报收集 (ELINT)、雷达侦测 (RWR) 三种功能。S-3 反潜机的武器仓和翼下挂架可挂载常规炸弹、深水炸弹、空投水雷、鱼雷及火箭巢等武器。

美国 E-1 "追踪者" 预警机

E-1 "追踪者"(Tracer) 预警机是美国海军的一种舰载预警机，在1958—1977 年服役。

结构解析

E-1 预警机是一种螺旋桨式空中预警机，机身短粗呈流线型，安装有 2 台涡轮螺旋桨发动机，有 4 人增压驾驶舱和作战舱，机身顶部有 6.10×9.14 米的

基本参数	
机身长度	13.82 米
机身高度	5.13 米
翼展	22.05 米
最大起飞重量	12091 千克
最大速度	383 千米／时
最大航程	1666 千米

巨型雷达天线罩，内装 1 个直径为 5.33 米的监视雷达天线，转速为 6 转 / 分。

作战性能

E-1 预警机是美国海军第一代实用舰载预警机，它的问世不但是早期空中预警技术的重大发展，更引起了当时空中和地面的战略战术的一场变革。该机的工作频率为 2850 ~ 2910MHz，扫描范围为 360 度扇形，探测距离达 315 千米。E-1 预警机可以同时对探测范围内的空中和地面目标进行监视，并可在夜间和各种气象条件下利用"塔康"敌我识别器进行敌我识别。

美国 E-2 "鹰眼" 预警机

E-2 "鹰眼" (Hawkeye) 预警机是美国格鲁曼公司研制的一款舰载预警机,从 1964 年服役至今。

结构解析

E-2 预警机采用高单翼,半硬壳结构设计,垂直安定面共有 4 片。两边机翼上各有 1 具涡轮螺旋桨发动机,驱动 8 片桨叶的螺旋桨。E-2 预警机在外观上最大的特征就是位于机背的圆形雷达罩,雷达罩的气动构造经过特殊设计,在飞行时可以产生升力,借此减少因装设雷达而制造的空气阻力。

基本参数	
机身长度	17.54 米
机身高度	24.56 米
翼展	5.58 米
最大起飞重量	23850 千克
最大速度	626 千米／时
最大航程	3000 千米

作战性能

与水面船舰的雷达相较,E-2 预警机不受地形与地平线造成的搜索范围限制,而居高临下的搜索方式使得任何空中的敌机或导弹都无所遁形。E-2 预警机可在离航空母舰数百千米外进行探测预警作业,并指挥提供防空护卫的战斗机拦截敌方飞行目标。此外,E-2 预警机配备有数据链,可将资料传输给整个战斗群的舰艇,因此其功能不再局限于指挥战斗机中队作战。

美国 E-3 "望楼" 预警机

E-3 "望楼" (Sentry) 预警机是美国波音公司生产的全天候空中预警机，从 1977 年服役至今。

结构解析

E-3 预警机是波音公司根据美军"空中警戒和控制系统"计划研制的全天候远程空中预警和控制机，具有下视能力及在各种地形上空监视有人驾驶飞

基本参数	
机身长度	46.61 米
机身高度	12.6 米
翼展	44.42 米
最大起飞重量	156000 千克
最大速度	855 千米／时
最大航程	7400 千米

机和无人驾驶飞机的能力。该机于 1975 年 10 月首次试飞，1977 年开始服役。除美国外，英国、法国和沙特阿拉伯等国都在使用。

作战性能

E-3 预警机是直接在波音 707 商用机的机身上，加装了旋转雷达模组及陆空加油模组。雷达直径为 9.1 米，中央厚度为 1.8 米，使用 2 根 4.2 米长的支撑架撑在机体上方。AN/APY-1/2 水平旋转雷达可以监控地面到同温层之间的空间。E-3 预警机使用 4 台普惠 TF33-PW-100/100A 发动机，单台推力为 93 千牛。

美国 EP-3 "白羊座" 电子战飞机

　　EP-3 "白羊座" 电子战飞机是美国 P-3 "猎户座" 海上巡逻机的电子战飞机改型，从 1969 年服役至今。

结构解析

　　EP-3 电子战飞机机腹下的碟形天线是其最醒目的识别特征，另外在机腹、机背、机翼末梢也布置了很多整流天线罩和刀型、号角型天线。EP-3 机内设有 24 个固定座位，19 个为机组所用。

基本参数	
机身长度	35.57 米
机身高度	10.27 米
翼展	30.36 米
最大起飞重量	64400 千克
最大速度	780 千米／时
最大航程	5400 千米

作战性能

　　EP-3 电子战飞机的主要任务为电子监听，其机载电子设备多由得克萨斯州 L-3 通信综合系统公司提供，主要电子设备包括 ALQ-76 电子干扰器、ALQ-78 自动化电子支持措施、ALQ-108 敌我识别器干扰器、ALR-132 红外线干扰器、ALR-52 自发式频率量测装备、AAR-37 红外线侦测器等。该机的动力装置为 4 台艾里逊公司的 T56-A-14 涡桨发动机，单台功率为 3450 千瓦。EP-3 电子战飞机的续航时间超过 12 小时，航程超过 5400 千米。

美国 EA-6 "徘徊者" 电子战飞机

EA-6 "徘徊者"(Prowler) 电子战飞机是美国格鲁曼公司研制的舰载电子战飞机，由 A-6 攻击机改进而来，于 1964 年开始服役，主要有 A 型和 B 型两种型号。

结构解析

EA-6A 电子战飞机与 A-6 攻击机在外观上最大的差异是前者加装在垂直安定面顶部的荚舱，用来容纳 ALQ-86 接收机 / 侦测系统所使用的 30 个天线。此外，两边机翼的空气刹车面也被取消。

基本参数	
机身长度	17.7 米
机身高度	4.9 米
翼展	15.9 米
最大起飞重量	27500 千克
最大速度	920 千米／时
最大航程	3861 千米

原先 A-6 机身内部支援对地攻击的航空电子系统大部分都被拆除，不过有限度的全天候轰炸能力仍被保留。EA-6B 电子战飞机大幅改进了 EA-6A 的设计，加长了机身，机组成员由 2 名增加到 4 名，其中 1 名为飞行员，另外 3 名为电子对抗装备操作员。

作战性能

EA-6 电子战飞机安装有 2 台普惠 J52-P408 发动机，单台推力为 46 千牛。其垂尾翼尖上有 1 个较大的天线，里面有灵敏侦察接收机，能够探测远距离的雷达信号。该机可以携带最多 5 具 ALQ-99 战术干扰系统荚舱，还可以携带 AGM-88 "哈姆" 反辐射导弹，用于攻击敌方地面雷达站。

美国 E/A-18G "咆哮者" 电子战飞机

E/A-18G "咆哮者"(Growler) 电子战飞机是由美国波音公司生产的高性能电子战飞机，从 2009 年服役至今。

结构解析

EA-18G 电子战飞机由赫赫有名的 F/A-18E/F "超级大黄蜂" 战斗 / 攻击机改装而成，外形上与 F/A-18F 基本相同，保留 F/A-18F 的所有外挂点，同时有 70% 的电子战系统与 EA-6 "徘徊者" 电子战飞机通用。

基本参数	
机身长度	18.31 米
机身高度	4.88 米
翼展	13.62 米
最大起飞重量	29964 千克
最大速度	1900 千米 / 时
最大航程	2346 千米

作战性能

EA-18G 电子战飞机拥有强大的电磁攻击能力，凭借诺斯罗普·格鲁曼公司为其设计的 ALQ-218V(2) 战术接收机和新的 ALQ-99 战术电子干扰吊舱，它可以有效地压制地对空导弹的雷达系统。该机还可挂载和投放多种武器，其中包括 "哈姆" 反辐射导弹和 AIM-120 空对空导弹。虽然 EA-18G 电子战飞机没有内置机炮，但其具备一定的空战能力，不仅足以自卫，甚至可以执行护航任务。

美国 SH-3 "海王" 直升机

SH-3 "海王"（Sea King）直升机是美国西科斯基公司研制的一款中型通用直升机，于 1961 年 9 月开始服役。

结构解析

"海王"直升机在机身顶部并列安装了 2 台 T58-GE-8B 涡轮轴发动机，旋翼和尾桨都为 5 片。机身为矩形截面、船身造型，能够随时在海面降落。机身左右两侧各设 1 具浮筒以增加横侧稳定

基本参数	
机身长度	16.7 米
机身高度	5.13 米
旋翼直径	19 米
最大起飞重量	10000 千克
最大速度	267 千米／时
最大航程	1000 千米

性，后三点式起落架能够收入浮筒及机身尾部。舱内可以放置搜索设备或人员物资，机身侧面设有大型舱门方便装载。

作战性能

"海王"直升机的任务装备非常广泛，典型的配置为 4 枚鱼雷、4 枚水雷或 2 枚"海鹰"反舰导弹。"海王"直升机具有全天候作战能力，可载 2 名声呐员，携带声呐设备、深水炸弹和可制导鱼雷等共计 380 千克的装备品，进行 4 小时以上的海上反潜作业。

美国 SH-60 "海鹰" 直升机

SH-60 "海鹰" (Seahawk) 直升机是美国研制的一款中型舰载直升机，于 1983 年开始服役，目前主要使用的是 B 型和 F 型。

结构解析

SH-60 直升机与 UH-60 "黑鹰" 通用直升机有 83% 的零部件是通用的。由于海上作战的特殊性，"海鹰"的改进比较大，机身蒙皮经过特殊处理，以适应海水的腐蚀。此外，还增加了旋翼

基本参数	
机身长度	19.75 米
机身高度	5.2 米
旋翼直径	16.35 米
空重	6895 千克
最大速度	333 千米／时
最大航程	834 千米

刹车系统和旋翼自动折叠系统。SH-60B 直升机的平尾比较特别，是方形而不是 UH-60 的梯形，可向上折叠竖在垂尾两边。SH-60F 直升机是 SH-60B 的航空母舰操作版本，重新设计了航电、任务电子装备和武器系统。

作战性能

SH-60 直升机的主要反潜武器为 2 枚 MK 46 型声自导鱼雷，但在执行搜索任务时，可以将这 2 枚鱼雷换成 2 个容量为 455 升的副油箱。SH-60B 和 SH-60F 直升机主要区别在于反潜方法不同：前者主要依赖驱逐舰上的声呐发现敌方潜艇，然后飞近可疑区域对目标精确定位并发起攻击；后者则用于航空母舰周围的短距反潜，主要依赖其 AQS-13F 悬吊声呐探测雷达。

美国 V-22 "鱼鹰" 倾转旋翼机

V-22 "鱼鹰"（Osprey）倾转旋翼机是由美国贝尔公司和波音公司联合研制的一款倾转旋翼机，2007 年开始服役。

结构解析

V-22 倾转旋翼机在机翼两端各有 1 个可变向的旋翼推进装置，包含劳斯莱斯 T406 涡轮轴发动机及由 3 片桨叶所组成的旋翼，整个推进装置可以绕机翼轴由朝上与机前之间转动变向，并能

基本参数	
机身长度	17.5 米
机身高度	11.6 米
翼展	14 米
空重	15032 千克
最大速度	565 千米／时
最大航程	1627 千米

固定在所需方向，因此能产生向上的升力或向前的推力。这转换过程一般在十几秒钟内完成。当 V-22 推进装置垂直向上，产生升力，便可以像直升机一样垂直起飞、降落或悬停，其操纵系统可改变旋翼上升力的大小和旋翼升力倾斜的方向，可以使飞机保持或改变飞行状态。

作战性能

V-22 倾转旋翼机将直升机和固定翼飞机的特点和长处集于一体，实现了二者的完美结合。总体来说，V-22 倾转旋翼机具有速度快、噪声小、振动小、航程远、载重量大、耗油率低、运输成本低等优点，但也有技术难度高、研制周期长、气动特性复杂、可靠性及安全性低等缺陷。

美国 C-2 "灰狗" 运输机

C-2 "灰狗"（Greyhound）运输机是美国海军装备的一款双引擎舰载运输机，由 E-2 预警机衍生而来。

结构解析

C-2 运输机保留了 E-2 预警机原有的机翼及动力装置（2 台艾利森 T56 发动机），但扩大了机身，并在机尾设有装卸坡道。C-2 运输机的机翼可以折叠，并配备了辅助动力系统，可提供自给自足的电力，以便其在偏远地区运作。

基本参数	
机身长度	17.3 米
机身高度	4.85 米
翼展	24.6 米
空重	15310 千克
最大速度	635 千米／时
最大航程	2400 千米

作战性能

C-2 运输机的有效载荷高达 4545 千克，机舱可以容纳货物、乘客或二者兼载，并配置了能够运载伤者，充任医疗护送任务的设备。C-2 运输机能在短短几小时内，直接由岸上基地紧急载运需要优先处理的货物（例如战斗机的喷气发动机等）至航空母舰上。此外，机上还配备了运输架及载货笼系统，加上货机大型的机尾坡道、机舱大门和动力绞盘设施，让 C-2 运输机能在航空母舰上快速装卸物资。

美国 MQ-8 "火力侦察兵"无人机

MQ-8 "火力侦察兵"(Fire Scout) 无人机是美国格鲁曼公司研制的一款垂直起降无人机，主要型号包括 A 型、B 型和正在研制的 C 型。

结构解析

MQ-8 无人机充分利用成熟的直升机技术和零部件，仅对机身和燃油箱做了一些改进，而机载通信系统和电子设备又采用了格鲁曼公司自家的"全球鹰"无人机所使用的系统，这样做有利于节

基本参数	
机身长度	7.3 米
机身高度	2.9 米
旋翼直径	8.4 米
空重	940 千克
最大速度	213 千米／时
最大航程	203 千米

省成本和缩短研发周期。MQ-8A 和 MQ-8B 无人机在外形上区别较大，MQ-8A 无人机的旋翼有 3 个桨叶，而 MQ-8B 无人机的旋翼有 4 个桨叶。

作战性能

MQ-8 无人机可在战时迅速转变角色，执行包括情报、侦察、监视、通信中继等在内的多项任务。同时，这种做法还可为今后进行升级改造预留充足的载荷空间。MQ-8 无人机具备挂载"蝰蛇打击"智能反装甲滑翔弹和"九头蛇"低成本精确杀伤火箭的能力，也可以使用"地狱火"导弹和以色列拉斐尔公司的"长钉"导弹。

美国 RQ-20 "美洲狮" 无人机

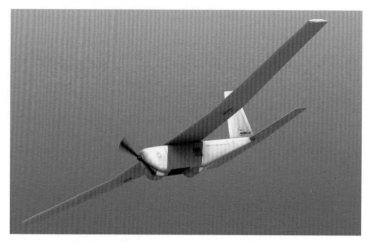

RQ-20 "美洲狮"（Puma）无人机是美国航宇环境公司研制的小型手持式无人机，可以提供滞空 120 分钟以上的自动空中情报、监视与侦察能力。

结构解析

RQ-20 无人机携载有 1 部光电照相机、1 部红外照相机以及 1 部红外照明灯，该机可以分解为多个模块，使用时，从包裹中取出并投放到空中，整个过程只需要不到 5 分钟的时间。除了可以在海水或淡水中降落外，RQ-20 无人机上舰并不需要对海军舰船进行任何的改装。这些舰船不需要任何的发射装备或者辅助降落装备。

基本参数	
机身长度	1.4 米
翼展	2.8 米
最大起飞重量	5.9 千克
最大速度	83 千米／时
最大航程	15 千米
实用升限	3000 米

作战性能

RQ-20 无人机可以在非常狭小的区域内使用，这是它能够同时被多个军种采购的原因之一。该机的发射也非常简单，只需要一名操作人员通过手持抛射升空。2008 年，RQ-20 无人机被美国特种作战司令部小批量订购用于试用，其良好的适用性得到了各个军种的青睐。

美国 RQ-21 "黑杰克" 无人机

RQ-21 "黑杰克"（Blackjack）无人机是美国因西图公司研制的小型无人机，于 2012 年 7 月首次试飞。

结构解析

整个"黑杰克"系统包括 5 架无人机、2 个地面控制站、1 具弹射器和 1 套"天钩"拦阻索系统。RQ-21 无人机为双翼撑、单发、单翼飞机，采用蒸汽弹射器发

基本参数	
机身长度	2.5 米
翼展	4.9 米
最大起飞重量	61 千克
最大速度	138 千米／时
最大航程	93 千米
实用升限	5944 米

射，"天钩"拦阻索系统回收，有效载荷由光电传感器、中波红外成像仪、红外标记器和激光测距仪组成。

作战性能

RQ-21 无人机不需要专门的发射轨道，因此具备一定的全地形发射回收能力，既能由陆上基地发射，也能在舰艇甲板上发射，且所需甲板空间非常小，作战部署灵活性较强。因西图公司发布的数据显示，RQ-21 无人机的巡航时速为 102 千米，续航能力为 24 小时。

美国"扫描鹰"无人机

"扫描鹰"（Scan Eagle）无人机是美国波音公司和因西图公司联合研制的一款无人侦察机。

结构解析

整个"扫描鹰"系统包括 2 架无人机、1 个地面或舰上控制工作站、通信系统、弹射起飞装置、回收装置和运输贮藏箱。"扫描鹰"无人机通过气动弹射发射架发射升空，既可按预定路线飞行，也可由地面控制人员遥控飞行。

基本参数	
机身长度	1.19 米
翼展	3.1 米
空重	15 千克
最大速度	80 千米／时
续航时间	20 小时以上
实用升限	4876 米

作战性能

"扫描鹰"无人机可以将机翼折叠后放入贮藏箱，从而降低了运输的难度。机上的数字摄像机可以 180 度自由转动，具有全景、倾角和放大摄录功能，也可装载红外摄像机进行夜间侦察或集成其他传感器。

美国 X-47B 无人机

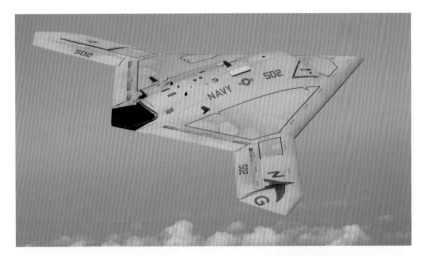

X-47B 无人机是诺斯罗普·格鲁曼公司研制的试验型无人战斗机，目前已经被终止发展。

结构解析

X-47B 无人机的尺寸直逼美国海军现役的 F/A-18E/F"超级大黄蜂"战斗 / 攻击机，其外形与 B-2 隐形轰炸机极其相似，被称为缩小版的 B-2。X-47B 无

基本参数	
机身长度	11.63 米
机身高度	3.1 米
旋翼直径	18.92 米
最大起飞重量	20215 千克
巡航速度	1103 千米 / 时
最大航程	3889 千米

人机是无尾翼机，对所有波段的雷达波的隐形性能都极高。因为没有尾翼可以在着陆时采用大迎角便于减速，而且也不会影响到视野。

作战性能

X-47B 无人机的时速只有 0.9 马赫左右，载荷能力不到 2 吨，作战半径为 3700 千米，而美军一直没有为 X-47B 无人机量身定制出小型化、精度高、威力足够的配套武器。在这种情况下，X-47B 无人机能勉强执行远程情报、监视和侦察任务，但实在无法应付长程对地攻击任务。此外，X-47B 无人机的打击效能也备受质疑。

俄罗斯 Yak-38 战斗机

Yak-38 是雅克夫列夫实验设计局为苏联海军研制的一款舰载垂直起降战斗机，1975 年开始批量生产。

结构解析

Yak-38 战斗机是专门为在"基辅"级航空母舰上使用而设计的，机身和折叠机翼的尺寸与"基辅"级航母的升降机相适应。Yak-38 战斗机安装有 3 台

基本参数	
机身长度	16.4 米
机身高度	4.3 米
翼展	7.3 米
最大起飞重量	11300 千克
最大速度	1280 千米／时
最大航程	1300 千米

发动机，包括机尾的推进／升举发动机，以及驾驶舱后方的 2 台升举发动机。Yak-38 战斗机的主翼与其他大多数舰载机一样可以向上折叠，以节省存放空间。

作战性能

Yak-38 战斗机没有内装式武器，每侧机翼下面各有 2 个挂架，共可挂 2000 千克外挂物，包括机炮吊舱（内装 23 毫米双管机炮）、火箭发射架、炸弹（重 500 千克）、"黑牛"空对地导弹、"破甲"反舰导弹、"蚜虫"空对空导弹或副油箱等。

俄罗斯苏 –33 战斗机

苏 –33 "海侧卫" 战斗机是苏联苏霍伊设计局研制的舰载单座战斗机，由苏 –27 战斗机衍生而来。

结构解析

基本参数	
机身长度	21.9 米
机身高度	5.9 米
翼展	14.7 米
最大起飞重量	33000 千克
最大速度	2300 千米 / 时
最大航程	3000 千米

苏 –33 战斗机的机身结构与苏 –27 基本相同，都由前机身、中央翼和后机身组成。该机增大了主翼面积，并对机身主要承力结构进行了大幅加强。前起落架支柱直接与机身主承力结构连接，加强了前起落架的结构强度，并且改用了双前轮。主起落架直接连接在机身侧面的尾梁上。

作战性能

苏 –33 战斗机主要部署于俄罗斯唯一的现役航空母舰 "库兹涅佐夫" 号上，由于 "库兹涅佐夫" 号航空母舰采用 "滑跃" 甲板而非与美国航空母舰一样使用弹射器，因此苏 –33 需要依赖本身动力起飞，起飞时不能满载油弹（为了避免飞离甲板的瞬间机身过重翻覆）是它的致命缺陷，故无法跟美国海军战斗机一样执行远洋作战。苏 –33 安装有 1 门 30 毫米口径的 GSh–30–1 机炮，有 12 个武器挂点，最大武器荷载 8000 千克。

俄罗斯米格 –29K 战斗机

　　米格 –29K 战斗机是苏联米高扬设计局在 MiG–29 陆基型战斗机的基础上改进而来的舰载战斗机，1988 年 7 月 23 日首次试飞。

结构解析

　　米格 –29K 战斗机的机翼外段可上折，加强了起落架和后机身的结构，加装了减速板、拦阻钩和空中加油装置。驾驶舱的视野也得到改善，内部配置有零 – 零弹射座椅，紧急弹射时可自动避开航空母舰上的舰岛。

基本参数	
机身长度	17.3 米
机身高度	4.4 米
翼展	12 米
最大起飞重量	24500 千克
最大速度	2200 千米／时
最大航程	3000 千米

作战性能

　　米格 –29K 是一种多功能全天候舰载战斗机，机载设备得到进一步改善。该机配备的"甲虫"多功能雷达，可进行方位角电子扫描，雷达搜索距离达 100 千米。该机还配备有重量很轻的头盔瞄准具、惯性导航系统和仪表着陆系统等。为了增大航程，机上还配备有空中加油系统，其空中受油管安装在驾驶舱左前方。

俄罗斯卡 –25 反潜直升机

卡 –25 直升机是苏联卡莫夫设计局研制的一款舰载反潜直升机，北约代号为"激素"（Hormone）。

结构解析

卡 –25 直升机采用 2 副共轴反转 3 片桨叶旋翼，桨叶可自动折叠，采用吊舱加尾梁式机体。不可收放四点式起落架。机轮周围可安装充气浮囊，可提供水上漂浮能力。驾驶舱内有正、副驾驶员座椅。

基本参数	
机身长度	9.75 米
机身高度	5.37 米
旋翼直径	15.7 米
最大起飞重量	7500 千克
最大速度	209 千米／时
最大航程	400 千米

作战性能

卡 –25 直升机的主要任务为探测敌方的核潜艇。在反潜时，卡 –25 直升机的机舱可搭载 2 ~ 3 名系统操作员，载客时则可容纳 12 个折叠座椅。该机的动力装置（后期型）为 2 台 TTA–3BM 涡轮轴发动机，并排装在舱顶旋翼主轴前方，单台功率 738 千瓦。

俄罗斯卡 –27 反潜直升机

　　卡 –27 反潜直升机是苏联卡莫夫设计局研制的一款舰载直升机，从 1982 年服役至今。

结构解析

　　卡 –27 反潜直升机机身采用传统的半硬壳式结构，机身两侧带有充气浮筒，紧急情况下可在水上降落。为适应在海上使用，机身材料采用抗腐蚀金属。由

基本参数	
机身长度	11.3 米
机身高度	5.5 米
旋翼直径	15.8 米
最大起飞重量	12000 千克
最大速度	270 千米／时
最大航程	980 千米

于共轴双旋翼的先进性能，卡 –27 反潜直升机的升重比高，总体尺寸小，机动性好，易于操纵。此外，卡 –27 反潜直升机的零件要比传统设计的直升机少 1/4，而且大多数与俄罗斯陆基直升机相同。

作战性能

　　卡 –27 反潜直升机一般有 2 架编队执行任务，一架追踪敌方潜艇，另一架投放深水炸弹。该机的主要武器包括 1 枚 406 毫米口径的自导鱼雷、1 枚火箭弹、10 枚 PLAB 250–120 炸弹和 2 枚 OMAB 炸弹。Ka–27 的动力装置为 2 台 1660 千瓦的 TV3–117V 涡轮轴发动机，并排安装在机舱上面旋翼轴的前方，装有自动同步系统。

英国"塘鹅"反潜机

"塘鹅"(Gannets)反潜机是英国费尔雷公司研发的舰载反潜机，在1955—1978年服役。

结构解析

"塘鹅"反潜机由1台涡轮螺旋桨发动机推动，其最独特之处是采用了2具四叶同轴反转螺旋桨。乘员为3人，分别是最前方的驾驶员，中间的反潜器

基本参数	
机身长度	13米
机身高度	4.2米
旋翼直径	16.6米
最大起飞重量	10657千克
最大速度	500千米/时
最大航程	995千米

操作员和最后的雷达操作员（面向后方）。由于"塘鹅"机身后方的雷达令其横向稳定性不足，故要在水平尾翼加上垂直稳定翼。作为舰载机，"塘鹅"的机翼可向上折起。

作战性能

"塘鹅"反潜机的机身有内置式弹舱，可携带907千克炸弹（或深水炸弹、水雷），或在翼下2个挂架携带同样重量的火箭弹。该机的动力装置为1台阿姆斯特朗·西德利"双曼巴"100型发动机，输出功率为2199千瓦。

英国"山猫"直升机

　　"山猫"(Lynx)直升机是英、法联合研制的通用直升机，由英国韦斯特兰直升机公司负责设计工作，分为陆军型和海军型。

结构解析

　　"山猫"直升机的座舱为并列双座结构，采用 4 片桨叶半刚性旋翼和 4 片桨叶尾桨，旋翼桨叶可人工折叠，海军型的尾斜梁也可人工折叠。

基本参数	
机身长度	15.2 米
机身高度	3.7 米
旋翼直径	12.8 米
最大起飞重量	4535 千克
最大速度	289 千米／时
最大航程	630 千米

作战性能

　　"山猫"直升机速度快、机动灵活、易于操纵和控制，其座舱可容纳 1 名驾驶员和 10 名武装士兵。舱内可载货物 907 千克，外挂能力为 1360 千克。"山猫"直升机的海军型可使用鱼雷、深水炸弹、空对舰导弹等武器。1982 年 4 月 25 日的一次反潜作战中，"山猫"直升机和"黄蜂"直升机将阿根廷的"圣菲"号潜艇一举击沉。

英国"海鹞"战斗／攻击机

"海鹞"（Sea Harrier）战斗／攻击机是英国宇航公司研制的垂直起降战斗／攻击机，主要装备英国海军和印度海军，在1978—2016年服役。

结构解析

"海鹞"战斗／攻击机是由霍克·西德利"鹞"式战斗机发展而来，配备了劳斯莱斯"飞马"Mk 104推力可转向涡扇发动机。当飞机垂直起飞时，"飞马"发动机前后四个喷管转到垂直向下的位置，

基本参数	
机身长度	14.2米
机身高度	3.71米
翼展	7.6米
最大起飞重量	11900千克
最大速度	1182千米／时
最大航程	3600千米

在喷气反作用力的作用下产生向上的推力，使飞机垂直上升；短距起飞时，喷管水平向后产生向前的推力，使飞机滑行加速，然后喷管迅速向下旋转60度，再借助机头甲烷喷嘴的作用，使飞机飞离地面起飞。

作战性能

"海鹞"战斗／攻击机的固定武器为2门30毫米机炮，7个挂架的最大外挂重量为3630千克，可挂载导弹、炸弹、火箭弹和副油箱等。自诞生之日起，"海鹞"战斗／攻击机就一直处于很尴尬的位置，虽然具有垂直起降的特点，但续航力差、火力弱的缺点却一直为人们所诟病。

法国"阵风"M 型战斗机

"阵风"M 型 (Rafale M) 战斗机是法国达索公司研制的舰载双发单座战斗机，于 1991 年 12 月首次试飞，2000 年 12 月开始服役。

结构解析

"阵风"M 型战斗机采用三角翼配合近耦合前翼，以及先天不稳定气动布局，以达到高机动性，又同时保持飞行稳定。该机大部分部件和升降副翼用碳纤维复合材料制造，部件安装接头用铝锂合金制造。

基本参数	
机身长度	15.3 米
机身高度	5.3 米
翼展	10.8 米
最大起飞重量	22200 千克
最大速度	2390 千米／时
最大航程	3700 千米

作战性能

"阵风"M 型战斗机有着非常出色的低速可控性，借着前翼导引气流下行经主翼，减少涡流，使降落速度可低至 135 千米/时。"阵风"M 型战斗机可以在 400 米长的跑道操作，非常适合舰载起降。"阵风"M 型战斗机装有 1 门 30 毫米口径的 GIAT 30 机炮，备弹 125 发。此外，还有 13 个外挂点，可挂载 9500 千克武器。

法国"超军旗"攻击机

"超军旗"(Super Etendard)攻击机是法国达索公司研制的舰载单发攻击机,于1978年开始服役。

结构解析

"超军旗"攻击机的机身为全金属半硬壳式结构,机身中部两侧下方有带孔的减速板。机身后段可拆除以进行发动机更换。梅西尔希斯巴诺公司制造的起落架主、前起落架均为单轮。前轮向后收,主轮则向内收入机翼与机身。减速伞(只有在地面机场降落时才使用减速伞)位于垂尾与平尾后缘连接处的整流罩内。

基本参数	
机身长度	14.3米
机身高度	3.9米
翼展	9.6米
最大起飞重量	11500千克
最大速度	1180千米/时
最大航程	3400千米

作战性能

"超军旗"攻击机安装有2门30毫米口径的德发机炮,机身挂架可挂250千克炸弹,翼下4个挂架每个可携400千克炸弹,右侧机翼可挂1枚AM39"飞鱼"空对舰导弹,还可挂R550"魔术"空对空导弹或火箭弹等武器。"超军旗"攻击机的动力装置1台非加力型8K-50发动机,额定推力为5000千克。

法国 AS 565 "黑豹" 直升机

AS 565 "黑豹" (Panther) 直升机是欧洲直升机公司研制的轻型多用途直升机，1984 年开始服役。

结构解析

"黑豹" 直升机采用转子式尾旋叶，可伸缩轮式起落架。为降低红外辐射信号，"黑豹" 直升机的机体涂有低红外反射的涂料。为了使座舱适应贴地飞行，采用了夜视目镜。

基本参数	
机身长度	13.7 米
机身高度	4.1 米
旋翼直径	11.9 米
最大起飞重量	4250 千克
最大速度	296 千米／时
最大航程	875 千米

作战性能

"黑豹" 直升机整个机体可经受以 7 米／秒的垂直下降速度碰撞，燃油系统能经受 14 米／秒坠落速度的碰撞。该机的动力装置为 2 台 TM333-1M 涡轮轴发动机，每台功率为 680 千瓦。机身两侧的外挂架可携带 44 枚 68 毫米火箭，2 个 20 毫米口径的机炮吊舱，或者 8 枚 "马特拉" 空对空导弹。

欧洲 NH-90 直升机

NH-90 直升机是德国、法国、意大利、荷兰联合研制的中型通用直升机，从 2007 年服役至今。

结构解析

为了能在未来严酷的作战环境中担负多种任务，NH-90 直升机采用了大量高科技。机身由全复合材料制成，隐形性好，抗冲击能力较强。4 片桨叶旋翼和无

基本参数	
机身长度	16.13 米
机身高度	5.23 米
旋翼直径	16.3 米
空重	6400 千克
最大速度	300 千米／时
最大航程	800 千米

铰尾桨也由复合材料制成，并采用了弹性轴承，可抵御 23 毫米炮弹攻击。油箱采用了最先进的自封闭式设计，被击中后不容易起火。

作战性能

NH-90 直升机的动力装置为 2 台 RTM322-01/9 涡轮轴发动机，单台功率为 1600 千瓦。该机有足够的空间装载各种设备，或安置 20 名全副武装士兵的座椅，通过尾舱门跳板还可运载 2000 千克级战术运输车辆。NH-90 直升机还可携带反舰导弹执行反舰任务，或为其他平台发射的反舰导弹实施导引或中继。

奥地利 S-100 无人机

S-100 无人机是奥地利西贝尔公司研制的无人直升机，主要用户为阿联酋武装部队和德国海军。

结构解析

S-100无人机的外形尺寸相对较小，但却具有较大的航程和有效载荷能力。该机没有提供固定的有效载荷，主要有2个有效载荷舱，可根据客户的需求综合配置多种有效载荷。S-100 无人机的机身采用碳纤维硬壳式结构，具有优良的强度／重量比，能达到载荷能力与续航能力的最大化。

基本参数	
机身长度	3.11 米
机身高度	1.12 米
机身宽度	1.24 米
空重	110 千克
最大速度	222 千米／时
最大航程	180 千米

作战性能

S-100 无人机可以垂直起飞和降落，而不需要发射和回收设备，在战术环境中能达到高性能和易操控性的平衡。操作员一般采用两种模式控制 S-100 无人机的飞行：一种是通过简单的指向和点击用户图形界面设定飞行程序自动飞行；另一种是手动操控飞行。S-100 无人机的系统设计很合理，安装了综合检查装置和自动防故障装置，这大大减少由于操作员错误操作造成的危害，也最大限度减少了操作员培训需要。

第 8 章
舰载武器

　　舰载武器主要包括舰炮、反舰导弹、舰对空导弹、潜射弹道导弹、反弹道导弹、鱼雷、水雷、深水炸弹等，这些武器是海军舰艇的火力来源，在战争中发挥着巨大作用。

美国 RIM-7 "海麻雀" 舰对空导弹

RIM-7 "海麻雀"（Sea Sparrow）导弹是美国海军研制的短程舰对空导弹，从 1976 年服役至今。

结构解析

"海麻雀"导弹呈细长圆柱形，头部为锥形，尾部为收缩截锥形。导弹采用全动翼式气动布局，2 对弹翼配置在弹中部，起到舵和副翼双重作用，产生升力和控制力。2 对固定尾翼用来控制稳定性，翼和尾翼均呈 X 形布置。基本型沿用 AIM-7E 空对空导弹的结构，但尾翼翼尖切去了一点，弹翼改为折叠式。

基本参数	
全长	3.6 米
直径	0.2 米
总重	228 千克
最大射程	22 千米
最大射高	3 千米
最大速度	2.5 马赫

作战性能

早期的"海麻雀"导弹由于需要手工操纵火控系统，因此反应时间较长，低空性能差，不能对付反舰导弹。随着美国海军不断对其进行改进，"海麻雀"导弹逐渐成为美国海军的全天候、近程、低空、点防御舰对空导弹，可用于对付低空飞机、反舰导弹、巡航导弹等。

美国 RIM-8 "黄铜骑士" 舰对空导弹

RIM-8 "黄铜骑士" (Talos) 导弹是美国海军第一种远程舰对空导弹，同时也是第一种可以同时对空与对舰射击的导弹，在 1959—1979 年服役。

结构解析

"黄铜骑士"导弹的弹体为圆柱体，由两级串连而成，第一级为 1 个固体助推器，其尾部装有稳定尾翼，第二级采用 1 台冲压喷气发动机，发动机长 0.71 米，采用煤油和一种挥发油混合而成的液体燃

基本参数	
全长	11.6 米
直径	0.7 米
总重	3538 千克
最大射程	185 千米
最大射高	24.4 千米
最大速度	2.5 马赫

料。该导弹采用旋转弹翼式气动布局，控制舵面在弹体中部，在弹体后部为尾翼，它们均按 X 状布置，并处在同一个平面内。

作战性能

"黄铜骑士"导弹的体积相当庞大，弹体长达 11.6 米。为了收藏于甲板下方，导弹在储存阶段是以水平方式方置，加上导引与控制的雷达与电子系统，使得能够安装"黄铜骑士"导弹的舰艇较为有限，服役的数量远不如其他两种当时一起服役的舰对空导弹。

美国 RIM-24 "鞑靼人" 舰对空导弹

RIM-24 "鞑靼人" (Tartar) 导弹是美国海军舰艇装备的中程舰对空导弹，于 1962 年开始服役。

结构解析

"鞑靼人" 导弹各个型号之间在数量和尺寸上有所差异。最初使用 MK 11 型双臂式发射器，以后均使用的 MK 13 型和 MK 22 型单臂式发射器。"鞑靼人"

基本参数	
全长	4.6 米
直径	0.34 米
总重	581 千克
最大射程	16 千米
最大射高	15.2 千米
最大速度	1.8 马赫

导弹使用固体火箭推进器，以及半主动雷达导引头，战斗部为破片杀伤型。

作战性能

除了对空防御的功能外，"鞑靼人" 导弹还具备对水面目标的攻击能力。在 1962 年已经可以对付 13 ~ 18 千米范围内水面目标。西方国家当时并没有一款专用的反舰导弹（北约的反舰导弹从 1967 年才开始发展），因此 "鞑靼人" 成为当时最有效的反舰力量。

美国 UGM-27 "北极星" 潜射弹道导弹

UGM-27 "北极星"(Polaris) 导弹是美国在冷战期间制造的一种两段式固态燃料潜射弹道导弹，在 1961—1996 年服役。

结构解析

"北极星"导弹的弹体长度超过9米，直径 1.37 米，射程约4600 千米，最大速度为 1.8 马赫，采用惯性制导方式，配有多个分导式弹头。如"北极星"A3 型的弹头采用 3 个集束式多弹头，每个子弹重 160 千克，核当量为 20 万吨。核潜艇水下 30 米垂直发射，利用燃气 – 蒸汽或压缩空气将导弹从发射筒中弹出水面，第一级发动机在离水面 25 米处点燃。

基本参数	
全长	9.86 米
直径	1.37 米
总重	16200 千克
最大射程	4600 千米
最大射高	10 千米
最大速度	1.8 马赫

作战性能

"北极星"导弹主要用于替换 RGM-6 "狮子座"巡航导弹作为美国海军新一代的舰队弹道导弹。它既可供水面舰船使用，也可由潜艇从水下发射。水下发射时，先利用压缩惰性气体将发射管中的导弹弹出水面，然后火箭发动机点火。特制的潜艇可在 15 分钟内将定额装备的 16 枚"北极星"导弹全部发射出去。

美国 RIM-66 "标准" Ⅰ / Ⅱ 型舰对空导弹

RIM-66 "标准" (Standard) 导弹是美国研发的一款中程舰对空导弹，1967 年开始服役。它有多个型号，A、B、E 型被称为 "标准" Ⅰ型，C、D、G、H、J、K、L、M 型被称为 "标准" Ⅱ型。

结构解析

RIM-66 导弹采用尖卵形弹头，圆柱形弹体。该导弹采用两组控制面，形状特征较明显，第一组位于弹体底端，翼面前缘后掠，翼尖有切角，翼尖外缘前高后低。

基本参数	
全长	4.7 米
直径	0.34 米
总重	707 千克
最大射程	170 千米
最大射高	24.4 千米
最大速度	3.5 马赫

第二组位于弹体后部，采用大弦长弹翼，翼展由前向后尺寸不一，前小后大。

作战性能

RIM-66 导弹采用模块化设计，通用性能好，适用的发射系统多。该导弹体积小，重量轻，成本低，可连续、快速发射。RIM-66 导弹的用途比较广泛，可防空拦截，反舰，还可改装反辐射型。RIM-66A/B 是半主动雷达导引导弹，RIM-66C 开始使用惯性导引，可在中途以指令更正航向。RIM-66M 具有双重半主动雷达导引和红外线导引，用于超视距目标或有低雷达截面的目标。

美国 RGM-84 "鱼叉" 反舰导弹

RGM-84 "鱼叉"(Harpoon) 导弹是美国麦克唐纳·道格拉斯公司研制的一款反舰导弹，于 1977 年开始服役。

结构解析

"鱼叉"导弹的弹体拥有 2 组十字形翼面，位于弹体中部是 4 片大面积梯形翼，弹尾则设有 4 面较小的全动式控制面，2 组弹翼前后完全平行，而且均为折叠式，

基本参数	
全长	4.6 米
直径	0.34 米
翼展	0.91 米
总重	628 千克
最大射程	315 千米
最大速度	0.85 马赫

折叠幅度为弹翼的一半。舰射型、潜射型的火箭助推器上也有一组十字形稳定翼。为了减轻重量，"鱼叉"导弹大部分采用铝合金制造，整枚导弹由前到后依次为导引段、战斗部、推进段与尾舱。

作战性能

"鱼叉"导弹的导引方式、尺寸重量的等级与同时期的法制"飞鱼"反舰导弹类似，但是采用涡轮发动机推进使得射程此后者大幅增加（"飞鱼"导弹使用固态火箭作为动力）。"鱼叉"导弹发射前，需要由探测系统提供目标数据，然后输入导弹的计算机内。导弹发射后，迅速下降至 60 米左右的巡航高度，以 0.85 马赫的速度飞行。

美国 UGM–96/133 "三叉戟"潜射弹道导弹

"三叉戟"导弹是美国海军装备的潜射弹道导弹，有 UGM–96 "三叉戟" I 型和 UGM–133 "三叉戟" II 型两种型别。

结构解析

"三叉戟"导弹为三级固体推进导弹，采用了很多前所未有的新技术，包括新的 NEPE–75 高能推进剂、碳纤维环氧壳体、GPS/ 星光 / 惯性联合制导等。该导弹第一级发动机长 7.2 米，发动机壳

基本参数	
全长	13.4 米
直径	2.11 米
总重	59100 千克
最大射程	11100 千米
命中精度	90 米
最大速度	17 马赫

体为 IM7 碳纤维 / 环氧复合材料；第二级发动机长 2.9 米，发动机壳体为 IM7 碳纤维 / 环氧复合材料；第三级发动机长 3.3 米，发动机壳体为凯夫拉纤维 / 环氧复合材料。

作战性能

"三叉戟" I 型有点攻击硬性目标的能力，可以攻击中等强度的强化工事军事基地。对于已输入的目标资料可在船上加以更换重新输入，若要输入全新的目标资料则耗时稍久。"三叉戟" II 型精度高而有效载荷大，它攻击硬性目标的效能要比"三叉戟" I 型高 3 ~ 4 倍。

美国 BGM-109 "战斧" 巡航导弹

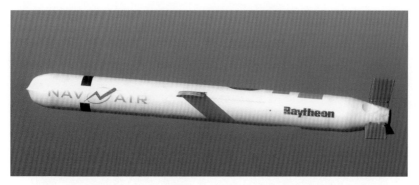

　　BGM-109 "战斧"(Tomahawk) 导弹是一款全天候潜艇或者水面舰艇发射的对地攻击巡航导弹,从 1983 年服役至今。

结构解析

　　"战斧" 导弹采用模组化设计,尽管各次型携带的弹头种类或者是导引系统并不完全相同,但是导弹内部的主要结构则是相通的。导弹的最前端是导引系统模组,位于这个模组后方的则是 1 ~ 2 个

基本参数	
全长	5.6 米
直径	0.52 米
翼展	2.67 米
总重	1600 千克
最大射程	2500 千米
最大速度	0.7 马赫

前段弹身配载模组,这个模组可以携带燃料或者是不同的弹头。第三段是弹身中段模组,是主要的燃料与弹翼的所在位置。之后,依次是后段模组、动力模组、加力器模组。

作战性能

　　"战斧" 导弹在航行中采用惯性制导加地形匹配或卫星全球定位修正制导,可以自动调整高度和速度进行高速攻击。导弹表层有吸收雷达波的涂层,具有隐形飞行性能。雷达很难探测到飞行的 "战斧" 导弹,因为这种导弹有着较小的雷达横截面,并且飞行高度较低。可以这么说,美国海军水面作战舰艇的纵深打击能力便取决于 "战斧" 导弹。

美国 RIM-116 "拉姆" 舰对空导弹

　　RIM-116 "拉姆" (RAM) 导弹是一款以红外线与被动雷达整合制导的轻型、点防御短程舰对空导弹，于 1992 年开始服役。

结构解析

　　为了简化弹体的飞行控制以及被动雷达制导天线的需要，"拉姆" 导弹在发射的时候弹体会开始旋转。一般非旋转的导弹在俯仰与偏航两个轴上都需要有控制面，而 "拉姆" 导弹借由弹体的自旋，只需要一套控制面来担任两个轴向上的控制，因此在接近导弹鼻端只有 2 具可动的控制面。此外，雷达接收天线也因此能够简化为 2 具。

基本参数	
全长	2.8 米
直径	0.13 米
翼展	0.43 米
总重	73.5 千克
最大射程	9 千米
最大速度	2 马赫

作战性能

　　"拉姆" 导弹的动力装置为 1 台 ML36-8 单级固体火箭发动机，机动过载大于 20G。该导弹平时安放在发射容器中，容器安装在发射系统的发射架上，发射容器为密封包装，可避免湿度、温度与电磁脉冲对导弹的影响，容器内有 4 条来复线式小导轨，使导弹在发射时产生初始滚动。"拉姆" 导弹有自动、半自动、手动 3 种发射方式，可单射，也可分批齐射。

美国 AGM-119 "企鹅"反舰导弹

AGM-119 "企鹅"(Penguin) 导弹是挪威研制的一款轻型多平台反舰导弹，1994 年被美国海军采用。

结构解析

"企鹅"系列反舰导弹采用相同的鸭式气动外形布局和相似的弹体结构，4 片箭羽式控制舵面和稳定弹翼分别位于弹体前部和后部，前舵和弹翼均呈 X 形配置，

基本参数	
全长	3.2 米
直径	0.28 米
翼展	1 米
总重	370 千克
最大射程	55 千米
最大速度	0.9 马赫

处于同一水平面上。圆柱形弹体头部呈卵形，尾部呈半球形，弹体内部采用模块化舱段结构，从前到后分为 3 个舱段：导引头舱、战斗部舱和发动机舱。

作战性能

"企鹅"导弹从最初单一的舰载反舰导弹逐渐演变成包含舰载、空载(含战斗机与直升机)、岸基的大家族。该系列反舰导弹的动力装置均为 1 台罗佛斯和大西洋研究中心设计的无烟固体火箭发动机，战斗部均采用半穿甲爆破型(总重 120 千克)。相较于"鱼叉"导弹，"企鹅"导弹重量轻巧，价格便宜，舰载机所能携带的导弹数量更多。

美国 AGM-158C 远程反舰导弹

AGM-158C 远程反舰导弹（Long Range Anti-Ship Missile，LRASM）是美国国防高等研究计划署正在研发的反舰导弹，预计 2019 年开始装备美国海军。

结构解析

AGM-158C LRASM 是美国在 AGM-158 空射巡航导弹基础上研制的新型远程

基本参数	
单位造价	100 万美元
弹头重量	450 千克
最大射程	930 千米
最大速度	高亚音速

反舰导弹。AGM-158C LRASM 包括空射和舰射两种型号，后者为了适应垂直发射方式增加了 MK-114 固体火箭助推器，可由 Mk 41 垂直发射装置进行发射，而空射型号可由 B-1B 轰炸机、F-18E/F 和 F-35 战斗机携带。AGM-158C LRASM 延续了 AGM-158 的气动布局和外形设计，具有很强的隐形能力。AGM-158C LRASM 按照"气动 - 隐形 - 结构"设计一体化原则，通过外形技术、隐形材料技术等降低导弹的雷达横截面和光电信号特征。

作战性能

AGM-158C LRASM 可从多种平台发射，其在射程、隐形能力、突防能力等指标方面都超过了世界绝大多数现役反舰导弹。末端制导方面，AGM-158C LRASM 在红外成像制导基础上增加了主动雷达制导。战斗部方面，AGM-158C LRASM 采用了主流的半穿甲战斗部。

美国 RUR-5 "阿斯洛克" 反潜导弹

RUR-5 "阿斯洛克"(ASROC) 是一种全天候、全海况反潜导弹系统，于 1961 年开始服役。

结构解析

"阿斯洛克" 反潜导弹由鱼雷（或深水炸弹）、降落伞、点火分离组件、弹体、固体发动机等组成，其射程是由定时器控制，定时器在发射前进行设定，发射后按照定时器上所设定的时间，火箭助推器与鱼雷分离，鱼雷进入空中惯性飞行阶段。在到达预定点之前，鱼雷上的降落伞自动展开，减缓鱼雷的入水速度。降落伞在鱼雷入水冲击的作用下解脱，与鱼雷分离，鱼雷入水后，自控系统操纵鱼雷进入预定深度，开始以各种轨迹对敌方潜艇进行搜索。当自导系统发现了目标，鱼雷就进行跟踪、追击，直至命中。

基本参数	
全长	4.5 米
直径	0.42 米
翼展	0.68 米
总重	488 千克
最大射程	22 千米
最大速度	0.8 马赫

作战性能

"阿斯洛克" 反潜导弹可以全天候昼夜发射，普遍装备在美国及其盟国的巡洋舰、驱逐舰和护卫舰上。其战斗部是 MK 50 型鱼雷或 MK 46 型鱼雷，早期的则为 MK 44 型鱼雷，也可携带 TNT 当量约为千吨级的 MK 17 型核深水炸弹。

美国 RIM-161 "标准" III 型反弹道导弹

RIM-161 "标准" III 型 (Standard III) 导弹是使用于"宙斯盾"系统的舰载反弹道导弹，于 2005 年开始服役。

结构解析

RIM-161 导弹使用 RIM-67 导弹的弹身和推进装置，但改装了第三级发动机，并加装了全球定位 / 惯性导航系统，拦截方式则采用波音公司研制的轻型大气层外动能拦截弹头 (LEAP) 直接撞击目标。RIM-161 导弹的第一级动力装置为 MK 72 助推器，第二级为 MK 104 单室双推力固体火箭发动机，第三级为 MK 136 固体火箭发动机。

基本参数	
全长	6.55 米
直径	0.34 米
翼展	1.57 米
总重	1500 千克
最大射程	2500 千米
最大速度	7.8 马赫

作战性能

RIM-161 导弹以固体火箭助推器提供动力，采取垂直发射的方式，最大拦截高度 122 千米，最小拦截高度 15 千米，最大拦截距离为 2500 千米。在执行反导弹作战任务时，RIM-161 导弹通过其自身配备的红外制导装置确定来袭弹头的具体位置，利用自身的末端机动能力，以每秒 4 千米 (相当于人造卫星速度的一半) 的速度撞击并摧毁对方弹头。

美国 RIM-162 "改进型海麻雀" 舰对空导弹

RIM-162 "改进型海麻雀" 导弹 (Evolved Sea Sparrow Missile，ESSM) 是 RIM-7 "海麻雀" 导弹的衍生型，主要用于对付超音速反舰导弹。

结构解析

RIM-162 导弹是一种正常式布局的导弹，采用了类似 "标准" 导弹的小展弦比弹翼加控制尾翼的布局方式，代替了原来了旋转弹翼方式。RIM-162 导弹还采用了全新的单级大直径高能固体火箭

基本参数	
长度	3.66 米
直径	0.25 米
翼展	0.64 米
重量	280 千克
最大射程	50 千米
最大速度	4 马赫

发动机、新型的自动驾驶仪和顿感高爆炸药预制破片战斗部，有效射程与 RIM-7P 导弹相比显著增强，这使 RIM-162 的射程到达了中程舰对空导弹的标准。

作战性能

RIM-162 导弹采用推力矢量系统，可以使导弹的最大机动过载达到 50G，而且不会随射程的增加而大幅减小。RIM-162 导弹采用了大量现代导弹控制技术，惯性制导和中段制导，X 波段和 S 波段数据链，末端采用主动雷达制导。这种特殊的复合制导方式可以使舰艇面对最为严重的威胁。

美国 RIM-174 "标准" Ⅵ型舰对空导弹

RIM-174 "标准" Ⅵ型 (Standard Ⅵ) 导弹是美国海军最新型的远程舰对空导弹，于 2013 年开始服役。

结构解析

"标准" Ⅵ型导弹设计用于防御固定翼和直升机、无人机及巡航导弹，为海军舰艇提供更大范围的保护。"标准" Ⅵ型导弹比 AIM-120 导弹的尺寸大得多，

基本参数	
全长	6.55 米
直径	0.53 米
翼展	1.57 米
总重	1500 千克
最大射程	240 千米
最大速度	3.5 马赫

雷达天线导流罩的直径从后者的 178 毫米增大到了 343 毫米，得以使用孔径倍增的全新天线，灵敏度和角度分辨率大幅提高。

作战性能

"标准" Ⅵ型导弹采用主动和半主动制导模式，以及先进的引信技术，结合了雷神公司先进中程空对空导弹的先进信号处理和制导控制能力。该导弹以基于 AIM-120C 型空对空导弹技术的主动雷达寻的头取代了"标准"系列沿用多年的半主动雷达制导系统，从而彻底摆脱了对发射舰目标照射雷达的依赖。"标准" Ⅵ型导弹的可维护性比早期的"标准"导弹有很大的提高，具有自检能力，不需要技术人员专门将导弹从舰上拆卸下来运回岸上的检修设施。

美国 MK 45 型 127 毫米舰炮

MK 45 型 127 毫米舰炮是美国联合防务公司研制的现代化轻量舰炮系统，由 127 毫米 L54 MK 19 型火炮与 MK 45 型炮座组成。

结构解析

MK 45 型舰炮装置分为甲板以上的上部结构和甲板以下的下部结构：上部结构包括炮管、滑板构件、炮架、炮台、上部蓄压系统、炮塔及射击孔护板等；下部结构包括 2 部下扬弹机、弹鼓、引信测合机、上扬弹机及下部蓄压系统等部分组成。其中，炮台由铝制材料铸成，是整个上部结构的底座。

基本参数	
全长	10 米
炮管长	7.87 米
总重	28924 千克
操作人数	3 人
发射速率	20 发 / 分
有效射程	24 千米

作战性能

MK 45 型舰炮能发射半主动激光制导弹来提高命中概率，并具有全天候自动选择 6 种弹药的能力，提高对付不同目标的应变速度。舰炮能够发射 7 种不同炮弹，包括薄壁爆破榴弹 (HC)、黄磷烟幕弹 (WP)、照明弹 (SS)、照明弹 2(SS2)、高杀伤破片榴弹 (HF)、半主动激光制导炮弹 (SALGP)、红外制导炮弹 (IRGP)，而引信和火药也有多种选择。在执行任务时，MK 45 型舰炮可将炮弹、引信和装药配成各种组合。

美国"密集阵"近程防御武器系统

"密集阵"(Phalanx) 是一种以反制导弹为目的而开发的近程防御武器系统，广泛运用在美国海军各级水面作战舰艇上。

结构解析

最初的 MK 15 Block 0 型使用 6 支 M61A1 旋转机炮，使用 20 毫米 MK 149 脱壳穿甲弹，最新的 MK-15 Block 1B 型换装了 MK 244 脱壳穿甲弹。"密集阵"系统的遥控操作台设置于舰桥内，每个控制台最多可控制 4 组密集阵系统，可进行

基本参数	
全高	4.7 米
炮管长	2 米
总重	6200 千克
炮口初速	1100 米／秒
发射速率	4500 发／分
有效射程	3.5 千米

目标分配与监控等工作。另外，每套"密集阵"系统都有 1 个各自独立的本机控制台，一般设置于"密集阵"系统附近的抗震舱室内。

作战性能

"密集阵"系统的作用原理是在开火的短时间内倾泻出大量弹药，在雷达计算出的导弹可能经过路径上形成极为密集的弹幕，以达到拦截击落的目的。"密集阵"系统在设计上可进行全自动防御，即给定目标的资料后，就可以完全依靠内置的雷达搜索、追踪、目标威胁评估、锁定、开火。这种设计的优点是安装容易，搭载平台只需要提供电力，不需要与船舰上的作战侦测系统进行整合也能运作，安装的甲板位置也只要确保足够的结构强度，而不必在甲板上挖洞。

美国 MK 37 型重型鱼雷

MK 37 型鱼雷是美国海军于 1957 年开始装备的重型鱼雷，主要有 MK 37-0、MK 37-1 和 MK 37-2 等型号。除美国外，阿根廷、秘鲁、埃及和土耳其等国也有采用。

结构解析

MK 37 型鱼雷的外形为流线型圆柱体，由雷顶部、雷身、尾部 3 个部分组成。该鱼雷采用方位波束制导和修正截获点制导，主动声自导作用距离为 914 米。

基本参数	
长度	4.09 米
直径	0.48 米
重量	767 千克
最大射程	21 千米
最大速度	26 节

作战性能

MK 37 型鱼雷是线导加主动、被动声自导鱼雷，最初设计由潜艇发射，改进后也可由水面舰艇发射，用于攻击潜艇。该鱼雷的航行深度设置范围为 1.2 米到 305 米，在浅海水域使用时采用 91 米或更小的航行深度。如果多枚 MK 37 型鱼雷的发射间隔时间较短，则可能出现相互干扰的问题。

美国 MK 46 型轻型鱼雷

MK 46 型鱼雷是专门设计用来攻击高速潜艇的轻型鱼雷，同时也是美国海军库存最多的轻型反潜鱼雷。

结构解析

MK 46 型鱼雷从最初的 Mod 0 型开始，陆续研制生产了 Mod 1、Mod 2、Mod 3、Mod 4、Mod 5 等改进型。Mod 0 型采用固体燃料推进器，噪声较大。

基本参数	
长度	2.6 米
直径	0.32 米
最大深度	366 米
重量	230.4 千克
最大射程	11 千米
最大速度	40 节

Mod 1 型对控制方向及潜深的 4 片尾舵进行了改造，提升了重复攻击目标的能力。Mod 3 型改造计划还没有进入生产阶段，便被更新的 Mod 4 型所取代。目前，美国海军使用的大多是 Mod 5 型。

作战性能

MK 46 型鱼雷速度快、攻击深度大，具备主动及被动声音导向功能。该鱼雷最大的特点就是具有多次重复攻击的能力。如果追击目标时，突然失去目标信号，鱼雷就会呈浮游状态，等再次获得目标信号后，再重新启动加以攻击。Mod 5 型鱼雷具有浅水攻击能力，甚至可命中浮在水面上的潜艇，因而具有攻击水面舰艇的能力。

美国 MK 48 型重型鱼雷

MK 48 型鱼雷是美国海军潜艇的一款主力重型鱼雷，能够对付水面与水下的各类目标。

结构解析

MK 48 型鱼雷由鼻端开始，可以大致分为 5 个单元，即鼻端、弹头、控制段、燃料箱和尾端。鼻端是鱼雷最前端的部分，包含主动与被动声呐，相关的信号处理系统，电子支援系统以及电力供应单元。紧接在后的单元是弹头，包含多段引信与炸药。控制段是控制鱼雷的主要核心单元，包括动力控制，指挥电脑与陀螺仪控制系统等。燃料箱存储燃料用以推动鱼雷。尾端位于鱼雷的最后端，是发动机和推进器所在的位置，此外也包含控制方向舵的液压系统在内。

基本参数	
长度	5.79 米
直径	0.53 米
最大深度	800 米
重量	1676 千克
最大射程	46 千米
最大速度	55 节

作战性能

作为自动制导鱼雷，MK 48 型鱼雷可以从潜艇、水面舰艇和飞机上发射，既可以攻击潜伏在深海的核潜艇，也可以对付高速水面舰艇。鱼雷战斗部为装药 100 ～ 150 千克的爆破战斗部，命中 1 枚即可击沉一艘大型潜艇或中型水面舰艇。

美国 MK 50 型轻型鱼雷

　　MK 50 型鱼雷是美国于 20 世纪 80 年代研制的轻型反潜自导鱼雷，可由水面舰艇、潜艇发射，也可由飞机投放。

结构解析

　　MK 50 型鱼雷外形为流线型圆柱体，采用常规外形布局，由前、后两个舱段组成，前舱为制导控制舱（包括战斗部），后舱为动力装置舱。制导控制舱前部内装复式主 / 被动声呐系统，包括低噪声天线

基本参数	
长度	2.9 米
直径	0.32 米
最大深度	580 米
重量	360 千克
最大射程	15 千米
最大速度	40 节

阵、发射机、接收机，有多种可选择的接收 / 发射波束，还采用 2 台数字式信号处理机，对声呐数据进行处理。制导控制舱内的声呐系统后部，为空心装药战斗部，重 45 千克，要求精确导向潜艇最薄弱的部位，并穿入其内部爆炸。

作战性能

　　MK 50 型鱼雷的自导装置采用主、被动工作方式，并带有数字式可编程计算机，使自导装置具有很强的自动搜索和跟踪能力，能把真实目标的反射从海底杂波干扰及假目标反射中分辨出来。该鱼雷采用聚能装药，破坏威力大。MK 50 型鱼雷的发动机功率不受鱼雷航行深度影响，可保持稳定，航行时没有航迹，隐蔽性较好。

美国 MK 54 型轻型鱼雷

MK 54 型鱼雷是美国研制的一种能够在沿海海域有效地攻击柴电动力潜艇的轻型鱼雷。

结构解析

MK 54 型鱼雷被称为"轻型混合鱼雷"，它采用 MK 46 型鱼雷的战斗部和推进系统、MK 50 型鱼雷的声呐以及 MK 48 型鱼雷和 MK 50 型鱼雷通用的先进软件运算法则。同时，还使用了一些高性能的民用设备替代定制的军用配件，以便进一步降低成本。

基本参数	
长度	2.72 米
直径	0.32 米
弹头重量	43.9 千克
总重	276 千克
最大射程	15 千米
最大速度	40 节

作战性能

MK 54 型鱼雷与 MK 50 型鱼雷一样，具有主、被动声自导功能。声呐基阵的 52 块压电元件以及与 MK 50 型鱼雷一样的发射机，使 MK 54 型鱼雷比 MK 46 型鱼雷的声呐系统拥有更大的发射功率，能够在水平和垂直两个方向发射不同波形的波束。另外，MK 54 型鱼雷的声呐系统还在硬件方面表现出足够的灵活性，为声呐和信号处理器的后续改进留下接口。MK 54 型鱼雷最有意义的改进是加装了 MK 48 型鱼雷的速度控制阀，使鱼雷能够以较低的速度进行搜索，在节约燃料、增大航程的同时，减少自噪声，提高发现目标的能力。

美国 MK 60 型反潜水雷

MK 60 型反潜水雷是美国于 20 世纪 60 年代研制的自导反潜水雷，1979 年正式进入美国海军服役，于 1981 年停产。

结构解析

基本参数	
长度	3.68 米
直径	0.53 米
最大深度	910 米
重量	1075 千克
最大射程	7.3 千米
最大速度	28 节

MK 60 型反潜水雷结构简单，由一个容纳 MK 46 型轻型鱼雷、能承受深水压力的密封壳体、一套水声探测控制装置组成。密封壳体由铝合金制成，具有储备浮力，可垂直定向。探测和识别装置则可保证水雷对水中目标进行探测和根据水声特性对目标进行识别和定位，在目标进入鱼雷自导头的作用范围后则启动鱼雷发动机。鱼雷发射脱离筒体后，雷上被动声自导系统开始工作，一旦探测到目标，便将鱼雷导向目标。

作战性能

MK 46 型鱼雷的声自导系统作用距离为 1000 米，也就是说 1 枚 MK 60 型水雷可控制直径 2000 米的水域。MK 60 型水雷的布设方式比较丰富，既可由潜艇秘密布设，也可由飞机快速布设，还可由舰船大量布设。

美国 MK 67 型自航水雷

MK 67 型自航水雷是美国于 20 世纪 70 年代研制的潜艇布放自航水雷，1982 年开始服役。该水雷可由潜艇布放，用于打击水面舰艇和潜艇。

结构解析

MK 67 型水雷由 MK 37 型鱼雷改装而成，拆除了鱼雷的战斗部，安装了包括雷管、保险装置、点火装置或目标探测装置和电池及主炸药的装药段，并对鱼雷的制导和控制机构也加以改装。改装后的 MK 67 型水雷重 754 千克，内有装药 148.5 千克。

基本参数	
长度	4.9 米
直径	0.49 米
重量	754 千克
最大射程	20 千米
最大速度	25 节

作战性能

MK 67 型水雷是美国海军为在敌人控制的水域秘密作战而设计的多感应机动水雷，它可布放在 100 米深的浅海。发射后，未打开保险的水雷由鱼雷推进到预定位置，再沉入海底并自动打开保险，等待目标。这种水雷自主航行布设，布设隐蔽性好，但不适合大面积布设雷区。

俄罗斯 SS-N-25 反舰导弹

　　SS-N-25 导弹是苏联研制的一款喷气式亚音速反舰导弹，可以在直升机、飞机、水面舰艇上发射，也可以在加装助推器后在岸上发射。

结构解析

　　SS-N-25 导弹采用与美国 AGM-84 "鱼叉" 反舰导弹相同的气动外形布局：4 片切梢三角形折叠式大弹翼位于弹体中部，4 片切梢三角形折叠式小控制舵面位于弹体后部。主动雷达导引头天线位于导

基本参数	
全长	4.4 米
直径	0.42 米
翼展	1.33 米
总重	610 千克
最大射程	130 千米
最大速度	0.8 马赫

弹头部，惯性中制导和主动雷达末制导系统均位于头部制导舱内。其后为高爆穿甲战斗部和引信舱、涡轮喷气主发动机舱以及固体火箭助推器。

作战性能

　　SS-N-25 导弹在固定翼飞机上使用时，固体火箭助推器可根据作战需要拆卸下来。该导弹的主动雷达导引头具有抗电子干扰能力，巡航速度为300 米 / 秒，巡航高度为 200 ~ 500 米，掠海高度为 5 ~ 10 米。

俄罗斯 P-15 反舰导弹

P-15 反舰导弹是苏联彩虹设计局于 20 世纪 50 年代设计的一款舰对舰导弹，北约命名为 SS-N-2 "冥河"（Styx），从 1960 年服役至今。

结构解析

P-15 反舰导弹的战斗部为聚能穿甲型，战斗部重量为 500 千克。该导弹的气动外形参考了 Yak-1000 试验机，翼展为 2.4 米。制导方式上，P-15 反舰导弹采用中段自动驾驶仪和末段主动雷达寻的复合制导。

基本参数	
全长	5.8 米
直径	0.76 米
总重	2580 千克
最大射程	80 千米
最大射高	100 米
最大速度	0.95 马赫

作战性能

P-15 反舰导弹主要装备导弹艇，如 "蚊子" 级、"黄蜂" 级等，适于攻击中大型水面舰船。1967 年第三次中东战争中，埃及海军的 "蚊子" 级导弹艇发射 6 枚 P-15 反舰导弹，击沉了以色列 "埃拉特" 号驱逐舰和一艘商船，揭开了海上导弹战的序幕。1971 年印巴战争中，P-15 反舰导弹也取得了 13 发 12 中的战绩。不过，P-15 反舰导弹的抗干扰性能差，已不适应当前电子战环境，现已停止生产。

俄罗斯 P-270 反舰导弹

P-270 反舰导弹是苏联彩虹设计局研制的一款超音速冲压发动机反舰导弹，北约命名为 SS-N-22 "日炙"（Sunburn）。

结构解析

P-270 反舰导弹的动力装置采用俄罗斯独有的内含可脱落助推器的液体冲压组合发动机。它将常现液体冲压发动机与固体火箭发动机巧妙结合，技术简单可靠。

基本参数	
全长	9.75 米
直径	0.8 米
总重	4500 千克
最大射程	250 千米
最大速度	3 马赫

4 个半圆形进气道位于导弹中部，助推器置于发动机燃烧室中。制导方式为发射后不管，采用自控（自动驾驶仪）、无线电高度表及主被动复合雷达未制导。在自控段采用自动驾驶仪，既能满足控制精度要求又可降低成本。

作战性能

俄罗斯称 P-270 反舰导弹的单发命中概率为 0.8，平均只需 1.2 枚导弹就能摧毁一艘驱逐舰，1.5 枚即可摧毁一艘排水量 20000 吨级的运输船。该导弹早期型号的射程为 120 千米，改进型达 250 千米，高空最大飞行速度 3 马赫，低空最大飞行速度 2.2 马赫，在接近目标时可做 S 形机动，以避开拦截火力。P-270 反舰导弹战斗部装药 300 千克，大约是法国"飞鱼"导弹战斗部的两倍。

俄罗斯 P-500 反舰导弹

P-500 反舰导弹是苏联研制的一款采用液体火箭冲压发动机推进的超音速反舰导弹，北约命名为 SS-N-12 "沙盒"（Sandbox）。

结构解析

P-500 反舰导弹采用的冲压喷气发动机是一种利用迎面气流进入发动机后减速，使空气提高静压的一种空气喷气发动机。它通常由进气道、燃烧室、推进喷管三部分组成。此外，P-500 反舰导弹在弹体上加挂了 2 具外挂固体火箭助推器。

基本参数	
全长	11.7 米
直径	0.88 米
总重	4800 千克
最大射程	550 千米
最大射高	5000 米
最大速度	2.5 马赫

作战性能

由于采用冲压发动机作为动力，P-500 反舰导弹具有射程远、飞行速度快、抗干扰能力强、战斗部威力大、命中率高、毁伤能力强等特点。与俄罗斯其他现役反舰导弹不同，P-500 反舰导弹不是掠海攻击模式，而是采用先高空、后/低空最后俯冲攻击的攻击模式。导弹发射后会先爬升到巡航高度，制导系统获取目标后，在距离目标约 90 千米时下降至 300 米以下低空飞行，最后以小角度俯冲攻击目标。

俄罗斯 P-700 反舰导弹

P-700 反舰导弹是苏联切洛梅设计局研制的超音速反舰导弹，北约命名为 SS-N-19 "船难"（Shipwreck），于 1983 年开始服役。

结构解析

P-700 反舰导弹是一种使用冲压式喷气发动机的超音速导弹，它的弹体呈圆柱形状，但是弹身的中段却微小地向外鼓起。导弹的前进气道呈圆形状，弹体后部有 2 个小的尾翼和 2 个十字形尾翼。P-700 反舰导弹既能携带常规弹头，又能携带核弹头。

基本参数	
全长	10 米
直径	0.85 米
总重	7000 千克
战斗部重量	750 千克
最大射程	625 千米
最大速度	2.5 马赫

作战性能

P-700 反舰导弹可用于装备 "基洛夫" 级巡洋舰、"库兹涅佐夫" 号航空母舰、"奥斯卡" 级巡航导弹潜艇。该导弹采用齐射方式发射，助推器抛掉后，冲压式喷气发动机就接着工作，它能使导弹的飞行速度达到 2.5 马赫。领先飞行的导弹要先向上攀升以便截获目标的有关数据，通过通信链路传输数据，然后再对选定的目标进行齐射。攻击时，计算机上的逻辑部分能准确地确定护卫舰、航空母舰战斗群或两栖登陆舰的编队形式。

俄罗斯 P-800 反舰导弹

P-800 反舰导弹是苏联切洛梅设计局设计用来取代 P-270 和 P-700 的超音速反舰导弹，是 P-700 的改进版，北约命名为 SS-N-26 "球果" （Strobile），于 2002 年开始服役。

结构解析

与苏联制造的前几代反舰导弹相比，P-800 反舰导弹最大的特点在于它的通用性。它采用标准的空气动力外形，安装有梯形折叠主翼和尾翼，弹体具有极强的滑翔空气动力性能，这与其强大的推力相结合，保证了导弹的高机动性，这使导弹在面对敌方防空兵器时可做有效的规避机动。

基本参数	
全长	8.9 米
直径	0.7 米
总重	3000 千克
最大射程	300 千米
最大射高	14000 米
最大速度	2.5 马赫

作战性能

P-800 反舰导弹具有重量轻、尺寸小、隐形性好、飞行速度快、发射后不用管等优点。该导弹具有超强的攻击能力，可在较强火力攻击和复杂的电子干扰条件下，对敌方水面舰艇编队或单个水面战舰目标实施单发或齐射攻击。该导弹飞行速度为 2.5 马赫，末段飞行高度可降至 5 米，采用复合导航系统，巡航段为惯性导航，末段为有源雷达制导。依据发射弹道不同，最大射程分别为 120 千米和 300 千米。

俄罗斯 3M-54 巡航导弹

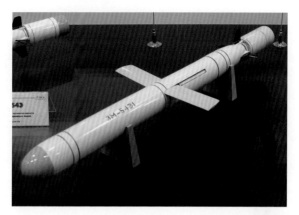

3M-54 巡航导弹是俄罗斯革新家设计局研发的反舰巡航导弹，可由水面舰船或潜艇发射，北约命名为 SS-N-27 "炽热"（Sizzler）。

结构解析

3M-54 巡航导弹主要有 3M-54E、3M-54E1、91RE1 和 91RE2 四种型号。3M-54E 是一种反舰巡航导弹，由发射助推器、亚音速低空巡航级和超音速有效载荷组成，主要用于执行反舰任务。

基本参数	
全长	8.9 米
直径	0.53 米
总重	2300 千克
最大射程	660 千米
最大射高	1000 米
最大速度	2.9 马赫

3M-54E1 导弹由发射助推器和亚音速有翼巡航级组成。弹上飞行控制系统有 1 个气压高度表，可使导弹保持精确的飞行高度，地形匹配和卫星导航系统确保导弹有较高的命中精度。该导弹主要用于反舰，也可攻击地面目标。91RE1 是一种由潜艇发射的反潜导弹，91RE2 是一种由水面舰艇发射的反潜导弹。

作战性能

3M-54 巡航导弹的最大特点是采用标准的火控系统控制多种型号的导弹，针对不同的任务和战术环境，能够选择相应导弹。3M-54E 只能在冲刺阶段达到超音速，3M-54E1 全程具有超音速能力。

俄罗斯/印度"布拉莫斯"巡航导弹

"布拉莫斯"（BrahMos）巡航导弹是印度和俄罗斯合作设计和研发的一款超音速反舰巡航导弹，有陆基、水面舰船、潜艇、空中多种发射方式。

结构解析

"布拉莫斯"巡航导弹采用梭镖式气动布局外形设计，弹身表层涂有印度自行研制生产的雷达吸波涂料，可增强导弹的隐形性能，最大限度地躲避雷达的搜索

基本参数	
全长	8.4米
直径	0.6米
总重	3000千克
最大射程	600千米
最大射高	14千米
最大速度	3马赫

探测，降低被敌方雷达发现的概率。动力系统采用固体火箭助推器＋冲压喷气发动机，其小型整体式冲压喷气发动机是由印度斯坦航空公司自行研制的。

作战性能

"布拉莫斯"巡航导弹具有超音速、多弹道的特点，其突防能力、抗干扰能力和抗拦截能力都很出色。该导弹采用主动雷达＋GPS卫星导航制导方式。导弹在飞行末段下降到10米左右，贴近海平面并作S形机动弹道飞行，以躲避敌方拦截。

俄罗斯 AK-130 型 130 毫米舰炮

AK-130 型舰炮是苏联于 20 世纪 80 年代研制的 130 毫米舰炮，是目前世界上性能最出色的舰炮之一。

结构解析

AK-130 型舰炮采用钢铁铸成的炮塔，使其重量极大，安装重量达 94 吨，基座以下部分占据了两层舱室，分别是电

基本参数	
口径	130 毫米
炮管长	9.1 米
总重	35000 千克
发射速率	70 发／分
最大射程	29.5 千米

缆动力舱和 3 个圆形弹架组成的转运间舱。再下则是弹药舱，有提升机将弹药补充到圆形弹架上。甲板以下的安装深度达 6.2 ~ 9.4 米，因此 AK-130 型舰炮只能装备在大型军舰上。

作战性能

AK-130 型舰炮配备了炮瞄雷达、红外和光学火控系统，即使在强烈干扰或舰队、电子系统战损的情况下，还可用炮塔右上方的光电瞄准装置进行半自动自主控制，以保持战斗力，具有极高的射击精度和很高的可靠性、生命力。它的射速高达每分钟 70 发，在对岸打击时可以提供持续的猛烈火力支持。

俄罗斯"卡什坦"近程防御武器系统

"卡什坦"近程防御武器系统是世界上唯一将大威力火炮、多用途导弹和雷达－光电火控系统集成在一个炮塔上的防空系统。

结构解析

"卡什坦"系统采用模块化结构设计，包括指挥模块、作战模块、防空导弹存储和再装填系统、防空导弹和炮弹。该系统体积小、重量轻，可配装在多种舰艇上，还可以作为陆基防御武器。根据舰艇排水量和作战任务的不同，指挥模块和作战模块可灵活地组成多种配置形式。

基本参数	
口径	30 毫米
炮口初速	900 米／秒
发射速率	10000 发／分
最大射高	3.5 千米
有效射程	4 千米

作战性能

"卡什坦"系统的指挥模块用于探测目标和进行目标分配，为作战单元提供目标指示数据，最多可同时跟踪30个目标。其中的搜索雷达可以使用舰载监视雷达，对雷达截面积0.1平方米、高度15米目标的最大探测距离为12千米，对雷达截面积5平方米、高度1000米目标的最大探测距离为45千米。

俄罗斯"暴风"超空泡鱼雷

"暴风"超空泡鱼雷是苏联研制的超空泡武器，目前仍被俄罗斯潜艇部队广泛使用。

结构解析

"暴风"鱼雷的头部安装有空泡发生器，呈圆形或者椭圆形平盘状，向前倾斜形成一个"冲角"，以产生支持雷体前部的升力。紧靠空泡发生器后面是几个环

基本参数	
长度	2.72 米
直径	0.32 米
弹头重量	43.9 千克
总重	276 千克
最大射程	15 千米
最大速度	200 节

状通气管，它将火箭排气注入空穴气泡以使其涨大。鱼雷从潜艇上的发射管发射后，先由 8 支启动火箭工作，将鱼雷加速至超空泡速度。航行时首先由空泡发生器产生局部气泡，然后由通气管向局部气泡注入气体，使之膨胀成为超空泡。然后主火箭发动机工作，使鱼雷在水中高速运行。

作战性能

"暴风"鱼雷的水阻力很小，速度很快，大大超过了普通鱼雷。该鱼雷战斗部装药为 250 千克，鱼雷尾部拖有制导导线，用来控制鱼雷的运动和引爆战斗部。

俄罗斯 53-65 反舰鱼雷

53-65 反舰鱼雷是苏联于 20 世纪 60 年代研制的重型燃气涡轮推进、声自导反舰鱼雷，改进型为 53-65K，另有外销型 53-65KE。

结构解析

53-65 反舰鱼雷采用涡轮型热推进系统，配有独特的尾流自导导引头，还具备方向、潜深、滚转控制系统，可以引导鱼雷进入到近炸引信激活区引爆或直接命中目标。

基本参数	
长度	7.95 米
直径	0.53 米
重量	2100 千克
最大射程	18 千米
最大速度	45 节

作战性能

53-65 反舰鱼雷能从潜艇和舰艇上发射，具备远高于传统鱼雷的抗干扰能力。得益于涡轮型热推进系统，53-65 反舰鱼雷拥有相当大的射程和航速。该鱼雷非常可靠和容易操作，即使在鱼雷管中储存很长时间也不需要维护。

英国"海狼"舰对空导弹

　　"海狼"(Sea Wolf)导弹是英国于 20 世纪 70 年代研制的舰载近程点防空导弹系统，可由常规发射器发射 (GWS-25) 或由舰载垂直发射系统发射。

结构解析

　　"海狼"导弹的弹体造型采用流线风格，一组大面积十字形箭镞翼占据弹体中段，靠近弹尾处则有一组箭镞形十字控制面。"海狼"导弹采用固态火箭推进，引信为触发/近炸引信。

基本参数	
全长	1.9 米
直径	0.3 米
翼展	0.45 米
总重	82 千克
最大射程	10 千米
最大速度	3 马赫

作战性能

　　"海狼"导弹可选择由射控雷达全自动操作，或者由人工介入控制。在人工模式下，操作人员通过电视摄影机持续锁定目标，随时将目标压在摄影机荧幕中央的十字线上，便能持续产生控制信号来修正导弹航向。由于"海狼"与射程较长的"海标枪"导弹出于同一背景，二者可构成一套完整的舰队防空导弹网。

英国 "海标枪" 舰对空导弹

"海标枪" (Sea Dart) 导弹是英国研制的中远程、中高舰载防空导弹武器系统,主要用于拦截高性能飞机和反舰导弹,也能攻击水面目标。

结构解析

"海标枪" 导弹采用全程半主动雷达制导,发射架为双臂式或四联装发射装置。火控雷达为 909 跟踪与照射雷达。"海标枪" 舰对空导弹的弹体为两级推进的固

基本参数	
全长	4.36 米
直径	0.42 米
总重	550 千克
最大射程	70 千米
最大速度	3.5 马赫

体导弹,点火后由 1 台固体助推器推动加速,超过声速后助推器脱落,冲压巡航发动机起动,令导弹进一步加速,不同于同时期其他防空导弹,"海标枪" 的巡航发动机一直工作到命中目标。

作战性能

"海标枪" 导弹采用破片杀伤型战斗部,最大射程为 70 千米,作战高度为 10 ~ 22000 米,最大速度为 3.5 马赫。不过,"海标枪" 导弹在实战中存在反应速度慢、准备时间长、对低空目标拦截能力差的缺点。即便如此,它仍是 20 世纪 70 年代以来英国舰队远程舰空火力的主力,直到 2013 年才退出历史舞台。

英国"海猫"舰对空导弹

"海猫"（Seacat）舰对空导弹是英国肖特兄弟公司研制的近程低空舰对空导弹，1962 年开始服役，20 世纪 80 年代末被"海狼"导弹取代。

结构解析

"海猫"舰对空导弹系统由导弹、1 个四联装发射架和 1 个 GWS20 火控系统组成,采用光学跟踪和无线电指令制导,可靠性较高。"海猫"导弹的外形很像早期的反坦克导弹,弹体中有 4 片弹翼,

基本参数	
全长	1.48 米
直径	0.22 米
总重	68 千克
弹头重量	18 千克
最大射程	5 千米
最大速度	0.8 马赫

呈"+"形布置,4 片矩形尾翼安装在弹体尾部,呈"X"形布置。动力装置为 1 台固体火箭发动机和 1 个串联的固体火箭推进器。

作战性能

"海猫"舰对空导弹主要用于点防御,对付接近舰艇的低空飞机,其作战高度最大为 3.5 千米,最小 2 米。该导弹的主发动机工作时间为 35 秒,相对于 5 千米的最大射程,这个发动机工作时间是相当长的,使导弹的动力射程完全覆盖有效射程,这意味着导弹在有效射程内不会减速,有利于打击机动目标。

英国"海上大鸥"反舰导弹

"海上大鸥"（Sea Skua）导弹是英国研制的一款全天候短程反舰导弹，主要用于攻击水面中小型目标，分为直升机载型和舰载型。

结构解析

"海上大鸥"导弹采用全程半主动寻的制导方式，配以穿甲爆破战斗部，采用高亚声速突防模式。

作战性能

基本参数	
全长	2.5米
直径	0.25米
翼展	0.72米
总重	145千克
最大射程	15千米
最大速度	0.8马赫

"海上大鸥"导弹具有半主动雷达自动引导能力，在英国海军服役期间显示出了极高的命中率、可靠性和低寿命周期成本。英国海军的舰载直升机可以携带大量的"海上大鸥"导弹，并能够将导弹进行单个发射或迅速地同时发射全部导弹。导弹发射直升机雷达可对目标进行侦测、跟踪与显示，机组人员仅需要选定目标及掠海高度。此后，导弹可自动跟踪被选目标，无须机组人员更多介入。

英国 MK 8 型 114 毫米舰炮

MK 8 型 114 毫米舰炮是英国维克斯军械部巴罗工程制造厂研制的一款单管高平两用舰炮，于 1972 年投入使用。

结构解析

MK 8 型舰炮由发射系统、供弹系统、随动系统、控制系统、炮架和弹药等部分组成。炮身为单筒身管，带有炮口制退器。装有排烟器，可清除射击过程中炮膛内的火药气体和残渣。炮闩为立楔式。供弹系统可装置普通弹，并能及时更换特种炮弹。有电机驱动随动系统工作。控制系统由炮长操作控制台和应急控制箱组成。

基本参数	
炮管长	6.27 米
总重	26400 千克
炮口初速	900 米／秒
发射速率	25 发／分
有效射程	22 千米

作战性能

MK 8 型舰炮广泛装备在英国海军的水面舰艇上，包括 21 型、22 型、23 型护卫舰和 42 型驱逐舰，主要用于对海面、岸上和空中目标射击。MK 8 型舰炮具有体积小、重量轻、结构紧凑、自动化程度高等优点，可完成多项作战任务。

英国"魟鱼"反潜鱼雷

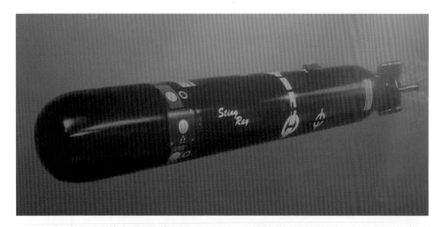

"魟鱼"反潜鱼雷是英国马可尼水下系统有限公司于 20 世纪 70 年代末研制的小型反潜鱼雷，由水面舰艇发射，或由飞机投放，也可以作为"伊卡拉"火箭助飞鱼雷的战斗部。

结构解析

"魟鱼"反潜鱼雷的外形为流线型圆柱体，由雷顶部、战雷头段、制导控制段、电池舱、推进器和操纵段组成。推进器采用体积小、噪声低、推进效率高的导管螺旋桨。操舵系统采用捷联式新型自动驾驶仪。

基本参数	
长度	2.6 米
直径	0.32 米
重量	267 千克
最大速度	40 节

作战性能

"魟鱼"反潜鱼雷的制导方式可以有效地利用海水的水声特征，将鱼雷导向高速机动的低噪声潜艇。该鱼雷还具有较好的搜索能力和识别真假目标的能力。鱼雷不受深水的背压影响，不仅可以用于深水作战，而且具有良好的浅水作战能力，抗干扰能力强。

法国"紫菀"舰对空导弹

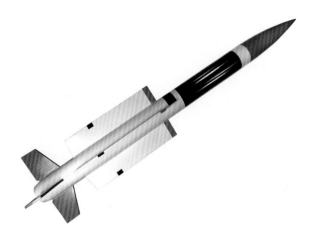

"紫菀"(Aster)导弹是欧洲防空导弹联合公司研制的一款舰对空导弹，分为"紫菀"15 型和"紫菀"30 型两种型号，2001 年开始服役。

结构解析

"紫菀"的两种型号都是两级固体导弹，采用相同的指令、主动雷达寻的制导和 15 千克的破片杀伤战斗部，主要区别是第一级，实质上是同一单级固体导弹加上了不同的助推器。"紫菀"导弹在设计上与美国"标准"导弹类似，使用一个通用的导弹体，通过配装不同的助推器来实施不同的任务。"紫菀"30 型的体积比"紫菀"15 型更大，长度为 4.9 米，总重 450 千克，最大射高为 20 千米，最大射程可达 120 千米。

基本参数（15 型）	
全长	4.2 米
直径	0.18 米
总重	310 千克
最大射程	30 千米
最大射高	13 千米
最大速度	3.5 马赫

作战性能

"紫菀"导弹除了经常作为陆基或舰载的防空武装外，也是法国主导的"主要防空 / 反导弹系统"(PAAMS)的核心武器。该导弹使用了"直接推力控制"技术，在弹道终端关键的拦截阶段以侧向推进器直接产生反作用力，推动导弹撞向目标，而不是依赖弹翼控制。

法国"飞鱼"反舰导弹

"飞鱼"(Exocet) 导弹是法国研制的一款反舰导弹，拥有舰射 (MM38、MM40)、潜射 (SM39)、空射 (AM39) 等多种不同的发射方式。

结构解析

"飞鱼"反舰导弹采用正常式气动布局，4 个弹翼和舵面按 X 形配置在弹身的中部和尾部。整个导弹由导引头、前部设备舱、战斗部、主发动机、助推器、后部设备舱、弹翼和舵面组成。

基本参数	
全长	4.7 米
直径	0.34 米
翼展	1.1 米
总重	670 千克
最大射程	180 千米
最大速度	0.92 马赫

作战性能

"飞鱼"反舰导弹在 20 世纪 80 年代正式服役后，历经过许多次实战，是一种整体性能评价优异的反舰导弹系统。"飞鱼"反舰导弹的主要目标是攻击大型水面舰艇，可以在接近水面 5 米不到的高度飞行但不接触水面，在飞行时采用惯性导航，等到接近目标后才启动主动雷达搜寻装置，因此在接近目标前不容易被探测。

法国 T100C 型 100 毫米舰炮

　　T100C 型 100 毫米舰炮是法国于 20 世纪 70 年代中期在 68 型 100 毫米舰炮基础上改进和发展的舰炮，1984 年完成研制工作。

结构解析

　　T100C 型舰炮采用活动身管炮身，被筒套在身管后部，炮闩为倒立楔式。该炮可以全自动操作，全炮只需要 2 人在舰内控制室操纵。

基本参数	
炮管长	5.5 米
总重	1700 千克
炮口初速	870 米／秒
发射速率	90 发／分
有效射程	17.5 千米

作战性能

　　T100C 型舰炮具有结构紧凑、重量轻、射速高、反应时间短等优点，主要用于攻击海上目标和防空，也可反导弹和执行对岸攻击任务。针对海上目标，T100C 型舰炮的有效射程为 12000 米，最大射程可达 17500 米。针对空中目标，T100C 型舰炮的有效射程为 6000 米，最大射程可达 8000 米。

德国 IDAS 防空导弹

IDAS 防空导弹是德国研制的一种由潜艇水下发射、光纤制导的先进多用途防空导弹系统,具有硬杀伤能力,可以对抗反潜机,或对水面小型舰艇进行精确打击。

结构解析

IDAS 防空导弹是基于德国新一代近程空对空导弹 IRIS-T 研制的。为适应 IDAS 防空导弹由水下发射至空中飞行的整个作战过程,导弹采用不同固体推进剂、不同推力的三级推力发动机:一级发动机用于导弹的水下航行;二级发动机用于导弹突破水面后的加速升空;三级发动机用于导弹在空中的机动飞行。

基本参数	
全长	2.5 米
直径	0.18 米
总重	20 千克
最大射程	20 千米
最大速度	亚音速

作战性能

IDAS 防空导弹在飞行过程中通过光纤链控制,单个重型鱼雷发射舱可存放多达 4 枚该型导弹。该导弹的主要特点是导弹发射后可变换攻击目标。由于导弹发射出水后可在水平 360 度方向进行搜索,有可能发现新的目标,操作人员可根据导弹红外成像导引头通过光纤传回的图像,选择变换攻击目标,甚至精确地选择目标的要害部位进行攻击。

意大利 / 法国 "奥托马特" 反舰导弹

　　"奥托马特"（Otomat）反舰导弹是意大利的奥托·梅莱拉公司和法国马特拉公司联合研制的中程反舰导弹，1977 年开始服役。

结构解析

　　"奥托马特"反舰导弹已经有 Mk 1、Mk 2、Mk 3 等型号，各种型号均可以在任意水上平台发射。以 Mk 1 型为例，其弹体为圆柱形（前后段直径不同），头部和尾部为锥形。4 个凸出的进气口和进气

基本参数	
全长	4.46 米
直径	0.4 米
总重	770 千克
弹头重量	210 千克
最大射程	180 千米
最大速度	0.9 马赫

道呈 X 形配置，从弹体中部向后延伸至尾翼前部。4 个弹翼装在进气道整流罩上，其后在各自对应的流线上装有操作尾翼。2 台固体火箭助推器分别装在两侧进气道之间。导弹分头舱、战斗部舱、设备舱、燃料舱和发动机舱。

作战性能

　　"奥托马特"反舰导弹的战斗部为 210 千克半穿甲爆破弹，内装高能炸药 65 千克，可穿透 40 毫米厚钢制装甲，延时触发引信可使弹体穿入目标后爆炸，具有巨大杀伤力。

意大利奥托·梅莱拉127毫米舰炮

奥托·梅莱拉127毫米舰炮是意大利奥托·梅莱拉公司于20世纪60年代后期设计的单管高平两用舰炮，1972年年初装备意大利海军和加拿大海军，并出口到阿根廷、伊拉克、日本、尼日利亚、委内瑞拉等国。

结构解析

奥托·梅莱拉127毫米舰炮由发射系统、供弹系统、随动系统、炮架、弹药、遥控台和主配电箱组成。发射系统的炮管有冷却水套，用淡水冷却，还有一套吹气装置，可吹除炮管内火药燃烧后的残渣。炮口安装有制退器，炮闩为楔形。反后坐方面，奥托·梅莱拉127毫米舰炮采用液压式制退器和气体复进机。

基本参数	
口径	127毫米
炮管长	6858毫米
总重	37500千克
炮口初速	808米/秒
发射速率	40发/分
最大射程	23千米

作战性能

奥托·梅莱拉127毫米舰炮主要用于防空和打击海上或岸上中小型目标，装备于驱逐舰或护卫舰上。该炮的最大特点是结构紧凑、射速高、可靠性好、储弹量大，其采用127毫米口径、54倍口径长的身管，最大射速达45发/分，而且射速可调。

意大利奥托·梅莱拉 76 毫米舰炮

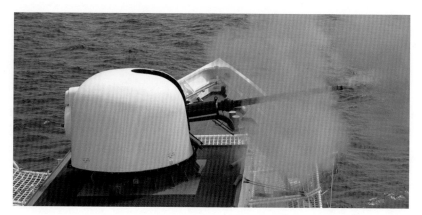

奥托·梅莱拉 76 毫米舰炮是意大利奥托·梅莱拉公司研制的全自动高平两用舰炮，1964 年定型生产，到 20 世纪 90 年代初，已装备美国、德国、澳大利亚、日本、泰国和韩国等 40 多个国家。

结构解析

奥托·梅莱拉 76 毫米舰炮主要由发射系统、供弹系统、瞄准及控制系统、炮架和弹药等组成。发射系统的炮管由内管和外管组成。在炮管中部装有排烟筒和身管温度传感器，保障炮膛内清洁。供弹系统包括旋转弹鼓、扬弹机、摆弹臂、装弹装置及液压动力装置。为了因应现代船舰对于隐形性的需求，奥托·梅莱拉 76 毫米舰炮还推出了采用隐形炮塔构型的改良版。

基本参数	
口径	76 毫米
炮管长	4724 毫米
总重	7500 千克
炮口初速	915 米／秒
发射速率	85 发／分
最大射程	20 千米

作战性能

奥托·梅莱拉 76 毫米舰炮的射速高、体积紧凑，适合在中小型舰艇上使用，且同时兼顾防空、反导、反舰和对陆攻击能力，被各国海军广泛。该炮的射速高达每分钟 120 发，通常由全自动电脑操作，也可以由炮手遥控操作。

意大利 A184 线导鱼雷

A184 线导鱼雷是意大利于 20 世纪 70 年代研制的线导鱼雷，由潜艇或水面舰艇发射。该鱼雷于 1974 年开始服役，除装备意大利海军外，还出口到美国、印度、秘鲁等国家。

结构解析

A184 线导鱼雷的外形为流线型圆柱体，自导头为 AG67 流线型和全景波束型，可控制航向和深度。该鱼雷采用银锌电池

基本参数	
长度	6 米
直径	0.53 米
重量	1265 千克
最大射程	20 千米
最大速度	36 节

为动力，螺旋桨推进效率高达 93%。A184 线导鱼雷的寻标头由主动与被动声呐共同组成，声呐的阵列分成两个半圆形，分别负责水平与垂直面上的信号接收，以提高涵盖的范围。

作战性能

A184 线导鱼雷的装药量为 238 千克，具有尾迹跟随（wake-following）的能力。该鱼雷自噪声低，自导系统可以对活动目标、静止目标进行检测定位，有识别真假目标和抗干扰能力。A184 线导鱼雷的改进型采用新型寻标头，能够同时追踪多个目标，提升攻击威力。

意大利 MU90 轻型鱼雷

　　MU90 轻型鱼雷是由意大利白头·艾尔尼亚系统公司、法国舰艇制造局国际部和法国泰利斯公司联合研制的轻型鱼雷，在欧洲竞争替代美国 MK 46 型轻型鱼雷。

结构解析

　　MU90 轻型鱼雷的战斗部为 50 千克定向聚能装药，能一举击穿双层壳体结构的潜艇，包括双层壳体间有缓冲水舱的大型潜艇。战雷头采用触发引信引爆，并安装有独立的安全保险机构。制导方式为主被动声自导，主动自导探测距离 2500 米。

基本参数	
长度	2.85 米
直径	0.32 米
最大深度	1000 米
重量	304 千克
最大射程	25 千米
最大速度	50 节

作战性能

　　MU90 轻型鱼雷主要用于攻击装备有先进对抗措施的深潜潜艇，其发射平台包括水面舰艇、飞机以及火箭发射器系统。该鱼雷采用了法国舰艇制造局先进的电池技术，具有较高的速度和较远的射程，同时在下潜深度、速度以及机动性方面有极好的性能。

以色列"加百列"反舰导弹

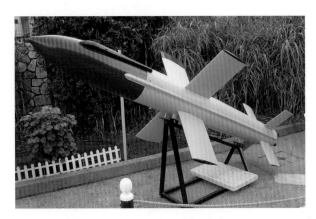

"加百列"（Gabriel）反舰导弹是以色列航太工业公司研制的一款反舰导弹，也称为"天使"导弹，1970年开始服役。

结构解析

"加百列"反舰导弹有 Mk 1、Mk 2、Mk 3、Mk 4、Mk 5 等多种型号，Mk 1型采用半主动雷达导引，Mk 2型更换了部分电子设备并加大弹头。Mk 3型增加空射版本，变为主动雷达导引，以执行"射后不理"攻击模式，在"射后不理"模式下导弹会接受发射机引导依循固定飞行高度进入可能目标范围，后开启雷达进行搜索攻击目标。Mk 4型大幅延长弹体，并换装涡轮喷气发动机。Mk 5型装有更先进的多光谱寻标器，以适应近海电磁波混杂的背景问题。

基本参数	
全长	4.7米
直径	0.44米
总重	960千克
弹头重量	240千克
最大射程	200千米
最大速度	0.7马赫

作战性能

"加百列"反舰导弹 Mk 1型在1973年的第四次中东战争中配合电子干扰成功创下了19∶0的佳绩，从此名声大振。除了以往使用的高爆弹头以外，Mk 4型也能安装南非提供的150千克集束炸弹弹头（内装35个子弹头）。

瑞典 RBS-15 反舰导弹

RBS-15 反舰导弹是瑞典研制的远程亚音速反舰导弹，有 RBS-15M 舰对舰、RBS-15F 空对舰、RBS-15G 岸对舰等多种型号，从 1985 年服役至今。

结构解析

RBS-15 导弹采用圆柱形弹体，卵形弹头，锥柱形尾部。靠近弹头处有 4 个"+"形配置的鸭式控制翼，后部有 4 个"×"形配置的折叠弹翼，弹翼后缘有副翼，鸭式控制翼、折叠弹翼错位 45 度。导弹分为导引头舱、战斗部舱、设备舱、燃料舱、发动机舱 5 个舱段。

基本参数	
全长	4.33 米
直径	0.5 米
总重	800 千克
弹头重量	200 千克
最大射程	200 千米
最大速度	亚音速

作战性能

RBS-15 导弹在设计之初就采用了鸭式布局和涡喷发动机，使得整体布局较为先进，奠定了发展潜力。该导弹可远程、全天候打击目标，最大射程达 200 千米。RBS-15 导弹的抗电子干扰能力强，突防能力极强，其末段飞行弹道高度极低，可进行规避机动飞行，并重新攻击目标。它能够在复杂电子条件下，识别出假目标，确定目标大小及威胁等级，决定搜索区类型及大小，并从复杂背景和多目标中选择出需要打击的目标，提高突防和生存能力。

瑞典 TP45 线导鱼雷

TP45 线导鱼雷是瑞典博福斯公司于 20 世纪 80 年代研制的线导鱼雷,由水面舰艇、潜艇发射或直升机空投,可用于攻击水面舰船和潜艇。

结构解析

TP45 线导鱼雷采用常规外形布局和模块化舱段结构,外形为流线型圆柱体,外壳由铝合金制成。雷体从前到后依次为雷顶部、电池和控制舱、导线舱、后舱和尾部。尾部稳定翼面、控制舵面、反向旋转螺旋桨全部采用玻璃纤维增强塑料制成,各舱段可根据作战需要加以组合。

基本参数	
长度	2.8 米
直径	0.4 米
重量	310 千克
最大速度	35 节

作战性能

TP45 线导鱼雷的推进器航速高,噪声较小。该鱼雷采用双向传输导线制导加被动声自导,这是瑞典反潜鱼雷的一个共同特点,也是世界上唯一采用有线制导的机载/舰载反潜鱼雷系列。瑞典鉴于其浅海水域反潜作战需要,首次将有线制导应用在机载反潜鱼雷上,同时仍保留被动声自导,以提高浅海水域反潜效能。由于制导方式多样,该鱼雷可同时跟踪多个目标,具有识别真假目标和抗干扰能力。

荷兰"守门员"近程防御武器系统

"守门员"(Goalkeeper) 系统是荷兰泰利斯公司与美国通用电气公司合作研制的一款近程防御武器系统，从 1980 年开始服役。

结构解析

"守门员"系统有 2 个主要部件：1 门自动化的加农机炮以及 1 套先进的雷达，雷达用来追踪来袭物的飞行轨迹，决定开火拦截的前置位置，而机炮将在雷达下令后对来袭目标进行数秒钟的射击，完成拦截防卫工作。

基本参数	
全高	6.2 米
总重	9902 千克
炮口初速	1109 米／秒
发射速率	4200 发／分
有效射程	2 千米

作战性能

"守门员"系统主要用于船舰的近距离防御，将来袭的反舰导弹（或其他具威胁性的飞行物）加以击毁。"守门员"系统是完全自动化的防卫系统，整个运作过程中都不需要人员介入。与"密集阵"系统相比，"守门员"系统使用 30 毫米口径的炮弹，因而拥有更高动能。两个系统的最大射程相当，但"守门员"系统的破坏力大于"密集阵"系统。

西班牙"梅罗卡"近程防御武器系统

"梅罗卡"（Meroka）系统是西班牙研制的近程防御武器系统，1986年开始服役。

结构解析

"梅罗卡"系统没有采用国际上流行的转管炮布局方式，而是采用12根单管炮上下两排（每排6管）组合而成。"梅罗卡"系统的探测跟踪装置包括红外系统、视频自动跟踪系统和"宙斯盾"雷达提供系统三个部分，而整个系统由火炮装置、搜索跟踪系统和控制台组成。"梅罗卡"系统的跟踪雷达、搜索雷达均置于炮架上，与火炮形成一体结构。

基本参数	
全高	3.71米
总重	4500千克
炮口初速	1290米／秒
发射速率	3600发／分
有效射程	3千米

作战性能

"梅罗卡"系统的设计独特，火力十分强大，排除了转膛炮因单管卡壳而全炮故障的不足，提高了快速反应拦截能力。根据设计指标，"梅罗卡"系统对付典型目标的命中率为87%左右，水平射界为360°，高低射界为－15°至+85°，备用炮弹数720发。在西班牙海军中，"梅罗卡"系统主要装备于"阿斯图里亚斯亲王"号航空母舰和"阿尔瓦罗·巴赞"级护卫舰等舰只。

日本 90 式反舰导弹

90 式反舰导弹是日本自行研制的舰对舰导弹，于 1990 年开始服役。

结构解析

90 式反舰导弹的外形与美国 RGM–84 "鱼叉" 反舰导弹非常相似，弹体呈圆柱形，头部为卵圆形，采用铝合金结构，弹体中部和尾部有呈 X 形配置的弹翼与控制尾翼，弹翼折叠后存放在密封的圆形发

基本参数	
全长	5.08 米
直径	0.35 米
总重	661 千克
弹头重量	225 千克
最大射程	150 千米
最大速度	0.9 马赫

射筒中。中段为惯性＋雷达高度表修正制导，末段为主动雷达导引头制导（并可根据需要加装末端红外成像导引头）。战斗部为重 230 千克的半穿甲爆破型，带有延时触发引信和近炸引信。

作战性能

90 式反舰导弹采用了具有抗干扰能力的宽频带频率捷变主动雷达导引头和先进的数位式计算机，具备扇面发射能力，可对 20 千米处的水面目标进行锁定，导弹巡航时的飞行高度为 30 米，在末端攻击时下降到 5~6 米，在距离目标 3 千米时突然跃升俯冲攻击目标，以降低被拦截的概率。90 式反舰导弹可接收来自 SH–60J/K 直升机、E–2C 和 E–767 预警机、EP–3 电子战飞机等平台的超视距目标指示信息，从而超视距打击 150 千米远的各种水面目标。

参考文献

[1] 陈艳. 潜艇——青少年必知的武器系列 [M]. 北京：北京工业大学出版社，2013.

[2] 江泓. 世界武力全接触——美国海军 [M]. 北京：人民邮电学出版社，2013.

[3] 哈钦森. 简氏军舰识别指南 [M]. 北京：希望出版社，2003.

[4] 查恩特. 现代巡洋舰驱逐舰和护卫舰 [M]. 北京：中国市场出版社，2010.

[5] 于向昕. 航空母舰 [M]. 北京：海洋出版社，2010.

世界武器鉴赏系列

手枪与冲锋枪 鉴赏指南（第2版）

步枪与机枪 鉴赏指南（第2版）

海军陆战队武器 鉴赏指南（第2版）

作战飞机 鉴赏指南（第2版）

全球火炮 鉴赏指南（第2版）

全球导弹 鉴赏

世界徽章 鉴赏指南（第2版）

世界军服 鉴赏指南（第2版）

军用辅助舰艇 鉴赏指南（第2版）

军用辅助飞机 鉴赏指南（第2版）

主战舰艇 鉴赏指南（第2版）

航空母舰 鉴赏指南

民用飞机 鉴赏

军用车辆 鉴赏

航天器 鉴赏指南（第2版）

反恐装备 鉴赏指南（第2版）

世界武器鉴赏系列

现代舰船 鉴赏指南 第3版

现代飞机 鉴赏指南 第3版

现代战机 鉴赏指南 第3版

单兵武器 鉴赏指南 第3版

特种作战装备 鉴赏指南 第3版

世界名枪 鉴赏指南 第3版

坦克与装甲车 鉴赏 第3版

二战尖端武器 鉴赏指南 第2版

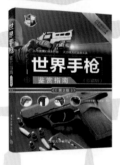

世界手枪 鉴赏指南 第2版

早期经典战机 鉴赏指南 第2版

美国海军武器 鉴赏指南 第2版

空战武器 鉴赏

陆战武器 鉴赏

无人装备 鉴赏

特殊武器 鉴赏指南 第2版

海战武器 鉴赏